Escândalos da tradução

FUNDAÇÃO EDITORA DA UNESP

Presidente do Conselho Curador
Mário Sérgio Vasconcelos

Diretor-Presidente
Jézio Hernani Bomfim Gutierre

Superintendente Administrativo e Financeiro
William de Souza Agostinho

Conselho Editorial Acadêmico
Danilo Rothberg
João Luís Cardoso Tápias Ceccantini
Luiz Fernando Ayerbe
Marcelo Takeshi Yamashita
Maria Cristina Pereira Lima
Milton Terumitsu Sogabe
Newton La Scala Júnior
Pedro Angelo Pagni
Renata Junqueira de Souza
Rosa Maria Feiteiro Cavalari

Editores-Adjuntos
Anderson Nobara
Leandro Rodrigues

LAWRENCE VENUTI

Escândalos da tradução
Por uma ética da diferença

Tradução

Laureano Pelegrin
Lucinéia Marcelino Villela
Marileide Dias Esqueda
Valéria Biondo

Revisão técnica

Stella Tagnin

© 1998 Lawrence Venuti
Todos os direitos reservados
Tradução autorizada da edição em língua inglesa
publicada pela Routledge, membro da Taylor & Francis Group
© 2019 Editora Unesp

Título original:
The Scandals of Translation: Towards an Ethics of Difference

Direitos de publicação reservados à:
Fundação Editora da Unesp (FEU)
Praça da Sé, 108
01001-900 – São Paulo – SP
Tel.: (0xx11) 3242-7171
Fax: (0xx11) 3242-7172
www.editoraunesp.com.br
www.livrariaunesp.com.br
feu@editora.unesp.br

Dados Internacionais de Catalogação na Publicação (CIP) de acordo com ISBD
Elaborado por Vagner Rodolfo da Silva – CRB-8/9410

V472e
Venuti, Lawrence
    Escândalos da tradução: por uma ética da diferença / Lawrence Venuti; traduzido por Laureano Pelegrin, Lucinéia Marcelino Villela, Marileide Dias Esqueda, Valéria Biondo; revisão técnica Stella Tagnin. – São Paulo: Editora Unesp, 2019.

    Tradução de: *The Scandals of Translation: Towards an Ethics of Difference*
    Inclui bibliografia e índice
    ISBN: 978-85-393-0787-6

    1. Literatura. 2. Tradução. 3. Autoria. 4. Direitos autorais. 5. Identidades culturais. 6. Venuti, Lawrence. I. Pelegrin, Laureano. II. Villela, Lucinéia Marcelino. III. Esqueda, Marileide Dias. IV. Biondo, Valéria. V. Tagnin, Stella. VI. Título.

2019-450   CDD: 809
                                                                CDU: 81'25

Editora afiliada:

PARA GEMMA LEIGH VENUTI

*C'è un amore più grande
di te e di me, me e voi nella specie,
acqua su acqua.*

Existe um amor maior
do que você e eu, eu e vocês na espécie,
água sobre água.

Sumário

Introdução . 9

1 | Heterogeneidade . 21

2 | Autoria . 67

3 | Direitos autorais . 99

4 | A formação de identidades culturais . 137

5 | A pedagogia da literatura . 179

6 | Filosofia . 215

7 | O *best-seller* . 251

8 | Globalização . 317

Agradecimentos . 381

Referências bibliográficas . 385

Índice remissivo . 413

Introdução

> Escândalo. Uma circunstância, evento,
> ou condição das coisas extremamente infame.[1]
> Oxford English Dictionary

Os escândalos da tradução são culturais, econômicos e políticos. São revelados quando se pergunta por que a tradução permanece hoje às margens da pesquisa, dos comentários e dos debates, especialmente (embora não de forma exclusiva) em inglês. Qualquer descrição dessas margens corre o risco de parecer uma mera litania do abuso, a premissa de uma incrível "vitimologia" da tradução e das vítimas que ela deixa em seu rastro. A tradução é estigmatizada como uma forma de escrita, desencorajada pela lei dos direitos autorais, depreciada pela academia, explorada pelas editoras e empresas, organizações governamentais e religiosas. Quero sugerir que a tradução é tratada de forma tão desvantajosa em parte

---

1 Scandal. A grossly discreditable circumstance, event, or condition of things.

porque propicia revelações que questionam a autoridade de valores culturais e instituições dominantes. E, como todo desafio às reputações estabelecidas, ela provoca seus esforços para controlar danos, suas diversas funções policiais, todas com o objetivo de escorar os valores e as instituições questionados, mistificando os usos que fazem da tradução.

Meu projeto é, em primeiro lugar, expor esses escândalos ao averiguar as relações entre a tradução e uma gama de categorias e práticas que contribuem para seu atual *status* marginal. Essa averiguação deve iniciar-se com a disciplina emergente dos Estudos da Tradução. A pesquisa em tradução e a formação de tradutores têm sido prejudicadas pelo predomínio das abordagens de orientação linguística que oferecem uma visão truncada dos dados empíricos que coletam. Pelo fato de tais abordagens promoverem modelos científicos de pesquisa, elas relutam em levar em consideração os valores sociais envolvidos na tradução, bem como em seu estudo. Dessa maneira, a pesquisa torna-se científica, reivindicando ser objetiva ou livre de valor, ignorando o fato de que a tradução, como qualquer prática cultural, acarreta a reprodução criativa de valores. Como resultado, os Estudos da Tradução reduzem-se à formulação de teorias gerais e à descrição de características textuais e estratégias. Essas linhas de pesquisa não são somente limitadas em seu poder explanatório, mas direcionadas, principalmente, a outros especialistas acadêmicos em Linguística, em vez de se dirigirem a tradutores ou leitores de traduções ou mesmo a especialistas em outras disciplinas da área de humanas. Finalmente, a tradução sofre de um isolamento institucional, divorciada dos desenvolvimentos culturais contemporâneos e dos debates que a revestem de significado.

Escândalos da tradução

De longe, os maiores obstáculos à tradução, entretanto, encontram-se fora da própria disciplina. A tradução é degradada pelos conceitos dominantes de autoria, especialmente em literatura e na discussão literária acadêmica, e esses conceitos reforçam sua definição desfavorável na lei sobre os direitos autorais, não somente nos códigos de jurisdições nacionais específicas, mas nos principais tratados internacionais. A tradução encontra-se profundamente reprimida nas identidades culturais que são construídas pelas instituições acadêmicas, religiosas e políticas; na pedagogia de literaturas estrangeiras, especialmente nos "Grandes Livros", os textos canônicos da cultura ocidental; e na disciplina filosófica, o estudo acadêmico dos conceitos e das tradições filosóficas. A tradução faz-se presente de forma maciça no mundo empresarial, na publicação internacional de *best-sellers* e nos padrões desiguais de comércio intercultural entre os países hegemônicos do Norte e do Ocidente e seus Outros na África, Ásia e América do Sul. A tradução fortalece a economia cultural global, possibilitando às empresas multinacionais dominar a mídia impressa e eletrônica nos chamados países em desenvolvimento, lucrando com a possibilidade de venda das traduções a partir das línguas de maior difusão, principalmente do inglês. "Em desenvolvimento" aqui nada mais significa do que uma relação subalterna com o capitalismo mundial. A tradução constrange as instituições que abrigam essas categorias e práticas, visto que chama a atenção para as condições e efeitos questionáveis dessas instituições, para as contradições e exclusões que as tornam possíveis – e as desacreditam.

Os escândalos podem aparecer onde menos esperamos. A edição de abril de 1990 da *Courier*, uma revista mensal publicada pela Unesco para promover o entendimento intercultural, publicou um artigo – em suas edições em espanhol e inglês – que apresentava uma história dos povos mexicanos. A tradução em inglês é extraordinária por seu viés ideológico contra os mexicanos pré-colombianos, cuja cultura oral é representada como inferior, especialmente como um depósito do passado (Mason, 1994; cf. Hatim; Mason, 1997, p.153-9). Assim, *antiguos mexicanos* (*ancient Mexicans*) (antigos mexicanos) é traduzido por *Indians* (índios), distinguindo-os claramente dos seus colonizadores espanhóis; *sabios* (*wise man*) (homens sábios) como *diviners* (adivinhos), opondo-os ao racionalismo europeu; e *testimonias* (*testimonies*) (testemunhos) como *written records* (registros escritos), privilegiando sutilmente as tradições literárias em detrimento das orais. O termo mais recorrente no texto espanhol, *memoria*, uma faculdade crucial para a transmissão oral de cultura, é traduzido tanto como *history* (história) e *knowledge of the past* (conhecimento do passado), quanto como *memory* (memória). No período seguinte, a tradução editou o texto espanhol, diminuindo a cultura nativa ao simplificar a sintaxe e omitir outro termo-chave, *mitos* (*myths*) (mitos):

> Los mitos y leyendas, la tradición oral y el gran conjunto de inscripciones perpetuaron la memoria de tales aconteceres.

> The memory of these events lives on in the thousands of inscriptions and the legends of oral tradition. [A memória desses acontecimentos sobrevive em milhares de inscrições e nas lendas de nossa tradição oral.][2]

---

2 Esta e as demais citações em língua estrangeira, que não sejam em inglês, são nossas traduções a partir das traduções feitas por

Como Mason observou, não precisamos atribuir uma intenção deliberada ao tradutor para perceber a representação enviesada na tradução (Mason, 1994, p.33). A inclinação ideológica contra a população nativa está inscrita em escolhas discursivas específicas que funcionam tanto para criar uma identidade subordinada como para fazê-la parecer natural ou óbvia – como deve ter parecido ao tradutor e aos editores da revista. Ou talvez eles tenham sido guiados por uma estratégia de tradução que privilegia a extrema clareza, fácil legibilidade, de forma que a linguagem mais familiar acabou sendo a mais preconceituosa, mas de forma inconsciente. O que parece óbvio é que o pensamento em relação à tradução na Unesco – uma instituição que é completamente dependente da tradução e interpretação para seu funcionamento – não é suficientemente incisivo a ponto de examinar cuidadosamente um texto traduzido que compromete seus princípios e objetivos básicos.

Apesar da magnitude desse exemplo específico, as exposições que a tradução permite aqui buscarão evitar o sensacionalismo inerente a qualquer denúncia. Pelo contrário, quero iniciar uma reflexão produtiva sobre os valores e instituições questionados, mas por meio de suas relações tensas com a tradução. Quero explorar as maneiras pelas quais a tradução redefine a autoria na literatura e na lei, cria identidades receptivas à diferença cultural, exige abordagens diferentes no ensino da literatura e na prática filosófica e recomenda novas políticas para editoras e empresas. No decorrer deste livro, a

---

Lawrence Venuti, as quais mencionaremos no corpo do texto quando julgarmos relevante. [N. T.]

tradução será tratada mais uma vez com base em estudos de caso detalhados, resultando num conjunto de conceitos teóricos que acarretam consequências práticas.

Casos específicos, tanto do passado como do presente, são valiosos por causa da luz que lançam, não somente sobre a marginalidade atual da tradução, mas sobre os significados e funções que ela poderia ter se fosse dada maior atenção a seus diversos motivos e efeitos. As traduções são produzidas por muitas razões, literárias e comerciais, pedagógicas e técnicas, propagandísticas e diplomáticas. Contudo, nenhum tradutor ou instituição que patrocina uma tradução pode ter a esperança de controlar ou mesmo ter consciência de todas as condições de sua produção. E nenhum agente de uma tradução pode ter a esperança de prever cada uma de suas consequências, os usos que serão feitos dela, os interesses a que servirão, os valores que transmitirão. Entretanto, são essas condições e consequências que oferecem as razões mais instigantes para a discriminação entre os interesses envolvidos no processo tradutório e na leitura de traduções.

Meus capítulos apresentam uma série de estudos culturais que têm como objetivo promover a reflexão atual sobre a tradução. Eles movem-se entre diversas línguas, culturas, períodos, disciplinas e instituições diferentes num esforço para descrever e avaliar os efeitos sociais de textos traduzidos, expandir as possibilidades para projetos de tradução, estabelecer de forma mais firme a tradução como uma área de pesquisa acadêmica, e conquistar para os tradutores uma autoridade cultural maior e um *status* legal mais favorável, sobretudo (embora não exclusivamente) nos Estados Unidos e no Reino Unido.

A autoridade que desejo alcançar para os tradutores e para as traduções não é um mero engrandecimento. Ela não tira vantagem do prestígio cultural agora gozado pelos autores e composições originais – romancistas, por exemplo, ou poetas – ou da natureza oficial das instituições nas quais seu prestígio é mantido. Pelo contrário, visto que a tradução é intercultural, ela envolve um tipo diferente de autoria, secundária para o texto estrangeiro e a serviço de diferentes comunidades, tanto estrangeiras quanto domésticas. A única autoridade que a tradução pode esperar depende da continuidade do seu caráter derivado, distinto das composições originais que tenta comunicar, e coletivo, permanecendo aberta aos outros agentes que a influenciam, especialmente os públicos leitores domésticos. Portanto, o único prestígio que um tradutor pode ganhar vem da prática da tradução, não como uma forma de expressão pessoal, mas como uma colaboração entre grupos divergentes, motivada por um reconhecimento das diferenças linguísticas e culturais que a tradução necessariamente reescreve e reordena. A tradução, como qualquer escrita, é geralmente praticada em condições solitárias. Mas ela liga multidões, frequentemente nos grupos mais inesperados.

O foco na marginalidade da tradução é estratégico. Ele supõe que um estudo da periferia em qualquer cultura pode iluminar e até mesmo rever o centro. Contudo, no caso da tradução, da troca transcultural, as periferias são muitas, ao mesmo tempo domésticas e estrangeiras. Elas tomam a forma das culturas marginais, assim definidas por sua posição nas estruturas nacionais ou globais, situadas em relação às línguas hegemônicas, a um dialeto-padrão local e geralmente ao inglês, ainda a língua mais traduzida em todo o mundo. A pressuposição principal deste livro é talvez o maior escândalo da tradução: assimetrias, injustiças, relações de dominação e dependência existem em cada ato de tradução, em cada ato de colocar o traduzido a serviço da cultura tradutora. Os tradutores são cúmplices na exploração institucional de textos e culturas estrangeiros. Mas também existiram tradutores que agiram de forma duvidosa, por conta própria, não a serviço de qualquer burocracia.

Entre 1967 e 1972, o tradutor americano Norman Thomas di Giovanni trabalhou próximo ao escritor argentino Jorge Luis Borges, publicando vários volumes em língua inglesa da obra ficcional e poética de Borges, atuando como seu agente literário, ajudando-o a ganhar o *status* canônico de que hoje goza (Rostagno, 1997, p.117-20). Contudo, a edição e a tradução de Di Giovanni empreenderam uma revisão agressiva dos textos espanhóis para aumentar sua acessibilidade a um público leitor americano: ele assimilou-os aos cânones estilísticos americanos, aderindo ao uso-padrão atual, amenizando as transições abruptas na prosa de Borges, evitando abstrações em favor da dicção concreta, e mesmo corrigindo citações que o escritor fez de memória (Howard, 1997). De seu trabalho com Borges, Di Giovanni dizia: "Eu o comparo a limpar uma pintura: você consegue ver as cores brilhantes e os contornos bem definidos que antes estavam ocultos" (ibid., p.49). Di Giovanni acreditava estar advogando uma abordagem de escritura para a tradução, oposta aos "professores e pseudoeruditos que olham a escrita através de microscópios, colocando muita ênfase em palavras isoladas e abstrações" (ibid., p.44). Mas ele próprio estava pondo em prática um regime discursivo que procurava reprimir as peculiaridades literárias da escrita inovadora de Borges, exercendo um anti-intelectualismo na tradução de um escritor antes de mais nada intelectual. Após quatro anos, Borges, abruptamente, pôs fim a essa colaboração.

Os autores, por sua vez, exploram os tradutores, mas poucos têm denunciado de forma pública as traduções de seus escritos. O romancista tcheco Milan Kundera parece único não somente em examinar e corrigir as versões em língua estrangeira de seus livros, mas em declarar sua prática tradutória preferida em ensaios e prefácios pontuados pela sua espirituosidade. O caso mais notório envolve as diferentes versões em inglês de seu romance *A brincadeira* (1967). A primeira, de 1969, estarreceu Kundera porque editou, cortou e ordenou capítulos; a segunda, de 1982, foi "inaceitável" porque ele julgou-a "não meu texto", uma "tradução-adaptação (adaptação ao gosto do tempo e do país para o qual se dirigia, ao gosto, em última análise, do tradutor)" (Kundera, 1992, cap.X).

Kundera tem razão ao suspeitar de traduções domesticadoras que assimilam de modo muito violento textos literários estrangeiros aos valores dominantes locais, apagando o ar de estrangeiridade que foi provavelmente o que motivou a tradução (Kundera, 1988, p.129-30). Contudo, como pode qualquer estrangeiridade ser registrada numa tradução senão por meio de outra língua – isto é, por meio do gosto de outro tempo e país? O pensamento de Kundera sobre tradução é de uma ingenuidade notável para um escritor tão finamente sintonizado com os efeitos estilísticos. Ele acredita que o significado do texto estrangeiro pode evitar mudanças na tradução, que a intenção do escritor estrangeiro pode cruzar de forma não adulterada uma fronteira linguística e cultural. Uma tradução sempre comunica uma interpretação, um texto estrangeiro que é parcial e alterado, suplementado com características peculiares à língua de chegada, não mais inescrutavelmente estrangeiro, mas tornado compreensível num estilo claramente doméstico. As traduções, em outras palavras, inevitavelmente realizam um trabalho de domesticação. Aquelas que funcionam melhor, as mais poderosas em recriar valores culturais e as mais responsáveis para responder por tal poder, geralmente engajam leitores graças às palavras domésticas que foram de certo modo desfamiliarizadas e se tornaram fascinantes devido a um embate revisório com o texto estrangeiro.

De fato, Kundera deseja controlar as interpretações apresentadas pelos tradutores de língua francesa e inglesa – mas na base do desacordo absoluto com eles. O fato de uma tradução ter sido bem recebida em francês ou inglês – fato importante para alcançar um público leitor internacional para o autor – não importa para Kundera (cuja própria escrita adquiriu capital cultural e econômico considerável por meio das traduções). Ele deseja apenas avaliar a relação entre a tradução e o texto estrangeiro como se seu acesso ao último fosse direto e não mediado. Com Kafka, ele critica o uso francês do *marcher* (andar) para traduzir *gehen* (ir, andar), visto que o efeito resultante "certamente não é o que Kafka queria aqui" (Kundera, 1995, p.105). Mas uma tradução não pode dar o que o escritor estrangeiro teria desejado se ele estivesse vivo e escrevendo na língua e cultura para a qual se traduz. O que Kafka escreveria em francês poderia ser nada mais do que outra interpretação francesa, não uma versão mais fiel ou adequada do texto alemão. O fato de que o autor é o intérprete não torna a interpretação não mediada por valores da língua-alvo.

Kundera não quer reconhecer as diferenças linguísticas e culturais com as quais uma tradução deve negociar; ao contrário, quer governá-las, selecionando aquelas de que mais gosta. Dessa maneira, produziu uma terceira versão em inglês de seu romance *A brincadeira*, a qual ele alinhavou não somente a partir de suas próprias traduções em inglês e francês, mas também a partir de "várias soluções boas" e de "muitas traduções fiéis e boas formulações" das traduções anteriores (Kundera, 1992, cap.X). Não se sabe se os tradutores permitiram a intervenção de Kundera em seus trabalhos; a página de rosto da revisão não elenca os nomes dos tradutores.

A lei dos direitos autorais permite a Kundera continuar seus usos questionáveis da tradução ao dar-lhe direito exclusivo sobre trabalhos derivados de suas obras. A lei endossa sua visão de que o autor deve ser o único árbitro de todas as interpretações de sua produção escrita. E isso acaba significando que ele também pode ser arbitrário. A versão inglesa "definitiva" de Kundera de *A brincadeira* na verdade faz uma revisão do texto tcheco de 1967: omite mais de cinquenta passagens, tornando o romance mais inteligível ao leitor anglo-americano, retirando referências à história tcheca e também alterando personagens (Stanger, 1997). O prefácio de Kundera não menciona essas revisões. De fato, ele concluiu sua versão com a nota enganosa, "completada em 5 de dezembro de 1965", como se simplesmente tivesse traduzido o texto original integral. Aparentemente, quando o autor é tradutor, ele não está acima das domesticações que atacou nas versões anteriores em inglês.

A tradução certamente levanta questões éticas que ainda têm que ser esclarecidas. A simples identificação de um escândalo de tradução é um ato de julgamento: aqui ele pressupõe uma ética que reconhece e procura remediar as assimetrias no ato tradutório, uma teoria de métodos bons e ruins para praticar e estudar a tradução. E a ética em questão deve ser teorizada como contingente, um ideal baseado em situações culturais específicas nas quais os textos estrangeiros são escolhidos e traduzidos ou nas quais as traduções e o ato de traduzir são feitos objetos de pesquisa. Articulo essas responsabilidades éticas primeiramente em termos de meu próprio trabalho, começando com uma discussão das escolhas com as quais me confronto como um tradutor americano de textos literários. A questão da ética da tradução é tratada posteriormente em outros contextos pertinentes, particularmente quando é examinado o poder da tradução em formar identidades e qualificar agentes. A postura ética que advogo insiste em que as traduções sejam escritas, lidas e avaliadas com maior respeito em relação às diferenças linguísticas e culturais.

Na medida em que a tradução envolve uma colaboração intercultural, meu objetivo estende-se ao alcance global de meu tópico: dirijo-me a tradutores e usuários de tradução em todo o mundo, mas com uma atenção especial a suas diferentes localidades, as quais influenciam os termos do diálogo. Quanto mais detalhados os estudos de caso, quanto mais especificados em termos históricos e geográficos, mais profundamente questionam e moldam os conceitos teóricos deles derivados. Esse toma-lá-dá-cá crítico parece essencial para o estudo das muitas dimensões da troca intercultural. Pois a tradução sobressai-se entre as práticas culturais que ao mesmo tempo nos unem e nos separam.

1
Heterogeneidade

Apesar de o crescimento da disciplina denominada Estudos da Tradução ter sido descrito como "uma história de sucesso dos anos 1980" (Bassnett; Lefevere, 1992, cap.XI), o estudo da história e da teoria da tradução encontra-se atrasado no âmbito acadêmico. Dentre os países anglófonos, isso talvez seja mais verdadeiro nos Estados Unidos, onde somente foram instituídos alguns programas de pós-graduação em formação de tradutores e em pesquisa em tradução, e os departamentos de língua estrangeira continuam a dar maior prioridade ao estudo da literatura (história literária, teoria e crítica) do que à tradução, seja literária ou técnica (ver Park, 1993). Contudo, também nos demais países, apesar da recente proliferação de centros e programas em todo o mundo (ver Caminade; Pym, 1995), os Estudos da Tradução somente podem ser descritos como emergentes, não constituindo uma disciplina independente, mas uma interdisciplina que abarca uma gama de campos dependendo da estrutura institucional específica que a abriga: Linguística, línguas estrangeiras, Literatura Comparada, Antropologia, entre outras.

Essa fragmentação pode sugerir que a pesquisa em tradução se desenvolve com uma grande dose de abertura acadêmica e de resistência contra um pensamento rigidamente compartimentado. Mas ela gerou exatamente o efeito contrário. Na verdade, a tradução não se tornou um sucesso acadêmico porque está cercada por uma série fragmentada de teorias, metodologias e pedagogias, as quais, longe de serem equacionadas, ainda se submetem aos compartimentos institucionais do trabalho intelectual (agora adaptados para admitirem a tradução). As abordagens predominantes podem ser divididas – informalmente, mas sem muita ênfase conceitual – numa orientação de base linguística, visando à construção de uma ciência empírica, e numa orientação de base estética que enfatiza os valores culturais e políticos que embasam a prática e a pesquisa da tradução (ver Baker, 1996; cf. Robyns, 1994, p.424-5).

Essa divisão teórica reflete-se, por exemplo, nas publicações recentes da Routledge sobre Estudos da Tradução. No início dos anos 1990, esses livros eram publicados em duas áreas diferentes, cada uma com seu editor responsável, catálogo e público próprios: Linguística e Estudo de Línguas e Estudos Literários e Culturais. O mercado potencial parecia tão dividido que a Routledge fez cortes na sua série de Estudos da Tradução (cujos editores depois saíram para lançar uma série parecida na Multilingual Matters Ltd.). Atualmente, a Routledge, muito perspicaz, pretende reverter a fragmentação do campo, delegando as responsabilidades de negociação ao editor linguístico, que busca projetos mais interdisciplinares. Contudo, essa editora internacional, ao mesmo tempo acadêmica e comercial, é um caso único. Na língua inglesa, e sem dúvida nas outras línguas, os Estudos da Tradução tendem a ser publicados por editoras pequenas, sejam comerciais ou universitárias, para um público leitor limitado, basicamente acadêmico, sendo que a maioria das vendas é feita para bibliotecas de pesquisa. Fragmentada por limites disciplinares em pequenas comunidades,[1] a tradução mal consegue dar início a novas tendências nas publicações acadêmicas ou nos debates acadêmicos.

Essa difícil situação atual complica os Estudos da Tradução, sugerindo que a disciplina esteja de certa forma sofrendo de uma marginalidade autoimposta. Com raras exceções, os acadêmicos têm se mostrado relutantes em negociar áreas de acordo e em se engajar mais profundamente em problemas culturais, políticos e institucionais colocados pela tradução (para uma exceção ver Hatim; Mason, 1997). Assim, parece apropriado fazer uma avaliação crítica das orientações teóricas que se contrapõem, um balanço dos seus avanços e limitações. Na qualidade de tradutor e aluno de tradução, posso avaliá-las somente como parte interessada, alguém que achou os Estudos Culturais uma abordagem muito produtiva, mas que permanece relutante em abandonar os arquivos e a coleção de dados empíricos (como os estudos podem ser culturais sem eles?). Meu principal interesse nas teorias reside no seu impacto sobre a fragmentação metodológica que caracteriza a pesquisa em tradução e a mantém à margem do discurso cultural, tanto

---

1 O termo usado por Lawrence Venuti é *constituencies*, podendo significar em português grupo, constituintes, clientelas, comunidades, leitores, eleitorado. Buscamos um termo que fosse mais "neutro" e que se encaixasse nos diversos trechos nos quais *constituencies* é mencionado. [N. T.]

dentro como fora da academia. A questão que mais me interessa é se os teóricos são capazes de chamar a atenção de um público maior para a tradução — ou seja, maior do que aquele relativamente limitado ao qual as teorias competidoras parecem se direcionar. Essa questão do público, na realidade, direciona minha própria teoria e prática da tradução, as quais estão estabelecidas na heterogeneidade irredutível das situações linguísticas e culturais. Portanto, para avaliar o estado atual da disciplina e para tornar minha avaliação inteligível, devo começar com uma espécie de manifesto, uma declaração do porquê e como traduzo.

A escritura de uma literatura menor

Como um tradutor americano de textos literários, planejo e executo meus projetos com um conjunto específico de pressuposições teóricas sobre linguagem e textualidade. Talvez a mais crucial seja a de que a língua nunca é simplesmente um instrumento de comunicação, empregado por um indivíduo de acordo com um sistema de regras — mesmo que a comunicação esteja, sem dúvida, entre as funções que a linguagem pode realizar. Seguindo Deleuze e Guattari (1987), vejo a língua como uma força coletiva, um conjunto de formas que constituem um regime semiótico. Ao circular entre diferentes comunidades culturais e instituições sociais, essas formas estão posicionadas hierarquicamente, com o dialeto-padrão em posição de domínio, mas sujeito a constante variação devido aos dialetos regionais ou de grupos, jargões, clichês e *slogans*, inovações estilísticas, palavras *ad hoc* e a pura acumulação dos usos anteriores. Qualquer uso da língua é, dessa maneira, um lugar de relações de poder, uma vez que uma língua, em qualquer momento histórico, é uma conjuntura específica de uma forma maior dominando variáveis menores. Lecercle (1990) as chama de "resíduo".[2] As variações linguísticas liberadas pelo resíduo não só excedem qualquer ato comunicativo como frustram qualquer esforço de formular regras sistemáticas. O resíduo subverte a forma maior revelando-a como social e historicamente situada, ao representar "o retorno, no interior da língua, das contradições e lutas que formam o social" e ao incluir também "a antecipação das contradições futuras" (Lecercle, 1990, p.182).

Portanto, um texto literário nunca pode simplesmente expressar o significado pretendido pelo autor num estilo pessoal. O texto, ao contrário, coloca em funcionamento as formas coletivas nas quais o autor pode, de fato, ter um investimento psicológico, mas que, por sua própria natureza, despersonalizam e desestabilizam o significado. Embora a literatura possa ser definida como a escritura criada especialmente para liberar o resíduo, é o texto estilisticamente inovador que faz a intervenção mais notável numa conjuntura linguística, ao expor as condições contraditórias do dialeto-padrão, do cânone literário, da cultura dominante, da língua maior.[3] Pelo fato de a

---

2 O termo "resíduo" aparece pela primeira vez neste trecho quando Venuti (ao inseri-lo) retoma o uso feito por J. J. Lecercle no livro *The Violence of Language*, 1990. Em português, podemos traduzi-lo como resíduo ou resto. Nossa opção foi "resíduo". [N. T.]

3 Venuti menciona neste trecho pela primeira vez o termo *major language*, o qual será colocado em oposição a *minor language*. Teremos a partir daí as composições *major literature* × *minor literature*, *major translation* × *minor translation*, assim como *minoritizing translation*. Optamos por língua maior × língua menor e suas demais variantes,

língua comum sempre ser uma multiplicidade de formas do passado e do presente, uma "diacronia dentro da sincronia" (Lecercle, 1990, p.201-8), um texto não pode ser mais do que "uma unidade sincrônica de elementos estruturalmente contraditórios ou heterogêneos, de padrões e discursos genéricos" (Jameson, 1981, p.141). Certos textos literários aumentam essa heterogeneidade radical ao submeter a língua maior a constante variação, forçando-a a tornar-se menor, deslegitimando-a, desterritorializando-a, alienando-a. Para Deleuze e Guattari, tais textos compõem uma literatura menor, cujos "autores são estrangeiros em suas próprias línguas" (1987, p.105). Ao liberar o resíduo, uma literatura menor indica onde a língua maior é estrangeira a si mesma.

É essa evocação do estrangeiro que me atrai para as literaturas menores nos meus projetos de tradução. Prefiro traduzir textos estrangeiros que possuem *status* de minoridade em suas culturas, uma posição marginal em seus cânones nativos – ou que, em tradução, possam ser úteis na minorização do dialeto-padrão e das formas culturais dominantes no inglês americano. Essa preferência provém, parcialmente, de uma agenda política que é amplamente democrática: uma oposição à hegemonia global do inglês. A ascendência econômica e política dos Estados Unidos reduziu as línguas e as culturas estrangeiras a minorias em relação à sua língua e cultura. O inglês é a língua mais traduzida em todo o mundo, mas para a qual menos se traduz (Venuti, 1995a,

---

por acharmos mais adequado do que língua principal e língua de minorias. Porém, ao adjetivarmos, acabamos por traduzir *minoritizing translation* por tradução minorizante – uma expressão pouco usada na língua portuguesa. [N. T.]

p.12-4), uma situação que identifica a tradução como um lugar potencial de variação.

Para abalar o domínio do inglês, um tradutor deve ser estratégico tanto na seleção de textos estrangeiros quanto no desenvolvimento de discursos para traduzi-los. Os textos estrangeiros podem ser escolhidos para compensar padrões de troca cultural desigual e para restaurar literaturas excluídas pelo dialeto-padrão, pelos cânones literários, ou por estereótipos étnicos nos Estados Unidos (ou no outro principal país anglófono, o Reino Unido). Ao mesmo tempo, os discursos tradutórios podem ser desenvolvidos para explorar a multiplicidade e a policronia do inglês americano, "conquistando a língua maior para nela fazer aparecer as línguas menores ainda desconhecidas" (Deleuze; Guattari, 1987, p.105). Os textos estrangeiros que são estilisticamente inovadores convidam o tradutor de língua inglesa a criar socioletos marcados por diversos dialetos, registros e estilos, inventando um conjunto que questiona a aparente unidade do inglês-padrão. O objetivo da tradução minorizante é "nunca conquistar a maioridade", nunca erguer um novo padrão ou estabelecer um novo cânone, mas, ao contrário, promover inovação cultural, assim como o entendimento da diferença cultural ao fazer proliferar as variáveis dentro da língua inglesa: "a minoria é a adequação de todos" (ibid., p.106-5).

Minha preferência pela tradução minorizante também se dá a partir de uma postura ética que reconhece as relações assimétricas em qualquer projeto de tradução. A tradução nunca pode ser simplesmente a comunicação entre similares, porque ela é fundamentalmente etnocêntrica. A maioria dos projetos literários tem início na cultura doméstica, onde um texto estrangeiro é selecionado para satisfazer gostos diferentes daqueles que motivaram sua composição e recepção em sua cultura nativa. E a função mesma da tradução é a assimilação, a inscrição de inteligibilidades e interesses domésticos em um texto estrangeiro. Concordo com Berman (1992, p.4-5; cf. sua revisão em 1995, p.93-4) ao suspeitar de qualquer tradução literária que mistifica essa domesticação inevitável como um ato comunicativo sem problemas. A boa tradução é desmistificadora: manifesta em sua própria língua a estrangeiridade do texto estrangeiro (Berman, 1985, p.89).

Essa manifestação pode ocorrer por meio da seleção de um texto cuja forma e tema desviam-se dos cânones literários domésticos. Mas sua ocorrência mais decisiva depende de introduzir variações que alienam a língua doméstica e, visto que são domésticas, revelam a tradução como sendo de fato uma tradução, distinta do texto que ela substitui. A boa tradução é a minorização: libera o resíduo ao cultivar o discurso heterogêneo, abrindo o dialeto-padrão e os cânones literários para aquilo que é estrangeiro para eles mesmos, para o subpadrão e para o marginal. Isso não significa conceber uma língua menor como um mero dialeto, o que poderia acabar numa regionalização ou criando um gueto para o texto estrangeiro, identificando-o muito estreitamente com uma comunidade cultural específica – embora alguns textos estrangeiros e conjunturas domésticas possam exigir um foco social estreito (por exemplo, Quebec durante os anos 1960 e 1970, quando o teatro europeu foi traduzido para o *joual*, o dialeto da classe trabalhadora, para criar um teatro quebequense, nacional: ver Brisset, 1990). A questão central é, antes, utilizar um número de elementos minoritários pelo qual "se inventa uma formação específica, inédita, autônoma" (Deleuze; Guattari, 1987, p.106). Essa ética da tradução não impede a assimilação do texto estrangeiro, mas objetiva ressaltar a existência autônoma daquele texto por trás (no entanto, por meio) do processo assimilativo da tradução.

Na medida em que a tradução minorizante apoia-se na heterogeneidade discursiva, ela segue um experimentalismo que pareceria restringir seu público e contradizer a agenda democrática que esbocei. A forma experimental exige um modo estético elevado de apreciação, o desprendimento crítico e a competência culta associados à elite cultural, enquanto a função comunicativa da linguagem é enfatizada pela estética popular, a qual exige que a forma literária não seja somente inteligível de forma imediata, dispensando qualquer conhecimento cultural especial, mas também transparente, suficientemente realista para suscitar a participação na identificação (Bordieu, 1984, p.4-5, 32-3; cf. Cawelti, 1976; Radway, 1984; Dudovitz, 1990).

No entanto, a tradução que assume uma abordagem popular do texto estrangeiro não é necessariamente democrática. A estética popular requer traduções fluentes que produzam um efeito ilusório de transparência, e isso significa aderir ao dialeto-padrão corrente, ao evitar qualquer dialeto, registro, ou estilo que chame a atenção de palavras como palavras e, portanto, que frustre a identificação do leitor. Como resultado, a tradução fluente pode capacitar um texto estrangeiro a envolver uma massa de leitores, mesmo um texto de uma literatura estrangeira excluída, e desse modo iniciar uma reformulação significativa do cânone. Mas essa tradução, ao mesmo tempo, reforça a língua maior e suas tantas outras exclusões linguísticas e culturais, enquanto mascara a inscrição de valores domésticos. A fluência é assimilativa, apresentando aos leitores domésticos uma representação realista conjugada com seus próprios códigos e ideologias como se fosse um encontro imediato com um texto e uma cultura estrangeiros.

O discurso heterogêneo da tradução minorizante resiste a essa ética assimilativa ao salientar as diferenças linguísticas e culturais do texto – dentro da língua maior. A heterogeneidade não precisa ser tão alienante a ponto de frustrar completamente uma abordagem popular; se o resíduo é liberado em pontos significativos numa tradução que é de forma geral legível, a participação do leitor só será interrompida momentaneamente. Além disso, o uso estratégico dos elementos minorizantes pode permanecer inteligível para uma ampla amostragem de leitores e dessa forma aumentar a possibilidade de que a tradução cruzará as fronteiras entre as comunidades culturais, mesmo se isso vier a significar diferentes significados em diferentes grupos. Um tradutor minorizante pode utilizar-se da língua convencionada da cultura popular, "a fala dos comediantes, dos locutores de rádios, dos DJs" (Lecercle, 1988, p.37), para proporcionar um texto estrangeiro que possa ser considerado uma literatura elitizada numa tradução fluente, sem emendas. Essa estratégia se direcionaria tanto para o público leitor popular quanto para o elitizado, ao desfamiliarizar a mídia doméstica massificada assim como o cânone doméstico com a literatura estrangeira. A tradução minorizante pode, dessa maneira, ser considerada uma intervenção na esfera pública contemporânea, na qual as formas eletrônicas de comunicação dirigidas pelo interesse econômico têm fragmentado o consumo e o debate culturais. Se "o público encontra-se repartido em minorias de especialistas, que aplicam sua razão de modo não público, e na grande massa de consumidores cuja receptividade é pública, mas acrítica" (Habermas, 1989, p.175), então a tradução deveria procurar inventar uma língua menor que atravessasse divisões e hierarquias culturais. O objetivo é, basicamente, alterar os padrões de leitura, forçando um não desprazeroso reconhecimento da tradução entre comunidades que, apesar de possuírem valores culturais diferentes, compartilham de uma antiga resistência em reconhecer isso.

Um projeto minorizante

Pude explorar e testar essas considerações teóricas em traduções recentes que envolvem um escritor italiano do século XIX, I. U. Tarchetti (1839-1869). Desde o início, o que me atraiu foi seu *status* minorizante, tanto em sua própria época como agora. Membro da subcultura boêmia milanesa chamada *scapigliatura* (de *scapigliato*, que significa "desalinhado"), Tarchetti buscou desordenar o dialeto-padrão toscano ao usá-lo para escrever em gêneros literários marginais: enquanto o discurso dominante ficcional na Itália era o realismo sentimental do romance histórico de Alessandro Manzoni, *I promessi sposi* (*Os noivos*), Tarchetti dava preferência à narrativa gótica e ao realismo experimental de romancistas franceses como Flaubert e Zola (Venuti, 1995a, p.160-1). Os padrões italianos contra os quais Tarchetti se revoltara não eram somente linguísticos e literários, mas também morais e políticos: enquanto Manzoni defendia uma posição a favor de um providencialismo cristão, recomendando o amor conjugal e a submissão resignada diante do *status quo*, Tarchetti objetivava chocar a burguesia italiana, rejeitando o bom senso e a decência para explorar o sonho e a insanidade, a violência e a sexualidade aberrante, zombando da convenção social e imaginando mundos fantásticos onde a injustiça social era exposta e desafiada. Foi admirado por seus contemporâneos e, em meio ao nacionalismo cultural que caracterizava a Itália recém-unificada, logo foi admitido no cânone da literatura nacional. Contudo, mesmo como canônico, permaneceu como uma figura menor: recebe tratamento breve, às vezes desdenhoso, nos manuais convencionais de história literária, e seu trabalho não consegue ressurgir nos debates mais provocadores nas letras italianas hoje.

Percebi que um projeto envolvendo Tarchetti teria um impacto minorizante em inglês. Sua escritura era capaz de desordenar os valores domésticos predominantes ao mover-se entre comunidades culturais. Em *Fantastic Tales* (1992) escolhi traduzir uma seleção de sua obra no gênero da novela gótica, gênero que tem tanto tradições elitizadas como populares. Inicialmente considerado literatura de classe média[4] na Grã-Bretanha (Ann Radcliffe), o gótico foi adotado por

---

4 Venuti inicia aqui uma classificação triádica da literatura: *highbrow literature, middlebrow literature* e *lowbrow literature*. Pesquisas nos mostraram que esse tipo de divisão é mais social e política do que propriamente literária e estética. Os três termos adjetivos apresentados (*highbrow, middlebrow* e *lowbrow*) estão relacionados às classes alta, média e baixa. Essa divisão advém da frenologia, uma teoria do século XIX que estuda o caráter e as funções intelectuais humanas, baseando-se na conformação do crânio. Para traduzir esses três tipos de literatura estamos utilizando: literatura de elite, literatura de classe média e literatura popular. [N. T.]

muitos escritores canônicos (E. T. A. Hoffmann, Edgar Allan Poe, Théophile Gautier) e desde então tem passado por vários renascimentos, alguns que satisfazem o interesse da alta intelectualidade [*highbrow interest*] no refinamento formal (Eudora Welty, Patrick McGrath), outros oferecendo o prazer popular da identificação via empatia (Anne Rice, Stephen King). Importar Tarchetti poderia lançar uma nova luz sobre essas tradições e tendências. Também desafiaria o cânone do século XIX de ficção italiana em inglês, há muito tempo dominado por Manzoni e Giuseppe Verga, os dois maiores realistas. Embora a Itália seja um tema recorrente no gótico, *Fantastic Tales* foi a primeira publicação em inglês do primeiro escritor gótico em italiano.

Tarchetti escreveu outros textos que foram igualmente flexíveis em seu apelo potencial. Com o título de *Passion* (1994), traduzi seu romance *Fosca*, que mistura melodrama romântico com realismo num experimento que tanto remete a *Madame Bovary* quanto a *Thérèse Raquin*. Em inglês, *Fosca* prometia aos leitores incautos que o vissem como um clássico redescoberto e como um romance histórico, uma interferência estrangeira no dramalhão. Contudo, enquanto estava traduzindo o texto italiano, também aprendi que o romance de Tarchetti tinha se metamorfoseado num "produto derivado",[5] na fonte de uma adaptação para uma forma popular: o musical da Brodway, *Passion* (1994), de Stephen Sondheim e James Lapine. De repente, um texto canônico italiano, que

---

5 Venuti usa aqui o termo *tie-in* que pode ser traduzido como "produto derivado", isto é, um produto que é lançado a partir de outro produto "original" ou a partir de uma obra como um livro, peça teatral etc. [N. T.]

em inglês deveria interessar principalmente a um público elitizado, acabou tendo uma circulação muito mais ampla.

O que me atraiu especialmente na escritura de Tarchetti foi seu impacto no próprio ato de traduzir: ele exigiu o desenvolvimento de um discurso tradutório que submeteu o dialeto-padrão do inglês a uma variação contínua. Desde o início, determinei que o arcaísmo seria útil para indicar a distância temporal dos textos italianos, sua emergência numa situação cultural diferente num momento histórico diferente. Contudo, qualquer arcaísmo logicamente teria de ser extraído da história do inglês, teria de significar numa situação corrente da língua inglesa, e, portanto, liberaria um resíduo literário distinto. Com *Fantastic Tales* assimilei os textos italianos à tradição gótica nas literaturas britânica e americana, ao tomar como modelo para minha sintaxe e léxico a prosa de escritores como Mary Shelley e Poe, revisitando seus trabalhos em busca de palavras e frases que pudessem ser incorporadas na tradução. Isso não quer dizer que a precisão foi sacrificada em favor da legibilidade e do efeito literário, mas que, na medida em que qualquer tradução produz um resíduo doméstico, acrescentando efeitos que funcionam somente na língua e literatura domésticas, faço um esforço para focalizá-los num gênero específico na história literária da língua inglesa. Na tradução minorizante, a escolha de estratégias depende do período, gênero e estilo do texto estrangeiro em relação à literatura doméstica e aos públicos leitores para os quais a tradução é escrita (cf. a ética da tradução do "respeito" em Berman, 1995, p.92-4).

Minha versão, de fato, segue o italiano bem de perto, frequentemente recorrendo a decalques para assegurar uma forma arcaica cabível no inglês. Esta passagem do conto de Tarchetti, "Un osso di morto" ("A Dead Man's Bone"), é um exemplo típico:

> Nel 1855, domiciliatomi a Pavia, m'era allo studio del disegno inuna scuola privata di quella città; e dopo alcuni mesi di soggiorno aveva stretto relazione con certo Federico M. che era professore di patologia e di clinica per l'insegnamento universitario, e che morì di apoplessia fulminante pochi mesi dopo che lo aveva conosciuto. Era un uomo amantissimo delle scienze, della sua in particolare – aveva virtù e doti di mente non comuni – senonché, come tutti gli anatomisti ed i clinici in genere, era scettico profondamente e inguaribilmente – lo era per convinzione, né io potei mai indurlo alle mie credenze, per quanto mi vi adoprassi nelle discussioni appassionate e calorose che avevamo ogni giorno a questo riguardo. (Tarchetti, 1977, p.65)

> In 1855, having taken up residence at Pavia, I devoted myself to the study of drawing at a private school in that city; and several months into my sojourn, I developed a close friendship with a certain Federico M., a professor of pathology and clinical medicine who taught at the university and died of severe apoplexy a few months after I became acquainted with him. He was very fond of the sciences and of his own in particular – he was gifted with extraordinary mental powers – except that, like all anatomists and doctors generally, he was profoundly and incurably skeptical. He was so by conviction, nor could I ever induce him to accept my beliefs, no matter how much I endeavored in the impassioned, heated discussions we had every day on this point. (Venuti, 1992, p.79.) [Em 1855, firmando residência em Pavia,

eu me devotei a estudar desenho numa escola particular naquela cidade; depois de vários meses de minha estada, desenvolvi uma amizade íntima com um certo Federico M., um professor de Patologia e Medicina Clínica que ensinava na Universidade e morreu de apoplexia alguns meses depois que eu o conheci. Era um amante profundo das ciências e da sua em particular – dotado de poderes mentais extraordinários – com exceção de que, como todos os anatomistas e médicos de um modo geral, era profunda e incuravelmente cético. Ele era assim por convicção, nem pude eu jamais induzi-lo a aceitar minhas crenças, não importando o quanto eu me esforçasse nas discussões apaixonadas e calorosas que tínhamos todos os dias sobre esse assunto.]

O arcaísmo na passagem em inglês é em parte resultado de manter-se próximo ao italiano, aos períodos suspensos empregados por Tarchetti e à dicção da época (*soggiorno, apoplessia, indurlo* são calcados: *sojourn* [estada], *apoplexy* [apoplexia], *induce him* [induzi-lo]). Em outros casos, quando uma escolha se fazia necessária, preferi o arcaísmo ao uso corrente: para *né io potei mai*, usei a construção invertida *nor could I ever* (nem pude eu jamais) em vez do mais fluente *and I could never* (e eu nunca pude); para *per quanto mi vi adoprassi*, preferi a formalidade ligeiramente antiga de *no matter how much I endeavored* (não importando o quanto eu me esforçasse) em vez do coloquialismo moderno *no matter how hard I tried* (não importa o quanto tentasse).

O discurso tradutório de *Fantastic Tales* afasta-se notavelmente do inglês-padrão corrente, não o suficiente, contudo, para que se torne incompreensível para a maioria dos leitores contemporâneos. Isso ficou evidente na recepção. Tentei moldar as reações dos leitores num ensaio introdutório que os alertava para a estratégia minorizante. As resenhas críticas, entretanto, deixaram claro que o arcaísmo também foi registrado na experiência da leitura, e não somente por situar os contos de Tarchetti num passado remoto, mas por compará-los implicitamente ao gótico da língua inglesa e, dessa maneira, estabelecer sua singularidade. Mais importante ainda, o arcaísmo chamou a atenção para a tradução como tradução, sem interferir de forma desagradável na experiência da leitura. A *Village Voice* observou a "redação atmosférica das traduções" (Shulman, 1992), enquanto *The New Yorker* comentou que "a tradução destila um estilo gótico nunca ouvido antes, uma mistura de sombras do norte e de luz tênue do sul" (1992, p.119).

Tais resenhas sugerem que o experimento formal na tradução foi apreciado de forma mais profunda pela elite cultural, leitores com uma educação literária, quando não por acadêmicos com interesse de especialistas. Apesar disso, *Fantastic Tales* também atraiu outras comunidades, incluindo fãs da literatura de horror que são grandes conhecedores da tradição gótica. Um resenhista da revista popular gótica *Necrofile* concluiu que o livro "não é tão esotérico assim que não tenha nada a oferecer ao leitor comum", acrescentando que "o conhecedor ficará sem dúvida agradecido pelo 'Bouvard' e 'The Fated'", dois contos nos quais ele vê Tarchetti destacar-se como um "contribuinte à rica tradição da fantasia do século XIX" (Stableford, 1993, p.6).

A *Fosca* de Tarchetti encorajou um discurso tradutório mais heterogêneo porque ele radicalizou seu romantismo peculiar atingindo um extremo alienante, tornando o romance ao mesmo tempo sério e paródico, participante e subversivo. A trama baseia-se num triângulo de intriga erótica: o narrador Giorgio, um oficial militar envolvido num caso de adultério com a robusta Clara, desenvolve uma obsessão patológica pela prima de seu comandante, a repulsivamente magra Fosca, uma histérica que se apaixona perdidamente por ele. Os temas de amor ilícito, doença, beleza e feiura femininas, a junção do ideal burguês da feminilidade domesticada com a *femme fatale* de estilo vamp – essas convenções familiares do macabro romântico novamente me instigaram a assimilar o texto italiano à literatura britânica do século XIX, e elaborei um estilo inglês a partir de romances similares, tais como O morro dos ventos uivantes (1847), de Emily Brontë, e Drácula (1897), de Bram Stoker. Contudo, para me adaptar à extravagância emocional do romance de Tarchetti, tornei a presença do arcaísmo mais extensa e mais densa, mas ainda assim compreensível para um espectro amplo de leitores americanos contemporâneos, realçando, sem dúvida, a estranheza da tradução. A questão teórica aqui é que as estratégias desenvolvidas nas traduções minorizantes dependem fundamentalmente da interpretação que o tradutor faz do texto estrangeiro. E essa interpretação sempre olha para duas direções, uma vez que tanto se afina com as qualidades especificamente literárias daquele texto quanto é marcada por uma avaliação dos leitores domésticos que o tradutor espera alcançar, por uma ideia de suas expectativas e conhecimento (das formas linguísticas, das tradições literárias, das referências culturais).

Imaginei meu público leitor primeiramente como americanos, logo, o efeito de estranheza poderia também ser obtido por meio de britanismos. Usei a grafia britânica (*demeanour, enamoured, apologised, offence, ensure*), e também uma pronúncia britânica: *a herb* (/hɜ:b/) em vez da americana *an herb* (/ərb/), uma escolha que provocou uma discussão exacerbada por parte do editor de texto da editora, "O que você quer dizer com isso?" (Venuti, 1994, p.33, 95, 108, 157, 188, 22). Alguns arcaísmos resultaram de decalques: *in tal guisa* tornou-se *in such guise* (em tal guisa); *voler far le beffe della mia sconfitta*, que em inglês moderno seria traduzido por *wanting to make fun of my defeat* (querendo fazer graça de minha derrota), tornou-se *wanting to jest at my discomfiture* (querendo fazer galhofa do meu desbarato); *addio* tornou-se *adieu* (adeus) em vez de *goodbye* (tchau); e onde o pensamento de Tarchetti influenciado por Rousseau levou-o a escrever *amor proprio*, reverti para o francês *amour propre* (Tarchetti, 1971, p.140, 151, 148, 60; Venuti, 1994, p.146, 157, 154, 60). Adotei as inversões sintáticas características do inglês do século XIX: *Mi basta di segnare qui alcune epoche* (*It was enough for me to note down a few periods* [*of my life*] *here*) (Foi suficiente para mim anotar alguns períodos [de minha vida] aqui) tornou-se *Suffice it for me to record a few episodes* (Basta-me registrar alguns episódios) (Tarchetti, 1971, p.122; Venuti, 1994, p.128). E aproveitei cada oportunidade para inserir uma palavra ou frase antiga: *abbandonato* (*abandoned*) (abandonado) tornou-se *forsaken* (desertado); *da cui* (*from which*) (a partir do qual) tornou-se *whence* (donde); *dirò quasi* (*I should almost say*) (Eu quase diria) tornou-se *I daresay* (Eu ouso afirmar); *fingere* (*deceive*) (enganar) tornou-se *dissemble* (dissimular); *fu indarno* (*it was useless*) (foi inútil) tornou-se *my efforts were unavailing* (meus esforços foram em vão), uma frase retirada diretamente do *Drácula*, de Stoker (Tarchetti, 1971, p.31, 90, 108, 134; Venuti, 1994, p.31, 92, 109, 140).

Esse excesso de arcaísmos funcionou para historicizar a tradução, sinalizando as origens do texto italiano no século XIX. Contudo, para indicar o elemento de "quase paródia" no romantismo de Tarchetti, aumentei a heterogeneidade do discurso tradutório ao acrescentar usos mais recentes tanto da língua-padrão quanto da coloquial, alguns claramente americanos. Em certas ocasiões, os diversos léxicos apareceram na mesma frase. Traduzi *Egli non è altro che un barattiere, un cavaliere d'industria, una cattivo soggetto* (*He is nothing more than a swindler, an adventurer, a bad person*) (Ele nada mais é do que um vigarista, um aventureiro, uma pessoa má) como *He is nothing but an embezzler, a con artist, a scapegrace* (Ele não passa de um peculatário, um trapaceiro, um biltre), combinando um coloquialismo americano (*con artist*) (trapaceiro) com um arcaísmo britânico (*scapegrace*) (biltre) que era usado em romances de *Sir* Walter Scott, William Thackeray, George Meredith (Tarchetti, 1971, p.106; Venuti, 1994, p.110; *OED*). Essa técnica imerge o leitor num mundo que está nitidamente distante no tempo, mas, ao mesmo tempo, tocante em termos contemporâneos – e sem perder a consciência de que a prosa está acima de tudo.

Em alguns pontos, fiz uma combinação de vários léxicos mais dissonantes para lembrar o leitor de que ele ou ela está lendo uma tradução no tempo presente. Uma passagem dessas ocorreu durante uma cena decisiva na qual Giorgio passa uma noite inteira com Fosca, que se encontra tanto extasiada como enferma e está morrendo de amor por ele:

Suonarono le due ore all'orologio.
– Come passa presto la notte; il tempo vola quando si è felici – diss'ella. (Tarchetti, 1971, p.82)

The clock struck two.
"How quickly the night passes; time flies when you're having fun", she said. (Venuti, 1994, p.83) [O relógio bateu duas horas.// "Como passa rapidamente a noite; o tempo voa quando você está se divertindo", disse ela.]

A expressão *time flies when you're having fun* (o tempo voa quando você está se divertindo) é realmente uma versão próxima do italiano (literalmente, *time flies when one is happy*) (o tempo voa quando se está feliz). Contudo, no inglês americano corrente, adquiriu a convencionalidade de um clichê, usado na maioria das vezes com ironia, e com esse resíduo pode ter efeitos múltiplos. Por um lado, o clichê é característico de Fosca, que tanto tende a fazer vigorosas declarações de lugares-comuns românticos como está inclinada a ser irônica em suas conversas; por outro lado, o aparecimento abrupto de uma expressão contemporânea num contexto arcaico quebra a ilusão realista da narrativa, interrompendo a participação do leitor no drama dos personagens e chamando a atenção para o momento no qual a leitura está sendo feita. E quando esse momento torna-se consciente, o leitor vem a perceber que o texto não é o italiano de Tarchetti, mas uma tradução em língua inglesa.

Outra oportunidade de produzir esses efeitos ocorreu numa das passagens introspectivas de Giorgio. Quando ele descreve sua tendência para os estados psicológicos extremos, raciocina, *Perché non mirare agli ultimi limiti? (Why not aim for the utmost bounds?)* (Por que não visar as últimas fronteiras?), que traduzi como *Why not shoot for the outer limits?* (Por que não se lançar até a quinta dimensão?)[6] (Tarchetti, 1971, p.18; Venuti, 1994, p.18). Essa versão, também bastante próxima do italiano, libera, entretanto, um resíduo americano: faz alusão a viagens espaciais e mais especificamente a *The Outer Limits* (*Quinta dimensão*), uma série de televisão dos anos 1960 sobre temas de ficção científica. Ela também desperta o leitor absorto ao colocar, repentinamente, em primeiro plano, a cultura doméstica, na qual a experiência da leitura está situada, introduzindo um código popular contemporâneo naquilo que, de outro modo, poderia ser tomado como um texto literário arcaico. Mas a alusão pode simultaneamente ser absorvida por uma interpretação elitista: é apropriada ao personagem, uma vez que aponta para a natureza fantástica do romantismo de Giorgio.

A heterogeneidade discursiva de minha tradução difere não somente do dialeto-padrão da língua inglesa, mas do realismo que por muito tempo dominou a ficção anglo-americana. Como resultado, a recepção variou de acordo com o público leitor. O discurso tradutório teve uma repercussão mais favorável entre os leitores de elite, os quais estavam acostumados a experimentos formais, conforme concluí a partir de entrevistas com colegas, professores de nível universitário de literatura britânica e americana. Entre os leitores que seguiram

---

6 Seguimos a proposta do autor de deixar no referido trecho o nome do seriado de ficção. Como esse seriado foi veiculado no Brasil com o título de *Quinta dimensão*, mantivemos essa tradução e não *Limites externos*, uma tradução literal de *Outer Limits*. [N. T.]

a abordagem popular, as respostas dependiam do grau de interesse pela narrativa de Tarchetti. Em uma carta espontânea, um membro de um grupo de leitura informal do sul da Califórnia elogiou o editor por "um livro adorável", expressando uma apreciação particular pelo "drama aterrorizador da morte [de Fosca]" (Heinbockel, 1995). Para outros leitores populares, a identificação via empatia não veio tão prontamente, pois eles queriam maior fluência para dar respaldo a ela. O serviço de resenhas Kirkus elogiou *Passion* precisamente porque este oferecia uma experiência excitante: "O surpreendente romance de Tarchetti", escreveu o resenhista, "tem tudo isso – obsessão, trapaça, sexo, morte e paixão", notando também que "tanto o amante relutante e o leitor desaprovador são enredados pelo encanto [de Fosca]" (Kirkus Reviews, 1994). A tradução, entretanto, foi julgada como "às vezes sem fluência, ocasionalmente com uma frase dissonante".

A escritora de não ficção Barbara Grizzuti Harrison, que resenhou o livro para o *New York Times*, foi além, ao questionar a narrativa de Tarchetti como um todo. E isso levou a uma crítica de meu projeto minorizante. Para Harrison, os problemas começaram com o texto italiano. Ele frustrou a expectativa popular que ela tinha de uma experiência participante típica do romance melodramático. Mas, de maneira sintomática, isso também expôs o investimento dela num estereótipo étnico, a identificação do "italiano" com uma emoção intensa:

> Que livro estranho! Era de esperar que um romance chamado *Passion* – de um escritor italiano – prendesse suas emoções.

Bem, sim e não. O que ele não faz é afetá-lo visceralmente, apesar de sangue, sexo convulsivo e morte constituírem o seu conteúdo. É um tipo de jogo literário e intelectual, e propõe um quebra-cabeça (que não faz nada para encorajar a suspensão da descrença): este cara é real? (Harrison, 1994, p.8)

Para Harrison, qualquer romance que lançasse dúvida sobre a ilusão realista seria em si mesmo suspeito: exigia o tipo de resposta criticamente desprendida que o relegava a uma cultura elitizada ("torção literária e intelectual") e anulava os prazeres da participação.

Nesse caso, entretanto, ela também foi confrontada por uma tradução recalcitrante:

> Eu sou obrigada a pensar se alguns dos problemas apresentados por *Passion* têm a ver com a determinação do tradutor, Lawrence Venuti, em usar clichês contemporâneos, e sua falha em usar coloquialismos do século XX convincentemente. Certamente, os românticos italianos do século XIX não tinham *siblings* (irmãos) (palavra detestável), e eles não sentiam nada parecido com *funk* (medo); nem uma mulher de violência lírica seria capaz de dizer, antes de seu êxtase, *Time flies when you're having fun* (O tempo voa quando você está se divertindo). (Ibid.)

O efeito exagerado que busquei funcionou com essa resenhista. Contudo, ela se recusou a entender isso de acordo com a explicação apresentada na minha introdução: lá afirmei minha intenção de usar clichês e coloquialismos *inconvincentemente*, indo contra o contexto arcaico de imitar o romantismo superaquecido dos personagens. A crítica de Harrison aponta para uma impaciência, ainda mais profunda, com experimentos formais que complicam a função comunicativa da linguagem. Visto que a estética popular prima pela ilusão da realidade nas representações literárias, apagando a distinção entre arte e vida, ela preferiria que a tradução fosse imediatamente inteligível de forma a parecer transparente, não traduzida, ou simplesmente inexistente, criando a ilusão de originalidade. Daí sua insistência para que arcaísmos como *funk* (medo) fossem omitidos porque os românticos italianos não os usavam. Isso leva à conclusão ingênua de que a versão inglesa (*the funk wherein I fell*) (O medo em que caí) poderia ser de alguma forma – ou ser perfeitamente – equivalente ao texto italiano (*l'abbandono in cui ero caduto*). O fato é que os românticos italianos não teriam usado a maioria das palavras da minha tradução, porque eles escreveram em italiano e não em inglês. A preferência de Harrison pela transparência envolve uma dissimulação mistificadora da tradução ao privilegiar o dialeto inglês que é o mais familiar e, portanto, o mais invisível: o dialeto-padrão corrente. Aqui se encontra a evidência de que, em tradução, a estética popular reforça a língua maior, a forma narrativa dominante (realismo), e mesmo um estereótipo étnico predominante (o italiano passional).

Entretanto, meu projeto era minorizante e *Passion*, de fato, conseguiu alcançar comunidades diferentes. Isso é devido, em grande parte, ao casamento inesperado com uma forma popular, um musical da Broadway de um compositor contemporâneo de grande importância. A editora tirou vantagem dessa conexão ao usar o título de Sondheim e Lapine para a tradução e ao desenhar uma capa admirável que sugere a arte-final que aparece no cartaz e nos anúncios do musical. Os resenhistas foram atraídos para a tradução por meio do musical, que foi constantemente citado nas resenhas. As cópias eram vendidas no *lobby* do teatro durante as apresentações, que se estenderam por quase um ano. Em quatro meses de publicação, foram impressas 6.500 cópias; em dois anos, foram vendidas 4 mil cópias. A tradução não chegou a entrar na lista dos *best-sellers*, mas teve uma circulação ampla para um romance italiano marginal até então desconhecido dos leitores de língua inglesa.

Sem dúvida, a ligação beneficiou mais a tradução do que o musical. Contudo, como o musical em si era um projeto minorizante dentro do teatro americano, a ligação também limitou a circulação da tradução. A semelhança das estratégias é impressionante. Ao trabalhar não somente a partir do romance, mas a partir da adaptação do filme de Ettore Scola, *Passione d'amore* (*Fosca, paixão de amor*) (1981), Sondheim e Lapine incorporaram materiais culturais que eram elitizados e italianos numa forma que era popular e americana, ao passo que incorporei materiais populares numa forma literária elitizada, trabalhando a partir de um romance conhecido somente pelos especialistas acadêmicos e inscrevendo nele gêneros populares, códigos e alusões.

Assim como a tradução, o musical provocou uma reação ambígua. Alguns resenhistas críticos buscavam uma "assimilação" maior ao espetáculo e um sentimentalismo que comumente dominam o teatro musical na Broadway. Dessa maneira, o *New York Times* reclamou que a produção Sondheim-Lapine "leva a audiência até o momento da transcendência, mas no final é incapaz de fornecer o impulso que elevaria o material acima da inquietação" (Richards, 1994, B1). Outros resenhistas criticaram o musical por ceder muito à Broadway, falhando em desenvolver as ironias da narrativa. Para a *New Yorker*, "ele é tão comprometido comercialmente quanto os musicais contra os quais pretende se rebelar — é forçado, provavelmente por razões de bilheteria, a reivindicar um triunfo do amor no final" (Lahr, 1994, p.92). O espetáculo *Passion*, de Sondheim e Lapine, submeteu a forma do musical a uma variação tal que dividiu a audiência, de forma que inevitavelmente sofreu as reações divididas que acolheram a tradução e evitaram que ela se tornasse um *best-seller*.

Mas, finalmente, meu objetivo era cultural, e não comercial: criar um trabalho de literatura menor dentro de uma língua maior. E isso, acredito, foi alcançado.

As limitações da Linguística

Minha teoria e prática da tradução me levaram a questionar as abordagens de orientação linguística que começaram a emergir nos Estudos da Tradução durante os anos 1960 e que correntemente constituem uma tendência predominante, influenciando tanto a pesquisa como a formação em todo o mundo. Essas abordagens, geralmente baseadas na Linguística textual e na pragmática, partem de pressuposições diametralmente opostas sobre língua e textualidade, as quais são com frequência deliberadamente limitadas em seu poder explanatório e, em algumas formulações, repressoras nos seus princípios normativos. Do meu ponto de vista como tradutor, elas projetam um modelo conservador de tradução que restringiria indevidamente seu papel na inovação cultural e na mudança social. Entretanto, não pretendo sugerir que tais abordagens sejam abandonadas, mas, ao contrário, que sejam reconsideradas a partir de uma orientação teórica e de uma prática diferente – a qual, por sua vez, será forçada a repensar a si mesma.

A pressuposição principal nas abordagens de orientação linguística é que a língua é um instrumento de comunicação empregado por um indivíduo de acordo com um sistema de regras. A tradução é, portanto, teorizada com base no modelo conversacional griciano, no qual o tradutor comunica o texto estrangeiro cooperando com o leitor doméstico de acordo com quatro "máximas": "quantidade" de informação, "qualidade" ou veracidade, "relevância" ou consistência do contexto e "modo" ou clareza (Grice, 1989, p.26-7; cf. Hatim; Mason, 1990, p.62-5, 95-100; Baker, 1992, p.225-54; Neubert; Shreve, 1992, p.75-84).

Grice, entretanto, admite que a língua é muito mais do que uma comunicação cooperativa quando alega que as máximas são usualmente "violadas" na conversação, "exploradas" pelos interlocutores para abrir um substrato de "implicatura", como a ironia (Grice, 1989, p.30-1; Lecercle, 1990, p.43). No caso da tradução, os teóricos de orientação linguística têm considerado implicatura como uma característica do texto estrangeiro que revela uma diferença entre as culturas estrangeira e doméstica, geralmente uma lacuna no conhecimento do leitor doméstico, a qual o tradutor deve de alguma maneira compensar. Contudo, a comunicação (ou mesmo a compensação) não descreve bem a solução do tradutor, que mais parece com o ventriloquismo, uma reescritura do texto estrangeiro de acordo com as inteligibilidades e interesses domésticos. Como um comentarista descreve a solução, "a informação, essencial para o sucesso das implicaturas conversacionais, deve ser incluída no texto, se é para a tradução ser coerente e sensata" (Thomson, 1982, p.30; grifo dele).

O problema não é essa reescritura, que os tradutores fazem rotineiramente, inclusive eu, mas a maneira como ela é entendida. Nem as máximas conversacionais, nem a implicatura podem dar conta do trabalho do resíduo em qualquer tradução; pelo contrário, elas efetivamente o reprimem. As formas linguísticas domésticas que são acrescentadas ao texto da língua estrangeira para torná-lo "coerente e sensato" na cultura doméstica excedem, de forma inevitável, qualquer intenção de comunicar uma mensagem (e dessa forma violam a máxima de quantidade), visto que essas formas são ao mesmo tempo coletivas e variáveis em significado, sedimentadas com as diferentes funções que desempenham em diferentes comunidades e instituições. Se, de acordo com a implicatura de Grice, a tradução é um processo de exploração de máximas da comunidade linguística doméstica (Baker, 1992, p.238), o resíduo expõe o fato de que as máximas podem se diferenciar no interior de qualquer comunidade, e o discurso tradutório, mesmo quando descrito de forma pedagógica numa explicação introdutória, pode dividir os públicos leitores. Para compensar uma implicatura no texto estrangeiro, o tradutor pode acrescentar notas de rodapé ou incorporar o material suplementar ao corpo da tradução, mas qualquer escolha representa uma máxima diferente de quantidade que se direciona a uma comunidade diferente: acrescentar notas de rodapé à tradução pode restringir o público doméstico a uma elite cultural, visto que as mesmas fazem parte de uma convenção acadêmica.

O resíduo também ameaça outras máximas gricianas. Ele viola a máxima da verdade, ou da "realidade virtual" criada na tradução (Neubert; Shreve, 1992, p.79), pois as variáveis que ele contém podem introduzir uma verdade competitiva ou quebrar a ilusão realista. Além do mais, na medida em que o resíduo é heterogêneo, nenhuma tradução pode conter as mudanças entre dialetos, códigos, registros e estilos que violam as máximas da relevância e do modo, ao desviar-se de contextos e arriscar significados múltiplos e a obscuridade. Ao reprimir o resíduo, a teoria da tradução baseada no modelo conversacional griciano leva a estratégias de fluência que mistificam sua domesticação do texto estrangeiro enquanto reforçam valores domésticos dominantes — principalmente a língua maior, o dialeto-padrão, mas possivelmente outros discursos culturais (cânones literários, estereótipos étnicos, uma ética elitizada ou popular) inscritos na tradução para apresentar uma implicatura estrangeira.

As abordagens de orientação linguística, portanto, pareceriam bloquear a agenda ética e política que previ para uma tradução minorizante. O princípio cooperativo de Grice pressupõe uma situação ideal de discurso, na qual os interlocutores estão no mesmo pé de igualdade, autônomos quanto a diferenças culturais e divisões sociais. Contudo, o resíduo, a possibilidade de variação em qualquer conjuntura linguística, significa que o tradutor trabalha numa relação assimétrica, sempre cooperando mais com a cultura doméstica do que com a cultura estrangeira e, em geral, com uma entre outras comunidades. Na mudança da conversação para a tradução, conforme observou de forma incisiva uma teórica de orientação linguística, o princípio cooperativo em si é colocado em contradição, mostra-se exclusivista: "As máximas de Grice parecem refletir diretamente noções conhecidas por serem valorizadas no mundo anglófono, por exemplo, sinceridade, brevidade e relevância" (Baker, 1992, p.237).

Além disso, quando instituídas como base da tradução literária, as máximas conversacionais requerem que o tradutor não frustre as expectativas domésticas na escolha dos textos estrangeiros e no desenvolvimento dos discursos para traduzi-los. Um tradutor literário americano ficará, dessa maneira, inclinado a manter os cânones existentes para as literaturas estrangeiras e domésticas e a cultivar um discurso homogêneo ao excluir o que lhe é estrangeiro, abaixo do padrão e marginal. Contudo, para compensar a hegemonia global da língua inglesa, para questionar os valores culturais e políticos americanos, para evocar o estrangeirismo do texto estrangeiro, um tradutor literário americano não deve ser cooperativo, mas desafiador, não simplesmente comunicativo, mas também provocador. As máximas pacíficas de Grice encorajam a tradução que fortalece os padrões de leitura correntes, tanto elitizados como populares, enquanto o conceito agonístico de língua de Deleuze e Guattari encoraja a tradução que busca revisar aqueles padrões ao cruzar as fronteiras culturais entre eles.

As limitações das abordagens de orientação linguística talvez sejam mais claras na tradução literária num sentido amplo, não somente na literatura, mas nos textos dos diversos gêneros e disciplinas que constituem as ciências humanas, tanto ficcionais quanto não ficcionais, tanto na mídia eletrônica quanto impressa. O tradutor minorizante, motivado para liberar o resíduo doméstico ao trabalhar com um texto estilisticamente inovador, não será fiel ao princípio cooperativo. Tampouco o será um leitor maiorizante, o qual resiste fortemente a qualquer heterogeneidade discursiva que torne uma experiência de leitura menos participante e mais independente no âmbito crítico – ou, em outras palavras, que tem como objetivo modular entre uma estética elitizada e popular. O modelo griciano de tradução agarra-se à esperança de que "as versões da realidade dos leitores, suas expectativas e suas preferências possam ser desafiadas sem afetar a coerência de um texto, contanto que o desafio seja motivado e o leitor esteja preparado para isso" (Baker, 1992, p.249). Infelizmente, a recepção variada de que minha tradução da *Passion*, de Tarchetti, foi alvo indica que tal desafio, mesmo se explicitamente racionalizado, pode, na verdade, encontrar leitores não cooperativos: Barbara Grizzuti Harrison recusou-se a abandonar suas expectativas realistas e, portanto, achou a tradução incoerente. Contudo, *Passion* mostrou que a tradução minorizante pode ainda se mover entre as comunidades culturais precisamente porque seu discurso heterogêneo é capaz de sustentar noções diversificadas de coerência que circulam entre as diferentes comunidades. Faltam às abordagens de orientação linguística atuais não somente as pressuposições teóricas para contextualizar e executar tais projetos de tradução literária, mas instrumentos metodológicos para analisá-los.

A tradução pragmática ou técnica poderia parecer mais propícia para uma teorização de acordo com as máximas de Grice. De fato, os tradutores de documentos científicos, comerciais, legais e diplomáticos são obrigados, por seus contratos ou pelas condições de seu emprego em agências, a honrar aquelas máximas, pois os textos que traduzem dão prioridade à comunicação em termos institucionais. A tradução de documentos técnicos (por exemplo, pesquisa científica, certificados de garantia de produtos, certidões de nascimento, tratados de paz) geralmente ocorre em situações pontualmente definidas, com públicos leitores especializados e terminologias padronizadas planejadas exatamente para evitar a variação contínua das línguas naturais. Qualquer implicatura nesses documentos tende a ser puramente convencional e dificilmente nasce da desobediência que ocorre na conversação. A ética que formulei para traduzir os textos literários, portanto, deve ser revisada a fim de acomodar as diferentes condições da tradução técnica: aqui a boa tradução adere às convenções do campo ou da disciplina ou do propósito prático a que o documento deve servir. Esse é um padrão puramente funcional, o qual acabará por forçar a avaliação do texto traduzido a levar em conta seus efeitos sociais, possivelmente os interesses econômicos e políticos a que serve (por exemplo, o tradutor deseja traduzir – um manual de instrução, uma propaganda, um contrato de trabalho – para uma empresa multinacional que esteja engajada em práticas trabalhistas questionáveis?).

Contudo, mesmo na tradução técnica, podem aparecer algumas situações e projetos que justifiquem a violação de uma máxima griciana. Na tradução de propagandas, um tradutor pode achar útil frustrar as expectativas domésticas quanto a uma cultura estrangeira, talvez partindo dos estereótipos étnicos predominantes, de forma a investir um produto com um carisma claramente doméstico. Essa divergência, é claro, pretende aumentar a eficiência da propaganda numa cultura diferente. Mas, na medida em que isso ocorre numa tradução, as possíveis reações proliferarão de acordo com os diferentes segmentos do público doméstico.

Durante 1988, por exemplo, as televisões britânica e italiana veicularam propagandas para um carro italiano (o Fiat Tipo) que eram idênticas na apresentação de um estereótipo étnico, "a frieza e o autocontrole do *gentleman* inglês", e depois na sua abrupta inversão (Giaccardi, 1995, p.188). Filmado em inglês, com a inclusão de legendas para o público italiano, as propagandas mostravam um *gentleman* "imperturbável" que está sentado silenciosamente lendo um jornal no banco de trás de um táxi, mas que, de repente, ao vislumbrar uma mulher atraente dirigindo um Fiat Tipo, pede para o motorista segui-la, ignorando as leis de trânsito (ibid., p.165, 174). A versão italiana tornou o estereótipo mais explícito e depois exagerou o desvio, a abrupta excitação emocional do *gentleman*. O título inglês *Taxi Driver* foi substituído por uma locação inglesa específica, *Londra, Settembre 1988*, e a reação relativamente moderada do homem, *Lovely* (Adorável), foi traduzida por um italiano mais enfático: *Splendida!* (Esplêndida!) (ibid., p.189).

As propagandas funcionaram a partir do estereótipo amplamente cultivado entre os espectadores de ambos os países. Contudo, somente a versão inglesa pode, de maneira satisfatória, ser explicada como uma ironia bem-sucedida, uma implicatura griciana e, portanto, uma forma de conversação cooperativa: ela deixou o estereótipo intacto em parte ao atribuir ao *gentleman* um sotaque "Oxbridge", ressaltando um código de classe que é imediatamente inteligível para o público inglês. "A transgressão mesma", em outras palavras, "se manifesta de acordo com os esquemas convencionais" (ibid., p.190). A versão italiana parece menos cooperativa, seus efeitos menos previsíveis, especialmente com relação aos espectadores italianos instruídos que sabem inglês: ela ameaçou chamar a atenção para a convencionalidade do estereótipo devido ao fato de a tradução ter sido tão exagerada, tão fora de sincronia com a trilha sonora inglesa, com o tom do *Lovely*.

A interpretação diplomática e a jurídica podem facilmente compreender violações da máxima griciana de veracidade. Ao interpretar negociações geopolíticas, um tradutor pode desejar remover a alusão satírica, um tipo de implicatura que obstruiria a comunicação ao criar um antagonismo entre os negociadores. E na interpretação jurídica, realizada em tribunais, um tradutor pode corrigir erros gramaticais, evitar reproduzir hesitações e deslizes verbais, e apagar fórmulas culturais específicas, tudo para aumentar a inteligibilidade doméstica, o interesse, e até a solidariedade (Morris, 1995). Nesses casos, o tradutor não somente viola algumas máximas conversacionais, mas levanta a questão de a prática da tradução poder ser chamada corretamente de mera comunicação ao ser oposta à mistificação, à naturalização ou à paliação. E, evidentemente, as violações dos tradutores acarretarão implicações éticas e políticas, não somente em sua utilidade no campo que a tradução está destinada a servir, mas também com respeito às questões maiores das relações internacionais pacíficas e à administração correta da justiça.

O modelo científico

A tendência mais inquietante nas abordagens de orientação linguística é sua promoção de modelos científicos. Visto que a linguagem é definida como um conjunto de regras sistemáticas autônomas em relação à variação cultural e social, a tradução é estudada como um conjunto de operações sistemáticas autônomas com relação às formações culturais e sociais nas quais elas são realizadas. A teoria da tradução torna-se, então, a descrição sincrônica de dois objetos ideais: as práticas linguísticas que o tradutor utiliza para verter o texto estrangeiro, como decalques ou "compensação" (ver Harvey, 1995), e as "situações típicas nas quais alguns tipos de tradução são privilegiados" (Neubert; Shreve, 1992, p.34, 84-8). Contudo, na medida em que tais abordagens excluem a teoria do resíduo, elas purificam as práticas tradutórias e as situações de suas variáveis sociais e históricas, deixando os tradutores literários e técnicos igualmente desaparelhados para refletir sobre os significados culturais, efeitos e valores produzidos por aquelas práticas.

A síntese de Keith Harvey das pesquisas sobre compensação, por exemplo, a mais abrangente e matizada até hoje, intenta desenvolver um conjunto de conceitos que podem descrever uma prática tradutória, principalmente em pedagogia (Harvey, 1995, p.66-77). Segundo Harvey, os tradutores podem compensar a perda de uma característica no texto estrangeiro ao acrescentar a mesma característica ou alguma similar no mesmo ponto ou em outro ponto do texto doméstico. Dessa maneira, na tradução da *Fosca*, de Tarchetti, quando traduzi *il tempo vola quando si è felici* (*time flies when one is happy*) (o tempo voa quando se é feliz) como *time flies when you're having fun* (o tempo voa quando você está se divertindo), estava realizando o que Harvey chama de uma compensação "generalizada", "na qual o texto-alvo inclui características estilísticas que ajudam a naturalizar o texto para o leitor-alvo e que buscam alcançar um número e uma qualidade comparáveis de efeitos, sem que estes estejam amarrados a quaisquer exemplos específicos da perda do texto-fonte" (ibid., p.84). Ao recorrer a um chavão, estava compensando de modo geral o uso que os personagens costumam fazer da linguagem convencional e dos clichês culturais. Contudo, o coloquialismo que usei liberou um resíduo doméstico que criou efeitos múltiplos, nem todos previsíveis, embora seu impacto certamente dependesse das motivações dos leitores: o coloquialismo foi capaz de aumentar a consistência dos personagens, mas também de quebrar a ilusão realista e chamar a atenção para o *status* de tradução de meu texto. Minha razão fundamental para produzir esses efeitos, ao mesmo tempo éticos e políticos, foi peculiarmente doméstica, destinada à cultura americana contemporânea e, portanto, incluía e excedia a intenção de compensar o efeito estilístico num texto italiano do século XIX.

Em um dos exemplos de Harvey, a compensação também introduz um resíduo doméstico que, na verdade, altera o significado do texto estrangeiro. Uma versão inglesa dos quadrinhos franceses *Asterix* omite o "mau uso do francês" por parte da empregada espanhola, mas aparentemente compensa essa omissão atribuindo ao patrão da empregada e ao amigo deste pastiches de conhecimento sofisticado de vinho e do humanismo iluminista de Samuel Johnson (ibid., p.69-71). Aqui a compensação poupa o imigrante espanhol da classe trabalhadora de ser satirizado, enquanto desvia a sátira para o burguês francês por meio de características direcionadas a um público leitor doméstico mais elitizado (pois identificar as alusões culturais requer um leitor instruído). O resíduo liberado na versão inglesa pode ser visto como reflexo de uma rivalidade étnica e nacional entre o britânico e o francês.

Harvey parece reconhecer que qualquer compensação faz muito mais do que suprir uma característica equivalente na tradução. "O efeito", ele observa ao discutir Gutt (1991), "surge como uma função da própria motivação do leitor para ler um texto, e até de diversas convenções que determinam a resposta em culturas diferentes, em vez de ser propriedade de um texto em particular" (Harvey, 1995, p.73). Mas Harvey acredita que "é importante manter o termo [compensação] essencialmente para características e efeitos estilísticos, específicos do texto", visto que "questões maiores de incompatibilidade entre práticas culturais e sociais vão bem além disso e ameaçam tornar o conceito demasiado geral para ter qualquer uso pedagógico ou valor teórico" (ibid., p.71, 69). Sem uma teoria do resíduo, entretanto, um quadro descritivo não pode explicar como características inerentes ao texto produzem efeitos diferentes de acordo com diferentes motivações dos leitores e diferentes convenções culturais. Para explicar como minhas versões compensatórias em *Passion* dividiram os públicos leitores domésticos, faz-se necessária uma teoria social do valor cultural (por exemplo, Bourdieu).

O ponto importante é que o tradutor deve ser capaz de fornecer tais explicações como uma razão fundamental para escolher entre diferentes práticas textuais, diferentes formas de compensação e mesmo diferentes projetos, ou seja, antes de mais nada, se deve aceitar realizá-los. Do contrário, os quadros descritivos para as práticas textuais provavelmente encorajarão uma tradução mecânica e sem reflexão que não está preocupada com o seu valor – ou somente com o valor utilitário e econômico em oposição aos valores culturais e políticos. "O modelo científico que toma a língua como um objeto de estudo", ressaltam Deleuze e Guattari, "é idêntico ao modelo político pelo qual a língua é homogeneizada, centralizada, padronizada, tornando-se uma língua do poder, uma língua maior ou dominante" (Deleuze; Guattari, 1987, p.101). Contudo, ao reprimir a heterogeneidade da língua, o modelo científico impede os tradutores de entenderem e avaliarem o que suas práticas admitem e excluem, e quais relações sociais essas práticas tornam possíveis.

Um tipo parecido de repressão tem ocorrido há tempos na pesquisa sobre a tradução que se volta para questões culturais mais amplas, mas insiste numa abordagem estritamente empírica delas. Inicialmente desenvolvida nos anos 1970 e posteriormente aperfeiçoada em numerosos trabalhos e em estudos de caso, a orientação de Gideon Toury é declaradamente científica, evitando considerações prescritivas da tradução no exame das práticas tradutórias efetivas (cf. Shreve, 1996). Ele parte da asserção de que "traduções são fatos das culturas-alvo" (Toury, 1995, p.29), situações domésticas nas quais os textos estrangeiros são escolhidos para serem traduzidos e estratégias discursivas são elaboradas para traduzi-los. Dentro dessas situações, enfatiza as "normas" que restringem a atividade do tradutor (ibid., p.53), os diversos valores que moldam as decisões tradutórias e que são, eles mesmos, moldados pela tradução, ou, mais genericamente, por padrões de importação de formas e temas estrangeiros. Toury está menos interessado na "adequação" de uma tradução ao texto estrangeiro, pois sabe que sempre ocorrem "mudanças" entre eles e, de qualquer forma, uma medida de adequação, mesmo a identificação de um texto-"fonte", envolve a aplicação em geral implícita de uma norma doméstica (ibid., p.56-7, 74, 84). Seu projeto preocupa-se mais em descrever e explicar a "aceitabilidade" doméstica de uma tradução, as maneiras pelas quais diversas mudanças constituem um tipo de "equivalência" compatível com os valores domésticos num dado momento histórico (ibid., p.61, 86).

Não há dúvida quanto à importância histórica do trabalho de Toury. Juntamente com Itamar Even-Zohar, André Lefevere e José Lambert — outros teóricos que compartilham suas ideias —, Toury ajudou a estabelecer os Estudos da Tradução como uma disciplina distinta ao definir o objeto de estudo, o texto-alvo circulando num "polissistema" de normas e fontes culturais (para um panorama desse grupo, ver Gentzler, 1993, cap.5). Hoje a ênfase de Toury no alvo é compartilhada por qualquer acadêmico ou tradutor que se refira à tradução de um modo geral. Seus conceitos e métodos de fato tornaram-se diretrizes básicas (mesmo quando não são explicitamente atribuídas a ele), pois elas tornam a tradução inteligível em termos linguísticos e culturais. Ao estudar a tradução, não se pode evitar a comparação entre os textos estrangeiros e suas traduções, buscando mudanças, inferindo normas, mesmo quando se sabe que todas essas operações não são mais do que interpretações limitadas pela cultura doméstica. Embora Toury não se refira ao conceito de resíduo de Lecercle, as mudanças na tradução podem ser interpretadas como abrangendo-o: mudanças que envolvem a inscrição de valores domésticos no texto estrangeiro.

No entanto, cerca de duas décadas mais tarde, as limitações do projeto de Toury ficam mais claras. O argumento da ciência revelou-se teoricamente ingênuo ou talvez falso. Toury sente que deve basear a pesquisa sobre tradução num modelo científico para estabelecer os Estudos da Tradução como uma disciplina legítima. "Nenhuma ciência empírica pode reivindicar uma completude e uma (relativa) autonomia a menos que tenha um *ramo descritivo* adequado", escreve ele, e nenhum acadêmico de tradução pode ser chamado "descritivo" a não ser que "se abstenha de julgamentos de valor ao selecionar assuntos ou apresentar suas descobertas, e/ou se recuse a chegar a conclusões sob a forma de recomendações de comportamento 'adequado'" (Toury, 1995, p.1, 2; grifo dele). Contudo, Toury está, aqui, reprimindo seus próprios interesses disciplinares. Seu projeto é motivado fundamentalmente pelo esforço de instalar os Estudos da Tradução em instituições acadêmicas. A ênfase no alvo não é apenas necessária para conduzir a pesquisa acadêmica; ela também está implicada na construção do império acadêmico na medida em que Toury imagina seu público como sendo constituído por acadêmicos, não tradutores, e tem a expectativa de que sua teoria prevaleça sobre outras que não sejam científicas.

O que está faltando é um reconhecimento de que os julgamentos não podem ser evitados nessa ou em qualquer outra teoria cultural. Mesmo no momento de planejar e executar um projeto de pesquisa, uma interpretação acadêmica estará carregada com os valores de sua situação cultural. Toury parece consciente desse ponto quando, repentinamente, encoraja uma atitude cética com relação às descrições de normas:

Algo para se ter em mente, quando se começa a estudar o comportamento governado por normas, é que não há nenhuma identidade necessária entre as normas em si e qualquer formulação delas na língua. É claro que as formulações verbais refletem a *consciência* da existência de normas, assim como de seu respectivo significado. Entretanto, elas também implicam outros interesses, particularmente um desejo de *controlar* o comportamento — isto é, ditar normas em vez de simplesmente explicá-las. Formulações normativas estão propensas a ser tendenciosas e devem sempre ser tomadas com reserva. (Toury, 1995, p.55; grifo dele)

O contexto dessa passagem sugere que Toury tem em mente as explicações das normas de tradução dadas pelos tradutores que as seguiram (ou as violaram). Mas não há nenhuma razão para que essa última frase não possa se aplicar também a um acadêmico da tradução formulando as normas que governam um conjunto de traduções (ou o desejo de Toury de conceitualizar os Estudos da Tradução e desse modo controlar o comportamento dos acadêmicos de tradução). As formulações são sempre interpretações e são feitas em relação a (e possivelmente contra) formulações prévias na área, mas também em relação à hierarquia de valores que definem a cultura em geral.

A própria habilidade de perceber um valor moldando uma tradução sugere um grau de desprendimento crítico em relação a ela, não necessariamente uma identificação empática. Toury, por exemplo, descreve uma edição hebraica dos sonetos de Shakespeare dedicados a um jovem na qual o gênero do destinatário é mudado para o feminino. Ele explica essa edição observando que as traduções foram escritas no início do século XX para um público de judeus religiosos para os quais "o amor entre dois homens [...] era simplesmente algo que ia além dos limites" (Toury, 1995, p.118). Contudo, o relato de Toury, mesmo que não tache a tradução como sendo homofóbica, está distante da homofobia e talvez seja favorável em sua descrição dos relacionamentos do mesmo sexo ("amor entre dois homens"). Além disso, uma vez que ele se refere à decisão do tradutor como uma "concessão" que envolveu uma "*censura* voluntária" (ibid., grifo dele), parece evidente que sua formulação da norma tende para o liberalismo. Se compartilhasse o conservadorismo do tradutor, Toury teria chamado a tradução de uma expressão voluntária de adequação moral.

A insistência nos Estudos da Tradução livres de julgamentos de valor impede a disciplina de ser autocrítica, de reconhecer e examinar sua dependência de outras disciplinas relacionadas, de considerar o impacto cultural mais profundo que a pesquisa em tradução deve ter. O método de Toury de pesquisa descritiva parte das análises comparativas dos textos estrangeiro e traduzido para elucidar mudanças e identificar as normas da cultura-alvo que as motivam – esse método deve ainda se voltar para a teoria cultural para avaliar o significado dos dados, para analisar as normas. As normas podem ser, em primeira instância, linguísticas ou literárias, mas elas também incluirão um espectro diversificado de crenças, representações sociais e valores domésticos, que carregam uma força ideológica ao servir aos interesses de grupos específicos. E eles estão sempre abrigados nas instituições sociais nas quais as traduções são produzidas e inscritas em agendas culturais e políticas.

Nas últimas duas décadas, o argumento de cientificidade isolou de forma efetiva os Estudos da Tradução justamente dos discursos teóricos que possibilitariam aos acadêmicos tirar conclusões incisivas de seus dados ao reconhecerem as restrições de sua própria situação cultural. Proponentes de descrição empírica como Even-Zohar e Toury, cujo trabalho enraiza-se no formalismo russo e na Linguística estruturalista, ignoraram as mudanças radicais que diversos desenvolvimentos teóricos causaram nos estudos literários e culturais – a saber, modalidades de psicanálise, feminismo, marxismo e pós-estruturalismo. Todos estes são discursos que insistem na dificuldade de separar o fato do valor na interpretação humanista. Sem eles, o teórico de tradução não pode nem começar a pensar sobre uma ética de tradução ou o papel desempenhado pela tradução em movimentos políticos, questões que parecem mais cruciais hoje do que delinear rígidos limites disciplinares. O modelo científico perpetuaria a marginalidade dos Estudos da Tradução ao desencorajar um engajamento com as tendências e debates que estimulam a reflexão mais significativa sobre cultura.

Minha recomendação é que as abordagens empíricas, tanto as baseadas na Linguística como numa teoria polissistêmica, sejam modificadas e suplementadas pelo conceito de resíduo e pelo pensamento social e histórico que se exige dos tradutores e dos acadêmicos da tradução. Não pode haver escolha entre aceitar as constantes que a Linguística extrai da língua ou colocá-las em variação contínua, pois a língua é um contínuo de dialetos, registros, estilos e discursos, dispostos numa hierarquia, que se desenvolve em diferentes velocidades e de diferentes maneiras. A tradução, como qualquer uso da língua, é uma seleção acompanhada por exclusões, uma intervenção nas disputas das línguas que constituem qualquer conjuntura histórica; os tradutores empreenderão diversos projetos, alguns que requerem aderência à língua maior, outros que requerem uma subversão minorizante. A Linguística textual, a pragmática e a teoria polissistêmica podem ser úteis no treinamento de tradutores e na análise de traduções, contanto que os quadros descritivos criados por essas abordagens sejam ligados a uma teoria da heterogeneidade da língua e da sua relação com valores culturais e políticos. Dessa maneira, May apoia-se nas máximas conversacionais de Grice para analisar uma tradução em inglês de um romance russo, revelando como o tradutor não compensou uma implicatura no texto estrangeiro e acabou omitindo um registro autorreflexivo na narrativa (May, R., 1994, p.151-2). Contudo, ela explica essa omissão ao situá-la na tradição tradutória anglo-americana, na qual a dominância de estratégias de fluência resulta em "conflito de atitudes culturais quanto à narrativa e ao estilo nas línguas original e alvo", assim como numa "luta entre o tradutor e o narrador pelo controle da língua do texto" (ibid., p.59).

Na busca de elementos comuns entre as abordagens empíricas e o que chamarei de orientação materialista cultural possibilitada pelo resíduo, parece importante questionar a noção de que a teoria e a prática da tradução podem ser entendidas e desenvolvidas simplesmente com base no estudo de dados empíricos como a evidência textual. Para produzir quaisquer *insights*, as características textuais devem, contudo, ser processadas com base em pressuposições teóricas específicas – sem esse processamento elas não podem ser consideradas "evidência" de coisa alguma – e essas pressuposições devem ser submetidas a exame e revisão contínuos. A reivindicação de uma abordagem empírica para os Estudos da Tradução por parte de Neubert e Shreve, apesar de sua insistência no contrário, não produzirá inferências confirmadas na observação das práticas tradutórias reais, mas deduções a partir de conceitos idealizados da Linguística textual e da pragmática, que constituem seus princípios norteadores – a aplicação de Beaugrande e Dressler (1981) e de Grice à tradução. Além disso, a visão de Toury segundo a qual os Estudos da Tradução devem tranquilamente inferir "regularidades de comportamento" e "leis" previsíveis, mistifica os valores implícitos em suas descrições e pode muito bem desencorajar o estudo e a prática do experimentalismo tradutório. Como resultado, as inferências feitas por essas abordagens servem basicamente para confirmar pressuposições sobre a língua e a textualidade que parecem simplistas e conservadoras, especialmente a partir do ponto de vista de um tradutor literário americano.

Estudar o resíduo em tradução não implica abandonar a descrição empírica das práticas textuais recorrentes e das situações típicas. Pelo contrário, esse estudo oferece uma maneira de articular e esclarecer – em termos que são tanto textuais como sociais – os dilemas éticos e políticos que os tradutores enfrentam quando trabalham em qualquer situação. Nosso objetivo deve ser a pesquisa e o treinamento que produzem leitores de traduções e tradutores que sejam criticamente conscientes, não predispostos a seguir normas que excluam a heterogeneidade da língua.

2

Autoria

Talvez o fator mais importante na atual marginalidade da tradução seja sua afronta ao conceito predominante de autoria. Enquanto a autoria é comumente definida como originalidade, autoexpressão num texto único, a tradução é derivada, nem autoexpressão nem única: ela imita outro texto. Dado o conceito dominante de autoria, a tradução provoca o medo da inautenticidade, da distorção, da contaminação. Contudo, na medida em que o tradutor deve focalizar-se nas comunidades culturais e linguísticas do texto estrangeiro, a tradução pode também provocar o medo de que o autor estrangeiro não seja original, mas derivado, fundamentalmente dependente de materiais preexistentes. É em parte para controlar esses medos que as práticas de tradução nas culturas de língua inglesa (entre muitas outras) têm com frequência objetivado sua própria ocultação, pelo menos desde o século XVII, desde John Dryden (Venuti, 1995a; Berman, 1985). Na prática, o fato da tradução é apagado pela supressão das diferenças culturais e linguísticas do texto estrangeiro, assimilando-as a valores dominantes na cultura da língua-alvo, tornando-a reconhecível e, portanto, aparentemente não traduzida. Com essa domesticação, o texto traduzido passa como se fosse o original, uma expressão da intenção do autor estrangeiro.

A tradução é também uma afronta a um conceito ainda predominante de erudição [*scholarship*] que se baseia na pressuposição da autoria original. Visto que essa erudição busca averiguar a intenção autoral que constitui a originalidade, a tradução não somente se desvia dessa intenção, como toma o lugar de outras: ela tem por objetivo direcionar-se a um público diferente ao atender às exigências de uma cultura e língua diferentes. Em vez de permitir uma compreensão verdadeira e desinteressada do texto estrangeiro, a tradução provoca o medo do erro, do amadorismo, do oportunismo – uma exploração abusiva da originalidade. E, na medida em que o tradutor focaliza as comunidades linguísticas e culturais do texto estrangeiro, a tradução provoca o medo de que a intenção autoral possa não controlar seu significado e seu funcionamento sociais. Sob o peso desses medos, a tradução tem sido há tempos negligenciada nos estudos da literatura, mesmo em nossa situação atual, em que o influxo do pensamento pós-estruturalista questiona de forma decisiva a teoria e a crítica literária de orientação autoral. Quer sejam humanistas ou pós-estruturalistas, os estudiosos contemporâneos tendem a supor que a tradução não oferece uma compreensão verdadeira do texto estrangeiro nem uma contribuição válida ao conhecimento da literatura, doméstica ou estrangeira.

Os efeitos dessa pressuposição são evidentes nas práticas de contratação, efetivação e promoção das instituições acadêmicas, assim como na publicação acadêmica. A tradução é raramente considerada como uma forma de erudição literária, ela não constitui atualmente uma qualificação para um cargo acadêmico num campo ou numa área particular dos estudos literários e, comparados com as composições originais, os textos traduzidos são raramente considerados como objeto de pesquisa literária. O fato da tradução tende a ser ignorado até mesmo pelos estudiosos mais sofisticados que são obrigados a confiar em textos traduzidos para suas pesquisas e aulas.

Quando a tradução não é simplesmente ignorada, é provável que seja reduzida por completo à precisão linguística, especialmente pelos acadêmicos de língua estrangeira que reprimem o resíduo doméstico que qualquer tradução libera e, assim, recusam-se a considerá-la como transmissora de valores literários da cultura-alvo. Dessa forma, as traduções que foram muito celebradas em períodos anteriores, que tiveram o poder de criar públicos domésticos para um autor ou texto estrangeiros, são tipicamente desprezadas como inaceitáveis se contiverem erros lexicais ou sintáticos. A tradutora americana Helen Lowe-Porter, cujas versões da ficção de Thomas Mann foram elogiadas como "muito competentes" na metade do século XX, estabeleceu a reputação do autor como o maior escritor alemão entre os leitores contemporâneos da língua inglesa (*Times Literary Supplement*, 1951). Contudo, ela foi posteriormente atacada pela sua "incompetência linguística" por especialistas britânicos em literatura alemã que acharam seu trabalho "gravemente defectivo" (Luke, 1970; Buck, 1995). Seus erros e "imprecisão – na qual a tradutora reinterpreta de forma flagrante as palavras do autor" têm sido considerados como uma adulteração escandalosa dos textos alemães (Buck, 1995; Luke, 1995).

Por trás dessa visão aparentemente de senso comum, encontra-se, entretanto, um escândalo maior, uma veneração pelas línguas e literaturas estrangeiras que é irracional em sua radicalidade, uma vez que é improvável considerar qualquer tradução aceitável. Sim, os erros de tradução devem ser corrigidos, mas os erros não diminuem a legibilidade da tradução, seu poder de comunicar e de dar prazer. Os acadêmicos de língua estrangeira temem a tradução porque ela parece ameaçar os estudos um tanto mecânicos das línguas estrangeiras (não é preciso mais do que isso para detectar erros de tradução). Nos casos mais paranoicos, com matrículas em declínio, o medo pode ser de que a tradução venha a diminuir ou até acabar com esse estudo. No entanto, sem o ensino de línguas estrangeiras não se formam tradutores, nem a tradução pode ocorrer ou ser estudada.

A veneração acadêmica em relação às línguas e literaturas estrangeiras também é falsa. Reforçada por um senso de autopreservação, ela não valoriza o texto em si o tanto quanto valoriza o texto que contenha a interpretação atualmente predominante entre os especialistas acadêmicos, seja ela qual for. É essa interpretação que os especialistas esperam que cada tradução comunique ao insistirem na exatidão e na precisão linguística. Na recente versão de John Woods do romance *Os Buddenbrooks*, de Mann, um erro sintático foi censurado, não simplesmente por ser uma "total incompreensão", mas por destruir uma "antítese (respaldada por uma longa tradição romântica) entre o 'dia quente' da vida e a 'noite fresca' da morte" (ver o debate entre Luke, 1995, e Venuti, 1995b).

Escândalos da tradução

Quando os textos do cânone acadêmico das literaturas estrangeiras são traduzidos por não especialistas, os acadêmicos das línguas cerram fileiras e assumem uma atitude de não-se-meta-no-meu-caminho. Eles corrigem erros e imprecisões em conformidade com padrões e interpretações eruditos, excluindo outras leituras possíveis do texto estrangeiro e outros públicos possíveis: por exemplo, as traduções beletrísticas que podem negligenciar a precisão em favor do efeito literário de forma a alcançar um público leitor comum com valores diferentes. A versão de Lowe-Porter da novela *Morte em Veneza*, de Mann, criticada por dar uma "falsa percepção" da "interação" entre o escritor idoso Aschenbach e o encantador jovem Tadzio, poderia ser também descrita como uma reformulação da dinâmica homoerótica dos personagens para se adequar a um maior rigor moral de um público americano durante os anos 1930 (Buck, 1995). Em uma passagem-chave, por exemplo, o alemão de Mann é evasivo, referindo-se à "excitação" (*der Rausch*) de Aschenbach pelo menino – *der Rausch ihm zu teuer war* –, enquanto o inglês de Lowe-Porter inscreve uma censura ao substituí-lo por "ilusão": *his illusion was far too dear to him*, "sua ilusão era-lhe cara demais" (Mann, 1960, p.494; 1936, p.414).

A recusa em considerar os valores culturais transmitidos pela tradução revela o elitismo no centro das instituições acadêmicas, que, afinal de contas, são projetadas para funcionar por meio da concessão seletiva da qualificação para fazer parte do debate acadêmico. Se essas revelações são prejudiciais, é principalmente porque levam a um paradoxo: a tradução revela uma profunda relutância entre os especialistas nas línguas estrangeiras em considerar as diferenças introduzidas pelo tráfego entre línguas e culturas, um tipo de pensamento que o estudo das línguas estrangeiras torna possível em primeira instância e deveria ter como objetivo promover. Ao depreciar a tradução, esses especialistas expressam um investimento chauvinista numa língua estrangeira que ignora as condições culturais sob as quais aquela língua deve ser ensinada.

Para explorar esses escândalos contínuos, quero considerar a forma literária conhecida como "pseudotradução", uma composição original que seu autor decidiu apresentar como um texto traduzido. A recepção da pseudotradução pode iluminar o *status* e os efeitos múltiplos das verdadeiras traduções, visto que ela "constitui uma maneira conveniente de introduzir inovações numa cultura", marcando os limites dos valores dominantes ao precipitar mudanças neles (Toury, 1995, p.41). As inovações ocorrem mais nas formas literárias e temas que são novos ou atualmente marginais na cultura doméstica, de modo que o pseudotradutor explora práticas de tradução aceitas para trabalhar com materiais culturais que, de outra forma, poderiam ser excluídos ou censurados. Contudo, as inovações podem ainda incluir novas concepções de autoria e erudição, especialmente quando a língua e literatura estrangeiras que aparecem na ficção da pseudotradução alcançaram *status* canônico na cultura doméstica. A pseudotradução, visto que implica um ocultamento da autoria, inevitavelmente provoca uma reconsideração de como é definido um autor em qualquer período, levando a uma imposição reacionária da composição dominante ou a uma revisão questionadora que estimula novas correntes literárias.

As derivações da autoria

A fraude literária praticada pelo escritor francês Pierre Louÿs, a reunião de poemas em prosa num livro que ele intitulou de *Les Chansons de Bilitis* (1895), deve certamente ser classificada como a mais intrigante das pseudotraduções. Louÿs apresentou seu texto como uma tradução francesa da poesia grega de Bilitis, uma mulher que, dizia-se, era contemporânea de Safo. Contudo, a maioria dos seus leitores sabia que nada da poesia de Bilitis sobrevivera e que, de fato, ela parece nunca ter existido, seja no século VI a.C., seja em qualquer outro período da Antiguidade. Louÿs descreveu seu projeto numa carta a um estudioso francês em 1898: *Les Chansons de Bilitis sont toutes apocryphes, à l'exception de sept ou huit, imitées de divers auteurs* (As canções de Bilitis são todas apócrifas, com exceção de sete ou oito, imitadas de diversos autores) (Louÿs, 1990, p.318). Essa fraude é exemplar pela sua desmistificação dos valores culturais dominantes, não somente da recepção acadêmica da literatura clássica grega e da poesia de Safo em particular, mas também dos conceitos de autoria e erudição histórica que ainda prevalecem hoje. Por um lado, *Les Chansons de Bilitis* expôs as múltiplas condições de autoria, questionando a reivindicação de originalidade; por outro, expôs os muitos valores que constituem a erudição, questionando a reivindicação da verdade histórica. A fraude de Louÿs é transgressora em diversos níveis, alguns dos quais escapam ao seu controle — como o uso que dela faço neste capítulo. E, o mais importante para os meus propósitos, sua fraude deriva seu poder transgressor principalmente do fato de simular (e ocasionalmente ser) uma tradução.

Ao deliberadamente se apresentar como um tradutor em vez de um autor, Louÿs dirigiu a atenção de seu leitor para os materiais culturais a partir dos quais produziu seu texto. Isso, logicamente, foi feito para dar a Bilitis um ar de autenticidade, mas também implica que Louÿs não era um autor autêntico. Os primeiros resenhistas favoráveis, a maioria dos quais sabia ou sentia que Bilitis era uma ficção, tendiam a considerar a escrita de Louÿs como derivada, um *délicieux pastiche*, escreveu o *Echo de Paris* (Clive, 1978, p.111). E mesmo quando os resenhistas reconheceram explicitamente sua autoria, eles a definiram não como uma autoexpressão, mas como erudição, embora moldada na linguagem emocionalmente evocativa da poesia. *L'érudition, le détail technique de reconstitution ne blessent jamais ici* (A erudição, o detalhe técnico da reconstituição não incomodam nunca aqui), escreveu o *Mercure de France*, porque *M. Pierre Louÿs est tout à fait un poète: sa forme savante qui gênait l'émotion a soudain pu l'enserrer* (O sr. Pierre Louÿs é um poeta por inteiro: sua forma erudita, que reprime a emoção, pode de repente incluí-la) (Mauclair, 1895, p.105). A fraude de Louÿs obscurece as distinções entre tradução, autoria e erudição. Assim que o leitor percebeu que Bilitis foi inventada e que o texto de Louÿs é derivado de numerosas fontes literárias e eruditas, a autoria foi redefinida como uma pesquisa histórica que toma a forma de uma imitação literária, a qual incorpora a tradução.

Inicialmente, Louÿs planejou publicar seu texto com detalhadas notas acadêmicas que identificavam suas fontes. Optou por omitir essas notas, mas elas sobreviveram e decerto revelam sua intenção de destruir a questão da autoria. Uma anotação afirma que *Une mauvaise variante de cette idylle est attribuée à Hedylus dans l'*Anthologie Palatine (v.199) (Uma variante ruim desse idílio é atribuída a Hédilo na *Antologia grega*) (Louÿs, 1990, p.218). O texto francês assim descrito é, na verdade, a imitação de Louÿs do poema de Hédilo, e não sua tradução de um "idílio" de Bilitis que foi mal imitado por Hédilo. A nota sustenta a fraude objetivando, de uma só vez, estabelecer a existência de Bilitis na história literária e situar sua poesia no cânone acadêmico da literatura clássica. Ela é caracterizada implicitamente como uma poeta maior, merecedora de imitação por poetas posteriores e menores como Hédilo (que escrevia no século III a.C.). Louÿs agiu da mesma maneira no seu ensaio biográfico sobre Bilitis, no qual observa que outro poeta grego, Filodemo, *l'a pillée deux fois* (furtou-a [sua poesia] duas vezes) (ibid., p.35). Para qualquer leitor consciente da ficção, esses comentários ressoam como ironias atordoantes e complexas: eles indicam que a autoria de Louÿs depende de sua produção de um texto derivado, uma adaptação ou uma tradução parcial, ao mesmo tempo que astutamente sugerem que ele é um autor de poemas clássicos imitado por poetas clássicos posteriores, ou, em outras palavras, que ele mesmo é um poeta clássico. As pseudoatribuições permitem a Louÿs tomar o lugar de Hédilo e Filodemo como o autor dos poemas preservados na *Antologia grega*. Aqui a autoria envolve uma competição com um poeta canônico, um jogo de supremacia poética, no qual um texto daquele poeta é imitado por meio de adaptação ou tradução (ou plagiado: *pillée*).

Essa construção da autoria é, além do mais, machista. Louÿs exemplifica a conexão que existe, nas sociedades dominadas por homens, entre o desejo homossocial e as estruturas que mantêm e transmitem o poder patriarcal (ver Sedgwick, 1985, cap.1). Ele é o autor de seu texto em virtude de sua competição com outros poetas masculinos, sua rivalidade competitiva com eles, e a arena na qual eles competem é a representação da sexualidade feminina. A ficção de Louÿs concentra-se quase exclusivamente na experiência sexual de Bilitis. Na biografia que ele constrói, explicitamente no prefácio e mais indiretamente nos poemas, sua vida é dividida em três momentos, cada um ligado a um local e a uma forma específica de atividade sexual. Primeiro, ela passa uma mocidade precoce em Panfília, onde se engaja em prazeres masturbatórios montando sobre ramos de árvores, é estuprada por um pastor de cabras, e dá à luz uma filha, a qual abandona. Viaja então para Mitilene, onde é seduzida por Safo e, posteriormente, se envolve em vários casos lésbicos, inclusive num relacionamento de uma década com uma jovem que a abandona. Finalmente, viaja para o Chipre, onde se torna uma cortesã consagrada a Afrodite até que a idade a obriga a aceitar a prostituição.

Nos textos avulsos que dão suporte a essa narrativa biográfica, Louÿs compete com os poetas clássicos ao representar a mulher como um objeto da sexualidade masculina. O poema "Conversação", incluído nos "Epigrammes dans l'Île de Chypre" ("Epigramas na Ilha de Chipre"), incorpora suas traduções parciais de dois poemas gregos – um de Filodemo, um anônimo – em que um homem negocia os serviços de uma prostituta (*Antologia grega*, v.46 e 101). Louÿs também optou por adaptar o poema de Hédilo no qual uma virgem é estuprada enquanto dorme:

> Oinos kai proposeis katekoimisan Aglaoniken
>   ai doliai. kai eros edus o Nikagoreo.

Es para Kypridi tauta murois eti panta mudonta
   keintai. parthenion ugra laphura pathon.
sandala. kai malakai. maston endumata. mitrai.
   upnou kai skulmon ton tote marturia.
                              (Transcrito de Paton, 1956.)

Wine and toasts sent Aglaonice to sleep,
   both crafty, plus the sweet love of Nicagoras.
She laid before Kypris this scent still dripping all over,
   the moist spoils of virgin desire.
Her sandals and the soft band that wrapped her breasts
   are proof of her sleep and his violence then.
[Vinho e brindes levaram Aglaonice a dormir,/ ambos maliciosos, mais o doce amor de Nicagoras./ Ela ofereceu a Kypris esse perfume ainda pingando por todo lado,/ despojos úmidos do desejo virgem./ Suas sandálias e a faixa macia que prendia seus seios/ são provas de seu sono e a violência posterior dele.]

A versão de Louÿs, intitulada "Le Sommeil interrompu" ("Sono interrompido"), grava o momento crucial da vida de Bilitis, quando ela foi estuprada pelo pastor de cabras:

Toute seule je m'étais endormie, comme une perdrix dans la bruyère. Le vent léger, le bruit des eaux, la douceur de la nuit m'avaient retenue là.

Je me suis endormie, imprudente, et je me suis réveillée en criant, et j'ai lutté, et j'ai pleuré; mais déjà il était trop tard. Et que peuvent les mains d'une enfant?

Il ne me quitta pas. Au contraire, plus tendrement dans ses bras, il me serra contre lui et je ne vis plus au monde ni la terre ni les arbres mais seulement la lueur de ses yeux.

À toi, Kypris victorieuse, je consacre ces offrandes encore mouillées de rosée, vestiges des douleurs de la vierge, témoin de mon sommeil et de ma résistance. (Louÿs, 1990, p.74)

All alone I was falling asleep, like a partridge in the heather. The light wind, the sound of the waters, the sweetness of the night were holding me there.

I fell asleep, imprudent, and awoke with a cry, and struggled, and wept; but already it was too late. Besides, what can a child's hands do?

He did not leave me. On the contrary, his arms clasped me more tenderly against himself and I saw nothing in the world, neither earth nor trees, but only the gleam in his eyes.

To you, victorious Kypris, I consecrate these offerings still wet with dew, vestiges of the virgin's sorrows, witness to my sleep and my resistance.

[Completamente sozinha, eu adormecia, como uma perdiz na urze. O vento leve, o som das águas, a suavidade da noite haviam me detido lá.// Adormeci, imprudente, e despertei gritando, e lutei, e chorei; mas já era tarde demais. E além disso, o que podem fazer as mãos de uma criança?// Ele não me deixou. Ao contrário, seus braços prendiam-me mais suavemente contra ele e eu não via nada no mundo, nem a terra nem as árvores, mas somente o brilho de seus olhos.// A você, Kypris vitoriosa, eu consagro estas oferendas ainda molhadas com orvalho, vestígios das dores de uma virgem, testemunha do meu sono e de minha resistência.]

A competição literária de Louÿs com Hédilo resulta em desvios que exageram a imagem da mulher como sexualmente desejável e submissa ao homem. Talvez a mudança mais significativa seja a troca da terceira para a primeira pessoa. O poema de Hédilo questiona os motivos de Nicagora ao indicar que seu "vinho e brindes" são enganosos, com intenção de fazer Aglaonice dormir e, portanto, torná-la vulnerável a sua "violência". O poema de Louÿs, em contrapartida, mostra a vítima culpando-se: Bilitis sugere que, como uma ave de caça ("perdiz"), ela será naturalmente perseguida por homens, logo é "imprudente" da parte dela dormir sozinha ao ar livre. Bilitis endossa uma representação patriarcal de si mesma como objeto sexual, consciente de ser desejável, mas também de ser impotente diante da agressão masculina. Louÿs reforça seu consentimento ao omitir a menção explícita da "violência" masculina em Hédilo e enfocando, em vez disso, a resistência feminina finalmente superada. Bilitis descreve-se como possuindo uma fraqueza infantil (*les mains d'une enfant*), apertada nos braços do pastor de cabras, encantada pelo olhar que nela fixou (*la lueur de ses yeux*). A autoria de Louÿs, tanto derivada como machista, é estabelecida por uma adaptação que revê a imagem que Hédilo apresenta da violência sexual masculina, não meramente ao substituir uma mistificação, mas ao atribuir isso a uma poeta mulher que de fato a confirma. A ficção da tradução mais uma vez chama a atenção para as condições da autoria de

Louÿs, embora com um resultado que ele não poderia ter antecipado: para criar a aparência de que ele traduziu uma poeta clássica autêntica, ele foi levado a acrescentar anotações que ao mesmo tempo identificam suas fontes e revelam sua identidade autoral como sendo uma construção machista.

Podemos estender ainda mais essa leitura ao observar que Louÿs imaginou seu público como principalmente masculino, literário e boêmio, um grupo exclusivo que rejeitava valores burgueses na arte e na moral. Em uma carta escrita ao seu irmão Georges em 1895, Louÿs confidencia que *Je voudrais beaucoup avoir un public féminin* (Eu gostaria muito de ter um público feminino), mas isso parecia-lhe improvável porque *les femmes n'ont que la pudeur des mots* (as mulheres têm somente vergonha das palavras), tão preocupadas com sua respeitabilidade a ponto de serem hipócritas: *Je crois bien que si la préface de Bilitis la représentait comme un monstre de perversité, pas une des dames que je connais n'avouerait avoir lu le volume* (Acredito sinceramente que se o prefácio de Bilitis a representasse como um monstro de perversidade, nenhuma das mulheres que eu conheço admitiria ter lido este volume) (Louÿs, 1990, p.314). A disputa literária que estabeleceu a autoria de Louÿs foi realizada diante de outros escritores masculinos, pessoas conhecidas, tais como André Gide e Stéphane Mallarmé, que conheciam a fraude e louvavam sua escrita. E a disputa incluía poetas do cânone francês como Baudelaire. *As flores do mal* (1856) ligava Safo com o lesbianismo em poemas que provocaram a censura do governo, principalmente "Lesbos" e os dois intitulados "Femmes damnées" (ver DeJean, 1989, p.271-3), enquanto *Le Spleen de Paris* (1869) desenvolveu uma prosa poética que pôde incorporar vários gêneros: narrativo, lírico e dramático. Louÿs, entretanto, aperfeiçoa o poema polimorfo baudelairiano em prosa ao reduzi-lo a um texto de quatro estrofes. Além disso, suas descrições de atividade sexual excederam as de Baudelaire, não somente porque evitavam qualquer julgamento moral, mas porque eram gráficas, constituindo uma forma de pornografia que excitava os leitores masculinos. Henri de Régnier, que publicou um artigo elogioso sobre o texto de Louÿs no *Mercure de France*, escreveu para ele que *La lecture de Bilitis m'a jété dans des transports érotiques que je vais satisfaire aux dépens de l'honneur de mon mari ordinaire* [sic] (A leitura de Bilitis me arremessou em devaneios eróticos os quais eu vou satisfazer em detrimento de minha honra de um marido comum) (Louÿs, 1990, p.329).

O que *Les Chansons de Bilitis* expressou foi a própria sexualidade de Louÿs, assim como a de seus leitores masculinos; e a forma como a expressa mostra que sua sexualidade era igualmente derivada, que seu desejo não era de origem própria, mas construído culturalmente. Isso é assegurado pela dimensão autobiográfica do texto. Louÿs escreveu a maior parte dele durante 1894, quando fez uma curta visita à Argélia e teve um caso com Meryem bent Ali, uma garota de 16 anos que foi citada por suas iniciais na dedicatória da primeira edição. Meryem pertencia à tribo Oulad Naïl, na qual as meninas tradicionalmente recorriam à prostituição para ganhar seus próprios dotes (ver Clive, 1978, p.102-6, e Louÿs, 1992). Eles foram apresentados por Gide, a quem Louÿs enviou uma descrição reveladora: *elle est Indienne d'Amérique, et par moments Vierge Marie, et encore courtisane tyrienne, sous ses bijoux qui sont les mêmes que ceux des tombeaux antiques* (ela é uma índia da América, e em certos momentos a Virgem Maria, e ainda uma prostituta de

Tiro, sob suas joias que são as mesmas que aquelas de túmulos antigos) (Clive, 1978, p.106).

O desejo de Louÿs por Meryem foi determinado por vários códigos culturais: uma fascinação romântica pelo estrangeiro que era simultaneamente boêmia, antiquada e orientalista. Sua carta a Gide se baseia no estereótipo das mulheres norte-africanas que é tanto racista como machista. Como Edward Said observou, "nos escritos dos viajantes e romancistas" como Flaubert e Louÿs, "as mulheres [orientais] eram geralmente as criaturas de uma fantasia de poder masculina. Elas expressam sensualidade ilimitada, são mais ou menos tolas e, acima de tudo, têm boa vontade" (Said, 1978, p.207-8). A experiência de Louÿs com Meryem pode ser detectada em diversos poemas, mas ela também resultou em temas orientais que reaparecem ao longo de todo o seu aparato erudito. A biografia fictícia de Bilitis atribui-lhe um pai grego e uma mãe fenícia, e ele faz anotações no poema intitulado "Les Bijoux" ("As joias") com um olhar no presente: *Il est remarquable qu'à l'époque actuelle, ce système de bijoux a été conservé sans aucun changement par les Oulad Naïl* (É impressionante que na era presente esse conjunto de joias tenha sido preservado sem nenhuma mudança pelos Oulad Naïl) (Louÿs, 1990, p.223). O que Louÿs expressou em *Les Chansons de Bilitis* foi parcialmente seu desejo por Meryem, quando não toda sua promiscuidade heterossexual; contudo, aquele desejo já era uma tradução de suas leituras da literatura clássica grega. Em 1894, ele escreveu ao irmão Georges que *j'ai écrit vingt pièces nouvelles, en grande partie inspirées par des souvenirs d'Algérie où j'ai pu vivre toute l'*Anthologie *pendant un mois* (Eu escrevi vinte peças novas, em grande parte inspiradas pelas lembranças da Argélia, onde pude vivenciar toda a *Antologia grega* num mês") (ibid., p.311).

Os preconceitos da erudição

Ao tornar indistinta a diferença entre tradução e autoria, a fraude de Louÿs inevitavelmente questionou a erudição que definia a verdade histórica como uma confirmação da originalidade autoral. *Les Chansons de Bilitis* é uma paródia elaborada de uma tradução erudita, na qual ele inventou não somente um texto clássico de um poeta grego, mas uma edição moderna de um professor alemão cujo nome, "G. Heim", faz um trocadilho com a palavra alemã para "secreto" ou "misterioso", *geheim*. Nos próprios poemas, Louÿs prestou uma atenção erudita aos detalhes. Usou, por exemplo, uma ortografia arcaica para Safo no dialeto dórico, *Psappha*, assim como diversas palavras gregas especificamente relacionadas com a cultura clássica, como *Héraïos*, o mês no calendário grego consagrado a Hera, e *métôpion*, um perfume que se originou no Egito (Louÿs, 1990, p.33, 88, 133, 145). E a biografia de Bilitis, como Joan DeJean apontou, "está situada nos interstícios dos estudos de Safo. Louÿs cria Bilitis na vida de Psappha como rival de uma das garotas de fato mencionadas por Safo, Mnasidika" (DeJean, 1989, p.277).

Na sua correspondência, Louÿs admitiu que sua intenção era desmascarar o conceito dominante de erudição. Mandou uma cópia de seu texto para um estudioso clássico, exatamente para enganá-lo. Quando o estudioso respondeu que os poemas de Bilitis *ne sont pas pour moi des inconnus* (não me são desconhecidos), Louÿs atribuiu esse engano à pressuposição de que a pesquisa histórica propicia acesso direto à verdade ou até permite uma total identificação com culturas passadas (Louÿs, 1990, p.320). Ele estruturou o raciocínio erudito como um silogismo impossível: *Comme archéologue et comme athénien, je dois connaître tout ce qui est grec. Or Bilitis est un auteur grec. Donc je dois connaître Bilitis* (Como arqueólogo e como *ateniense*, eu devo conhecer tudo o que é grego. Ora, Bilitis é uma autora grega. Portanto, eu devo conhecer Bilitis) (ibid., grifo de Louÿs). Portanto, Louÿs sugeriu que, como sua falsa tradução, a erudição está engajada na invenção histórica, a qual, no entanto, pode passar por verdade porque compartilha a autoridade cultural gozada pelas instituições acadêmicas (*archéologue*).

Ao mesmo tempo, Louÿs demonstrou que a tradução pode ser uma forma de erudição histórica, que pode constituir uma invenção erudita de um texto clássico para o leitor moderno, mas que, ao contrário da maior parte da erudição, ela não encobre seu *status* de invenção ou sua diferença histórica em relação ao texto clássico. É dessa forma que Louÿs descreveu seu projeto ao irmão: *tout en évitant les anachronismes trop grossiers, je ne perdrai pas de temps à ménager une impossible vraisemblance* (Evitando os anacronismos muito grosseiros, não perderei meu tempo criando uma verossimilhança impossível) (Louÿs, 1990, p.311). Louÿs esperava que seus leitores reconhecessem que ele não estava apresentando poemas antigos, mas derivações modernas. E seus leitores consentiam: o crítico que fez a resenha para *Gil Blas* observou, com um pouco de incerteza, que *Si c'est une traduction véritable, ce doit être une traduction assez libre, car, tant que s'évoque l'esprit grec, ces poèmes paraissent imprégnés aussi quelque peu d'esprit moderne* (Se essa é uma tradução de verdade, ela deve ser uma tradução bastante livre, pois, mesmo que evoquem o espírito grego, esses poemas também parecem um tanto impregnados do espírito moderno) (Clive, 1978, p.111). A fraude de Louÿs deixa evidente que tanto a erudição quanto a tradução são necessariamente anacrônicas: por mais que sejam baseadas em pesquisa, suas representações do passado provavelmente possuem *une impossible vraisemblance*, visto que são motivadas pelos valores culturais presentes.

Esse ponto ficou evidenciado de forma dramática por um desenvolvimento inesperado. Em 1896, o influente erudito clássico Ulrich von Wilamowitz-Moellendorf publicou uma resenha crítica extremamente negativa de *Les Chansons de Bilitis*. Wilamowitz reconheceu a fraude. Observou que o esforço de Louÿs em criar a aparência de autenticidade foi erudito (*In gewissem Sinne ist auch P. L. ein Classicist* — Em certo sentido, P. L. até é um clássico) (Wilamowitz, 1913, p.69), e considerou alguns dos textos imitações persuasivas da literatura clássica (*Fast das ganze letzte Buch der Bilitis würde sich in hellenistische Epigramme übersetzen lassen* — Quase todo o último livro de Bilitis poderia ser traduzido em epigramas helenísticos) (ibid., p.68). Mas ele culpou Louÿs por erros factuais e anacronismos:

> wenn er so viel tut, um im Detail antik zu scheinen, so fordert er die Kritik des Sachkenners heraus, der ihm dann doch sagen muβ, daβ es im Altertum in Asien keine Kamele gab, daβ Hasen keine Opfertiere sind, daβ "Lippen rot wie Kupfer, Nase blauschwarz wie Eisen, Augen schwarz wie Silber", drei ganz unantike Vergleiche sind. (Ibid., p.64)

by striving so hard to appear ancient in each detail, he challenges the critique of the expert who feels compelled to tell him that ancient Asia knew no camels, that rabbits are no sacrificial animals, that "lips red as copper, the nose blue-black as iron, eyes black as silver" are entirely unancient comparisons. [ao esforçar-se em parecer antigo em cada detalhe, ele desafiou a crítica especializada que se sente compelida a dizer-lhe que a Ásia antiga não conhecia camelos, que os coelhos não eram animais de sacrifício, que "lábios vermelhos como cobre, nariz preto-azulado como ferro, olhos pretos como prata" são comparações completamente não antigas.]

Para Wilamowitz, somente a erudição era capaz de descobrir a verdade histórica, e o fazia por meio de uma identificação imaginativa com uma "individualidade" autoral que era expressa de forma única no texto:

> So wird emsige Beobachtung mancherlei ermitteln; aber in der Lyrik vollends ist die Individualität die Hauptsache, und sie läßt sich auf diesem Wege nimmermehr zurückgewinnen. In solchen Fällen kann das beste nur durch nachschaffende poetische Intuition geleistet werden: Welckers Macht beruht darauf, daß er die Gottesgabe dieser Phantasie besaß. (Wilamowitz, 1913, p.70)

> Industrious observation will unearth a lot; but in poetry individuality is what ultimately matters, and it can never be retrieved by [Louÿs's] method. In such cases the best accomplishments can only be achieved through imitative poetic intuition: Welcker's power rests on his divine gift of this imagination.

[A observação zelosa irá revelar muito, mas na poesia a individualidade é o mais importante, e ela nunca pode ser reconstituída por esse método [de Louÿs]. Em tais casos, as melhores realizações só podem ser alcançadas por meio da intuição poética imitativa. O poder de Welcker encontra-se no seu dom divino dessa fantasia.]

Nessa passagem reveladora, Wilamowitz apontou a necessidade de pesquisa cuidadosa ("observação zelosa"), mas confessou que a erudição vai além do registro histórico ao confiar na "intuição poética" do erudito. O que impede essa intuição de ser meramente uma invenção moderna é aparentemente uma onisciência "divina", a habilidade do erudito de transcender seu momento histórico no resgate da intenção do autor antigo. Faltava aos textos de Louÿs essa transcendência, uma vez que continham muitos detalhes facilmente reconhecíveis como modernos, direcionados a um público leitor moderno. Wilamowitz chamou-os de *leere Bruchstücke* [...], *mehr oder minder schief übersetzt und damit dem Publicum imponiren will* (fragmentos vazios [...], traduzidos de forma mais ou menos irregular, para impressionar o público) (ibid., p.69).

Contudo, a fraude de Louÿs foi tão poderosamente transgressora que forçou Wilamowitz a revelar os valores modernos contidos em sua erudição. Isto é evidente, primeiramente, na menção a Friedrich Gottlieb Welcker, o filólogo do início do século XIX. A crítica de Wilamowitz a Louÿs apoia-se numa aceitação da tradição alemã dos estudos sobre Safo, especialmente a visão de Welcker de que Safo não era homossexual. Wilamowitz afirmava que *mit voller Zuversicht bekenne ich mich zu dem Glauben, daß Welcker Sappho von einem herrschenden Vorurteil befreit hat* (Em plena confiança, confesso acreditar que

Welcker liberou Safo de um preconceito dominante); ela era *eine vornehme Frau, Gattin und Mutter* (uma mulher nobre, esposa e mãe) (Wilamowitz, 1913, p.71, 73). Entretanto, a leitura que Welcker fez de Safo era uma intuição que não escapou das contingências de seu tempo: como DeJean argumentou, "no tempo da Restauração Francesa e num período de ascensão do nacionalismo alemão, Welcker estabeleceu uma ligação essencial entre a beleza física masculina, o militarismo e o patriotismo, por um lado, e a castidade de Safo, por outro" (DeJean, 1989, p.205). A Safo de Welcker foi uma invenção tipicamente alemã: funcionou num "programa nacionalista para a virtude cívica", como uma professora que preparava as virgens para o casamento e a produção de "novos cidadãos" (ibid., p.218, 219).

Na resenha crítica de Wilamowitz, cerca de oitenta anos mais tarde, o nacionalismo sobreviveu não somente em sua empenhada negação da homossexualidade de Safo – a maior parte de sua resenha é dedicada a essa questão –, mas também em declarações bastante explícitas de seus preconceitos. Sua homofobia era ligada a uma crença na superioridade cultural alemã: *In Deutschland brüsten sich die Kreise, die mit der Tendenz der Bilitis sympathisiren, meist mit ihrer Bildungslosigkeit* (Na Alemanha, os círculos que simpatizam com as tendências de Bilitis geralmente orgulham-se de sua falta de formação) (Wilamowitz, 1913, p.68). E o orientalismo de Louÿs provocou uma reação antissemita numa nota de rodapé na qual Wilamowitz comentou o nome "Bilitis":

Offenbar ist das der syrische Name der Aphrodite, den ich meist Beltis geschrieben finde. Vor den Semiten hat der

Verfasser jenen unberechtigten Respect, der wissenschaftlich längst überwunden immer noch hie und da grassiert. Er läßt sie in Pamphylien sich mit den Hellenen mischen, fabelt von *rhythmes difficiles de la tradition sémitique* und versichert, daß die Sprache seiner Bilitis eine Masse phoenikischer Vocabeln enthalte. Lauter Undinge. Aber Mr. Louys hat auch die aphroditegleiche Schönheit seines Romanes aus Galilaea stammen lassen und zu ihren Ehren erotische Stücke des Alten Testamentes herangezogen. Er wird wohl für die Semiten eine angeborene Vorliebe haben. (Wilamowitz, 1913, p.64)

Apparently this is the Syrian name of Aphrodite, which for the most part I have found written as Beltis. The author shows the Semites that inappropriate respect which, although it has scientifically been overcome for a long time, still flourishes here and there. He has them mix themselves with the Hellenes in Pamphylia, tells fables about the *rhythmes difficiles de la tradition sémitique*, and assures us that the language of his Bilitis contains numerous Phoenician words. All nonsense. But Mr. Louÿs also has the Aphrodite-like beauty of his novel [*Aphrodite*, published in 1896] originate in Galilee and in her honor has referred to erotic pieces of the Old Testament. He must have an innate preference for the Semites. [Aparentemente esse é o nome sírio de Afrodite, que, na maior parte das vezes, encontrei escrito como Beltis. O autor mostra um respeito injustificado pelos semitas, que, embora já superado cientificamente há muito tempo, ainda reaparece aqui e ali. Ele os mistura com os helenos em Panfília, conta fábulas sobre os *rhythmes difficiles de la tradition sémitique*, e assegura-nos que a linguagem de sua Bilitis contém várias palavras fenícias. Tudo bobagem. Mas o sr. Louÿs também faz a beldade tipo Afrodite de seu romance [*Aphrodite*, publicado em 1896] originar-se na Galileia e em sua honra emprega passagens eróticas do Velho Testamento. Ele deve ter uma preferência inata pelos semitas.]

A fraude de Louÿs apresentou uma séria ameaça à erudição clássica, visto que sua representação da cultura grega antiga desafiou os valores nacionalistas e racistas que apareceram na recepção alemã da poesia de Safo. Wilamowitz sentiu-se compelido a resenhar *Les Chansons de Bilitis* a fim de reafirmar a imagem da Safo pura, na visão de Welcker, contra as degradações do francês não confiável (ver Calder, 1985, p.86-7). Ele lamentou que *er auberhalb Deutschlands nicht so vollkommen triumphirt, wie bei uns* (fora da Alemanha [Welcker] não triunfou tão perfeitamente quanto entre nós) (Wilamowitz, 1913, p.71). Sempre pronto a censurar a academia inflexível, Louÿs respondeu à crítica envolvendo Wilamowitz na fraude: a bibliografia fictícia acrescida à edição de 1898 do texto atribuiu uma edição alemã a *le professeur von Willamovitz-Moellendorff. – Goettingische Gelehrte. – Goettinge, 1896*, o lugar e o ano em que o filólogo alemão publicara seu ataque (Louÿs, 1990, p.194).

Redefinindo a tradução

A fraude de Louÿs estimula uma reconsideração das distinções que são atualmente feitas entre tradução, autoria e erudição. A tradução pode ser considerada uma forma de autoria, mas uma autoria agora redefinida como derivada, não auto-originária. A autoria não é *sui generis*; a escritura depende de materiais culturais preexistentes, selecionados pelo autor, organizados numa ordem de prioridade, e reescritos (ou elaborados) de acordo com valores específicos. Louÿs deixou isso evidente numa carta a seu irmão às vésperas da segunda edição de *Les Chansons de Bilitis*:

> Je crois justement que l'originalité du livre vient de ce que la question pudeur n'est jamais posée. En particulier, je crois que la *seconde* partie semblera très nouvelle. Jusqu'ici, les lesbiennes étaient toujours représentées comme des femmes fatales (Balzac, Musset, Baudelaire, Rops) ou vicieuses (Zola, Mendès, et auprès d'eux cent autres moindres). Même Mlle de Maupin, qui n'a rien de satanique, n'est pourtant pas une femme ordinaire. C'est la première fois [...] qu'on écrit une idylle sur ce sujet-là. (Louÿs, 1990, p.317)

> I believe that the originality of the book derives precisely from the fact that the modesty question is never posed. In particular, I believe that the *second* part will appear very new. Until now, lesbians have always been represented as femmes fatales (Balzac, Musset, Baudelaire, Rops) or vicious (Zola, Mendès, and another hundred lesser writers). Even Mlle. de Maupin, who is not at all satanic, is nonetheless not an ordinary woman. This is the first time [...] that an idyll has been written on this topic. [Acredito justamente que a originalidade do livro advém do fato de a questão do pudor nunca ser colocada. Em particular, acredito que a *segunda* parte parecerá muito nova. Até agora, as lésbicas eram sempre representadas como mulheres fatais (Balzac, Musset, Baudelaire, Rops) ou como perversas (Zola, Mendès, e centenas de outros escritores menores). Mesmo Mlle. de Maupin, que não tem nada de satânica, ainda

assim não é uma mulher comum. É a primeira vez [...] que se escreve um idílio sobre esse assunto.]

Louÿs percebeu que seu texto derivado tornou-o um autor original, mas somente no sentido de que esse texto transformou representações anteriores da homossexualidade feminina e as moldou num gênero diferente (*une idylle*). A partir desse ponto de vista, o que distingue a tradução da composição original é principalmente a proximidade da relação mimética com o outro texto: a tradução é governada pelo objetivo da imitação, ao passo que a composição é livre, relativamente falando, para cultivar uma relação mais variável com os materiais culturais que assimila.

A tradução também pode ser considerada uma forma de erudição. Tanto a tradução quanto a erudição dependem da pesquisa histórica nas suas representações de um texto arcaico ou estrangeiro, mas nenhuma das duas pode produzir uma representação que seja completamente adequada à intenção do autor. Pelo contrário, tanto a tradução quanto a erudição respondem aos valores contemporâneos e domésticos que necessariamente suplementam aquela intenção: na realidade, reinventam o texto para uma comunidade cultural específica que difere daquela para a qual ele era inicialmente dirigido. Dessa maneira, Mallarmé escreveu para Louÿs que:

> Un charme si exquis de ce livre, à la lecture, est de se rendre compte que le grec idéal, qu'on croit entendre derrière, est précisément le texte lu en votre langue. (Louÿs, 1990, p.331)

One of the exquisite charms of reading this book is to realize that the Greek ideal, which one seems to hear behind it, is precisely the text read in your language. [Um dos charmes delicados da leitura desse livro é perceber que o grego ideal, que se acredita ouvir por trás dele, é precisamente o texto lido em sua língua.]

Mallarmé, embora consciente da ficção, tinha prazer na leitura dos poemas de Louÿs como uma tradução (*entendre derrière*), a qual foi bem-sucedida a ponto de desalojar os textos gregos. Desse ponto de vista, o que distingue a tradução da erudição é principalmente a necessidade de uma relação performativa com o outro texto: a tradução deve realizar ou desempenhar sua representação na sua própria língua, ao passo que a erudição goza a liberdade, relativamente falando, de expor sua representação via comentário.

A pseudotradução de Louÿs, sem dúvida, introduziu inovações na cultura literária francesa, não somente o retrato honesto da sexualidade feminina, mas conceitos mais conscientes de tradução, autoria e erudição. E essas inovações produziram consequências inesperadas. Embora *Les Chansons de Bilitis* possa ser vista como expressão do machismo e dos desejos heterossexuais de seu autor e de seus leitores do sexo masculino, a representação gráfica de Louÿs da homossexualidade de Bilitis também inspirou as escrituras lésbicas de Natalie Clifford Barney e de Renée Vivien, inclusive a tradução francesa de Vivien da poesia de Safo. A construção que aqui surge, de uma autora lésbica, depende de uma identificação profunda com os textos de Louÿs, os quais, como aconteceu com seus leitores do sexo masculino, acarretam excitação. "Bilitis", escreveu Barney a Louÿs em 1901, *m'a donné des extases plus éperdues et des tendresses plus tendres que n'importe qu'elle [sic] autre maîtresse* (proporcionou-me os êxtases mais estonteantes e os afetos mais carinhosos do que qualquer outra amante) (Louÿs, 1990, p.333). A primeira evocação de Barney ao lesbianismo, o volume *Cinq petits dialogues grecs (Cinco pequenos diálogos gregos)*, de 1902, proclamou a natureza derivada de sua autoria: ela foi "apresentada quase como uma obra parceira de Bilitis", dedicada a Louÿs por *une jeune fille de la societé future* (uma jovem da sociedade futura), que ele mencionou na dedicatória ao seu próprio texto (DeJean, 1989, p.280). A autoria de Barney depende de uma rivalidade competitiva com Louÿs, e a arena na qual essa rivalidade ocorreu foi a representação da sexualidade feminina. Ela ao mesmo tempo compartilhou e reavaliou a identidade sexual que ele produziu para Bilitis, substituindo o voyeurismo machista de seu círculo pelo utopismo sáfico.

A versão que Vivien fez de Safo em 1903 reflete de forma similar a redefinição da tradução iniciada pela fraude de Louÿs. Ela, assim como Barney, viu sua própria sexualidade espelhada em *Les Chansons de Bilitis*, incluindo-a entre os *livres inséparables de ma pensée, et de mon existence* (livros inseparáveis de meu pensamento e de minha existência) (Louÿs, 1990, p.333). Ela também seguiu Louÿs ao representar Safo como homossexual, rejeitando, portanto, a tradição filológica alemã que insistia na castidade da poeta grega (DeJean, 1989, p.249-50). A edição cuidadosamente planejada por Vivien mostra que ela seguiu uma abordagem autoral em relação à tradução que indica a natureza derivada de sua autoria, sua dependência dos materiais culturais domésticos, ao deixar claro que sua erudição histórica estava servindo a certos valores sexuais no presente. Ela forneceu não somente os textos gregos, mas versões em prosa bastante literais, seguidas de traduções mais livres em verso que frequentemente expandiam fragmentos tornando-os poemas completos. A justaposição da prosa elíptica à poesia aprimorada em formas estróficas tradicionais salienta a confiança deliberada de Vivien na representação francesa da homossexualidade de Safo:

> Tu nous brûles.
> Mes lèvres ont soif de ton baiser amer,
> Et la sombre ardeur qu'en vain tu dissimules
> Déchire mon âme et ravage ma chair:
> Eros, tu nous brûles...
> (Vivien, 1986, p.161)

> You burn us.
> My lips are thirsty for your bitter kisses,
> And the dark ardor that you hide in vain
> Tears my soul and ravages my flesh:
> Eros, you burn us...

[Você nos queima./ Meus lábios estão sedentos de teus beijos amargos,/ E o ardor escuro que você esconde em vão/ Despedaça minh'alma e destrói minha carne:/ Eros, você nos queima...]

A tradução de Vivien é autoral, não em virtude de sua identificação com Safo, mas devido a sua rivalidade competitiva com seus predecessores franceses: ela tanto retoma quanto reavalia a tradição francesa em relação à especulação sobre Safo, que remonta a uma figura canônica como Baudelaire, "um misógino sem preocupação com a realidade da homossexualidade feminina" (DeJean, 1989, p.285). Ao recorrer ao tipo de pastiche que Louÿs desenvolveu em *Les Chansons de Bilitis*, uma mistura de tradução e imitação, Vivien tornou a poesia de Safo disponível a um público leitor lésbico, sem esconder, no entanto, o fato de que sua versão francesa atendia aos valores sexuais dessa comunidade.

Visto que os efeitos da tradução são imprevisíveis e potencialmente contraditórios, determinados por muitos fatores culturais e sociais diferentes, ela pode destruir cânones eruditos e é provável que sofra repressão. Contudo, essa mesma imprevisibilidade torna os textos traduzidos merecedores da mesma atenção, por parte dos estudiosos, que os textos estrangeiros que eles traduzem. O estudo de traduções é uma verdadeira forma de erudição histórica, pois força o estudioso a confrontar a questão da diferença histórica na recepção mutável do texto estrangeiro. A tradução, com sua dupla obediência ao texto estrangeiro e à cultura doméstica, é uma advertência de que nenhum ato de interpretação pode ser definitivo para todas as comunidades culturais, de que a interpretação é sempre local e contingente, mesmo quando instalada em instituições sociais com a rigidez aparente da academia. Em tais cenários, a tradução é escandalosa, visto que ela cruza as fronteiras institucionais: a tradução não somente requer pesquisa erudita para trafegar entre as línguas, culturas e disciplinas, mas obriga o erudito a considerar as comunidades além da academia — por exemplo, a maioria avassaladora dos leitores de língua inglesa que precisa de tradução porque o estudo de língua estrangeira declinou à medida que o inglês alcançou o domínio global. Atualmente, os Estudos da Tradução compreendem uma área de pesquisa que expõe de forma constrangedora as limitações da erudição da língua inglesa – e do inglês.

3
Direitos autorais

Os direitos autorais, códigos e convenções legais que governam a propriedade dos trabalhos intelectuais, estabelecem um espaço limitado para a tradução. A história dos direitos autorais desde o século XVIII revela um movimento em direção à reserva para o(a) autor(a) do direito de copiar e circular o trabalho dele ou dela, inclusive o direito de licenciar traduções do mesmo em línguas estrangeiras (Kaplan, 1967; Rose, 1993). Na lei atual de direitos autorais, com tratados internacionais que estendem os direitos nacionais para o estrangeiro, autores em todo o mundo gozam de um direito exclusivo sobre qualquer tradução de seus trabalhos pelo período da vida do autor mais cinquenta anos – a menos que a tradução tenha sido feita a serviço de um empregador ou sob a forma de contratação, em cujo caso o empregador goza de direito exclusivo sobre a tradução (para o Reino Unido e para os Estados Unidos, ver Copyright, Designs and Patents Act 1988 (c. 48), seções 2(1), 11(1) e (2), 16 (1)(e), 21(3)(a)(i), e 17 US Code (Código dos Estados Unidos), seções 101, 106(2), 201(a) e (b) (1976); Bently (1993) oferece um bom panorama). Embora as cláusulas dos contratos de publicações atuais possam variar amplamente, a princípio a lei de direitos autorais estabelece limitações estritas em relação ao controle do tradutor sobre o texto traduzido.

Do ponto de vista dos tradutores e da tradução, essas limitações acarretam algumas consequências problemáticas, tanto econômicas quanto culturais. Com a subordinação dos direitos do tradutor aos do autor, a lei permite que o autor reduza a parte do tradutor nos lucros da tradução. Um estudo realizado em 1990, conduzido pelo PEN American Center, indica que a maior parte das traduções nos Estados Unidos é feita sob a forma de contratação, em que o tradutor recebe uma quantia fixa sem porcentagem dos *royalties* ou das vendas dos direitos subsidiários (por exemplo, uma publicação periódica, uma licença para uma edição em brochura, ou venda da opção para uma companhia produtora de filme); nos poucos exemplos nos quais os contratos dão aos tradutores parte desses rendimentos, as porcentagens variam de 5% a 1% dos *royalties* para uma edição de capa dura e de 50% a 10% para vendas de direitos subsidiários (Keeley, 1990). Os tradutores no Reino Unido se defrontam com termos contratuais semelhantes (Glenny, 1983), embora a distribuição desigual dos lucros seja também indicada pela distribuição dos pagamentos de empréstimo baseada no Public Lending Right, com o autor recebendo 70% e o tradutor 30%.

Um vez que a lei de direitos autorais contribui decisivamente para essa situação econômica desfavorável, ela diminui o incentivo para que *os tradutores* invistam em projetos de tradução. As várias revistas literárias publicadas em inglês atualmente confirmam que os tradutores, na verdade, estão dispostos a fazer tal investimento: eles contribuem regularmente para essas revistas com traduções de poesias estrangeiras, obras de ficção e não ficção, sem promessa de contrato, geralmente por um pagamento reduzido ou nenhum pagamento, principalmente por força de um engajamento profundo com a cultura e o texto estrangeiros. Contudo, o direito de tradução exclusivo dado aos autores significa que usualmente são eles (ou as editoras, na qualidade de seus representantes) que dão o primeiro passo para as traduções, num esforço de vender suas licenças e criar mercados de língua estrangeira para seus trabalhos; assim, eles contatam diretamente as editoras estrangeiras, que depois contratam os tradutores. A lei impede os tradutores de adquirirem poder de negociação suficiente para inverter essa situação, a menos, evidentemente, que o tradutor seja um dos poucos que consigam ganhar reconhecimento público, porque as editoras os contratam repetidamente. Mas, mesmo nesses casos, as práticas de publicação atuais revelam a subordinação dos tradutores. William Weaver, o principal tradutor de ficção italiana em língua inglesa desde a década de 1950, publicou mais de sessenta traduções de livros inteiros, todas decorrentes de contratações de editoras (entrevista por telefone: 24 set. 1994). A lei de direitos autorais atual, portanto, garante que os projetos de tradução sejam dirigidos pelas editoras, não pelos tradutores.

Como consequência, as editoras modelam os desenvolvimentos culturais em âmbito nacional e internacional. Procurando retornos máximos para seus investimentos, elas estão mais propensas a publicar trabalhos nacionais que também sejam publicáveis em países estrangeiros, mas que não sejam culturalmente específicos a ponto de resistirem à tradução ou a complicarem. Suas decisões de publicação também podem visar a mercados internacionais específicos para a venda de licenças de tradução. Goldstein esboça um caso hipotético: "Sabendo que os mercados de línguas francesa e alemã pertencem exclusivamente a ela, uma editora de publicações de língua inglesa pode decidir investir em trabalhos que, uma vez traduzidos, irão atrair esses públicos também" (Goldstein, 1983, p.227). Consequentemente, as editoras que compram direitos de tradução estão mais propensas a privilegiar trabalhos estrangeiros que sejam facilmente assimiláveis aos valores culturais domésticos, às tendências e gostos correntes, focalizando mercados específicos, e assim evitando a perda potencial envolvida na criação de novos mercados. Quando a tradução se torna um *best-seller*, por exemplo, ela motiva a tradução de trabalhos estrangeiros semelhantes. Imediatamente depois do enorme sucesso de *O nome da rosa* (1983), de Umberto Eco, na tradução de Weaver, as editoras americanas buscaram avidamente os direitos de tradução de qualquer romance que se assemelhasse àquela obra (McDowell, 1983). Da mesma forma, percebe-se uma crescente tendência desde 1980 no sentido de investir na tradução de trabalhos estrangeiros envolvidos em produtos derivados (*tie-ins*, ver n.5 do Capítulo 1), pois adaptações fílmicas e dramáticas prometem um reconhecimento maior por parte dos leitores e maiores vendagens. As editoras podem, portanto, determinar não apenas os modelos de troca entre culturas estrangeiras, mas a extensão de práticas tradutórias desenvolvidas por tradutores na cultura doméstica.

A tradução tira o crédito das instituições legais que mantêm essa situação, expondo uma contradição básica em seus objetivos e operações. Ao diminuir o estímulo do tradutor para investimentos, a lei de direitos autorais desvia-se dos seus "objetivos tradicionais" de encorajar e recompensar esforços criativos (Bently, 1993, p.495). A lei agora restringe a criatividade na tradução, a invenção de projetos e métodos de tradução, bem como a criatividade na literatura, que é inspirada pela disponibilidade de trabalhos estrangeiros em traduções criativas. Esse problema é particularmente exacerbado nos Estados Unidos e no Reino Unido, onde o volume de traduções tem permanecido relativamente baixo em todo o período pós-Segunda Guerra Mundial.

A história dos direitos autorais mostra que os tradutores de antigamente não sofreram as mesmas limitações legais de seus sucessores. Pelo contrário, a tradução foi beneficiada por um desenvolvimento, às vezes contraditório, da legislação dos direitos autorais ao longo de vários séculos. Houve decisões nas quais os direitos autorais do tradutor sobre o texto traduzido não eram somente reconhecidos, mas até priorizados diante dos de um autor ou empregador. E, ironicamente, casos que provaram ser decisivos na reserva dos direitos autorais para o autor continham definições alternativas de tradução mais favoráveis aos tradutores.

Essas alternativas do passado podem ser úteis ao desafiarem o *status* legal corrente da tradução. Elas tornam claro que o desenvolvimento histórico de um direito autoral exclusivista coincide com e, consequentemente, depende da emergência de um conceito romântico da autoria original que nega o trabalho do tradutor. Mas elas também permitem a formulação de um conceito diferente de autoria, conceito no qual o tradutor é visto como uma espécie de autor e a originalidade é revisada para abarcar diversas práticas da escritura. O que irei apresentar aqui é uma genealogia dos direitos autorais que contesta as pressuposições culturais da lei e objetiva fomentar uma reforma legislativa que vise a promover tanto os interesses do tradutor quanto a prática da tradução.

A situação atual

A lei de direitos autorais atual define tradução de forma inconsistente. Por um lado, o autor é diferenciado do tradutor e privilegiado com relação a este. Os direitos autorais são reservados ao autor, o produtor que origina a forma do trabalho fundamental, e envolve somente aquela forma, o meio de expressão como oposto à ideia ou à informação expressa. Os direitos autorais do autor abrangem não somente reproduções, cópias impressas do trabalho, como também trabalhos derivados ou adaptações, uma categoria que explicitamente inclui traduções, bem como outras formas derivadas como dramatizações, versões fílmicas, compêndios e arranjos musicais. Por outro lado, porém, os direitos autorais sobre um trabalho derivado podem ser reservados para seu produtor, embora sem excluir o direito do autor que o produziu (CDPA 1988, seções 1(1)(a), 16(1)(e), 21(3)(a)(i); 17 US Code, seções 102(a) e (b), 103(a), 106(2) (1976)). Aqui, o tradutor é reconhecido como um autor: de acordo com pontos de vista contemporâneos, um tradutor pode ser chamado de autor de uma tradução, pois a tradução dá origem a um novo meio de expressão, uma forma para o texto estrangeiro numa língua e literatura diferentes (ver Skone James et al., 1991, p.3-34, e Chisum; Jacobs, 1992, 4C(1)(c)). Contudo, essa diferença no meio linguístico e literário não é tão substancial, evidentemente, a ponto de constituir uma originalidade autoral real para o tradutor, uma vez que não limita, de forma alguma, o direito do autor estrangeiro sobre a tradução. Quando a lei de direitos autorais trata dos trabalhos derivados, ela se contradiz em seu princípio-chave: a autoria consiste em expressão original e, consequentemente, a proteção legal é dada somente para formas e não para ideias (essa contradição aparece também em outras jurisdições: para o Canadá, ver Braithwaite, 1982, p.204; para a França, ver Derrida, 1985, p.196-9). Na lei atual, o produtor de um trabalho derivado é, e não é, um autor.

Essa contradição indica que a lei dos direitos autorais deve proteger algo mais em detrimento de trabalhos derivados como traduções. E esse algo mais, quero sugerir, inclui o conceito individualista de autoria que permanece uma pressuposição importante na erudição literária. De acordo com esse conceito fundamentalmente romântico, o autor expressa livremente seus pensamentos e sentimentos pessoais em seu trabalho, o qual é, em consequência, visto como uma autor-representação original e transparente, não mediada por determinantes transindividuais (linguísticas, culturais e sociais), que poderiam complicar a identidade e originalidade autoral (para uma história literária desse conceito, ver Abrams, 1953; para histórias de suas condições legais e econômicas, ver Woodmansee, 1984; Saunders, D., 1992, e Rose, 1993). Uma tradução, então, nunca pode ser mais do que uma representação de segunda ordem: somente o texto estrangeiro pode ser original, autêntico, verdadeiro com relação à psicologia ou intenção do autor, ao passo que a tradução é eternamente imitativa, não genuína, ou simplesmente falsa. A lei dos direitos autorais reserva ao autor o direito exclusivo sobre trabalhos derivados, pois supõe que a forma literária expressa uma personalidade autoral distinta – a despeito da mudança formal decisiva forjada por trabalhos como os de tradução.

Isso fica evidente num caso americano envolvendo uma tradução literária, *Grove Press, Inc. vs. Greenleaf Publishing Co.* (247 F. Supp. 518; EDNY 1965), no qual a decisão foi baseada na definição de originalidade como critério de autoria. A Grove Press estava entrando com uma medida cautelar contra a Greenleaf, que publicou, sem autorização, *The Thief's Journal*, a versão em língua inglesa de 1954 de Bernard Frechtman do *Journal du voleur*, de Jean Genet. A corte considerou que a publicação da Greenleaf infringiu os direitos autorais de Genet no texto em francês:

> É óbvio que a Greenleaf copiou não somente as palavras de Frechtman, o tradutor, mas também o conteúdo e o significado daquelas palavras criadas na história biográfica original de Jean Genet. Essa criação incluiu todo o enredo, cenas, personagens e diálogo do romance, isto é, o formato e modelo. A Greenleaf copiou duas coisas, (1) as palavras e (2) a história. (p.524-5)

Embora essa decisão ligasse a autoria de Genet à organização formal específica do texto francês ("o formato e modelo"), o sentido de forma era inconsistente e confuso. Os elementos da forma literária foram citados ("enredo, cenas, personagens e diálogo"), mas os direitos autorais foram investidos "no conteúdo e significado daquelas palavras criadas na história biográfica original de Jean Genet". O meio de expressão deixou de existir diante das ideias expressas. As "palavras" nesse exemplo eram em inglês, não em francês, e foram "criadas" ou escolhidas por Frechtman, não por Genet. Agora, as palavras comunicaram uma "história" que era "original" porque se originou com o autor francês, com sua vida. O juiz estava em dúvida sobre o gênero preciso do trabalho de Genet, descrevendo-o tanto como uma autobiografia quanto como um "romance", uma vez que o critério de autoria era essencialmente não formal, mas temático ou semântico. A certeza do juiz era de que a tradução de Frechtman reproduziu o significado do texto francês e, portanto, a intenção do autor.

O conceito romântico de autoria, consequentemente, elide qualquer distinção entre a reprodução de um trabalho e a preparação de um trabalho derivado baseado nele, mesmo que a lei de direitos autorais discrimine essas duas ações como direitos distintos reservados ao autor. Uma tradução não autorizada infringe os direitos autorais do autor, porque o tradutor produz uma cópia exata da forma e do conteúdo do trabalho subjacente. Uma tradução não é vista como um texto independente, interpondo diferenças linguísticas e literárias específicas da cultura-alvo, acrescentadas ao texto estrangeiro para torná-lo inteligível nessa cultura e as quais o autor estrangeiro não previu nem escolheu. Presume-se que a originalidade do autor estrangeiro transcende essas diferenças, de modo que a tradução pode ser vista como efetivamente idêntica ao texto estrangeiro. O que a lei de direitos autorais protege é um conceito de autoria que não está realmente inscrito numa forma material; ao contrário, é imaterial, uma essência quase divina de individualidade sem especificidade cultural e que permeia várias formas e meios.

A versão legal mais explícita desse conceito é o *droit moral*, ou direitos da personalidade, que foi desenvolvido nas jurisdições francesa, alemã e escandinava durante o século XIX e alcançou popularidade internacional com a Revisão de Roma (1928) da Convenção de Berna para Proteção de Trabalhos Literários e Artísticos (ver Saunders, D., 1992, cap.3). Sob o *droit moral*, a identidade entre o autor e o trabalho é expressa em termos moralistas, considerando o trabalho uma encarnação da pessoa do autor. Uma nota de 1934 sobre a Revisão de Roma descreveu o pensamento legal presente nas entrelinhas desse conceito:

> Acima e além do direito pecuniário e patrimonial, entendemos que o autor exerce uma elevada soberania sobre seu trabalho, de modo que, quando o trabalho é danificado, o autor é prejudicado. A publicação é vista como um fenômeno que expande a personalidade do autor e, portanto, o expõe a outros danos, uma vez que a superfície de sua vulnerabilidade foi aumentada. (Saunders, D., 1992, p.31)

O *droit moral* atribui ao autor vários direitos pessoais, incluindo o direito de ser identificado como autor, o direito de controlar a primeira publicação e o direito de objetar a um tratamento distorcido do trabalho que possa prejudicar sua reputação. Trabalhos derivados, tais como traduções, poderiam perfeitamente provocar uma ação legal com base nesse último direito, que foi incluído na seção de *droit moral* da Convenção de Berna desde a Revisão de Bruxelas (1948). Em princípio, a proteção legal contra as distorções dota os autores de grande poder sobre todos os aspectos do processo tradutório, permitindo-lhes desenvolver sua própria concepção do que vem a ser a integridade de seus trabalhos em língua estrangeira.

É digno de nota que o direito inglês, embora reconheça os "direitos morais" do autor, é o único que exclui especificamente as traduções do direito de objetar a um tratamento distorcido (CDPA 1988, seção 80(2)(a)(i)). A tradução é excluída, nesse caso, porque se presume que ela comunica a personalidade do autor estrangeiro sem distorção? Ou é pressuposta a intervenção de outra personalidade autoral, a do tradutor, que é comunicada na tradução e, portanto, requer proteção nas negociações com a editora doméstica e com o autor estrangeiro? Bently sugere que "a legislatura excluiu amplamente as traduções com o intuito de reconhecer a dificuldade e subjetividade na determinação da qualidade das traduções" (Bently, 1993, p.514).

Seja qual for a razão que esteja na origem dessa exclusão, parece claro que o *droit moral* restringe mais ainda os direitos do tradutor, mesmo que sem solucionar as inconsistências nas definições legais atuais da tradução. A lei de direito autoral admite que a tradução altera a forma do texto estrangeiro o suficiente para merecer outorgar direito autoral ao tradutor. Contudo, ao permitir que o autor estrangeiro defenda um direito moral de integridade sobre a tradução, nega-se essa base para a autoria do tradutor. A desvantagem econômica do tradutor (e da editora da tradução) é clara: como Bently aponta, "requerer a aprovação do autor [...] seria dar-lhe uma segunda oportunidade de negociar numa situação na qual o detentor do direito de tradução fez um investimento considerável" (Bently, 1993, p.513).

As inconsistências manifestam-se, além disso, não somente entre os códigos de direitos autorais de diferentes níveis de jurisdição, nacional e internacional, mas entre os vários tratados internacionais que foram projetados para promover maior uniformidade na proteção de trabalhos intelectuais. A Convenção de Berna não reconheceu o direito do tradutor sobre o texto traduzido até a Revisão de Paris (1971), ainda que essa nova consciência não produzisse nenhuma mudança no direito exclusivo do autor para licenciar trabalhos derivados. O artigo pertinente rege: "Traduções, adaptações, arranjos musicais e outras alterações de um trabalho literário ou artístico devem ser protegidos como trabalhos originais, sem danos aos direitos autorais do trabalho original" (2(3)). A repetição de "original", aqui, chama a atenção para o conceito mutável de autoria na lei internacional de direitos autorais. A autonomia da tradução como trabalho original é intensificada separando o autor do tradutor. Mas a originalidade que dá direito aos tradutores à proteção legal não é obviamente a mesma dos autores estrangeiros, que ainda gozam "do direito exclusivo de fazer e autorizar a tradução dos seus trabalhos" (artigo 8). A recomendação da Unesco para incrementar o *status* dos tradutores, adotada pela Conferência Geral de Nairóbi (de 22 de novembro de 1976), na verdade repete as palavras da Convenção de Berna, dando continuidade, dessa forma, à subordinação dos tradutores aos autores dos referidos trabalhos (artigo II.3).

O desenvolvimento contraditório
da autoria original

O *status* legal ambíguo da tradução remonta ao período anterior à legislação que reservou os direitos autorais para o autor. Na Inglaterra da época dos Tudor e Stuart, os direitos autorais consistiam num direito de publicação detido, não por um autor, mas por um impressor ou vendedor de livros que pertencia à Stationers' Company, uma corporação estabelecida pelo governo real para regulamentar a indústria de publicação e censurar livros que fossem suspeitos nos campos religioso e político (Patterson, 1968, cap.4). A Stationers detinha direitos exclusivos perpétuos. Contudo, reconhecia um direito de propriedade autoral: os autores eram pagos pela permissão de imprimir suas cópias e tinham direito à revisão. Pelo menos uma entrada no Registro da Stationers (datada de "9no Decembris 1611") sugere que esses impressores podiam também reconhecer o direito de tradução do autor:

> Samuell Macham. Solicitou sua Cópia pelas mãos do diretor Mestre Lownes. Um livro chamado *Polemices sacræ pars prior, Roma Irreconsiliabilis, do Autor* Doutor em Teologia Josepho Hall.
>
> *Item*: Consta para sua Edição do mesmo livro para ser impresso em inglês se ao autor agradar que seja traduzido. (Arber, 1875-1894, p.473)

Mas, apesar de exemplos tão raros, a linha traçada entre tradução e autoria não foi sempre clara no que se refere às práticas literárias e de publicação desse período. A autoria era vista como abrangendo o uso criativo de outros textos, tanto estrangeiros como domésticos (ver Greene, T., 1982), e tanto os tradutores quanto os autores entregavam seus direitos ao impressor. Os sonetos de *Sir* Thomas Wyatt, para tomar um exemplo famoso, imitavam e em muitos casos traduziam poemas italianos específicos de Petrarca e outros, mas, quando a poesia de Wyatt foi publicada pela primeira vez na *Tottel's Miscellany* (1557), ele foi identificado como o autor, não como o tradutor.

O conceito romântico de autoria original emergiu relativamente tarde na história dos direitos autorais. Embora as primeiras formulações desse conceito tenham ocorrido em tratados literários como *Conjectures on Original Composition*, de Edward Young (1759), esse conceito não prevaleceu na lei de direitos autorais até a metade do século XIX (ver Ginsburg, 1990, p.1873-88). Em um caso ocorrido em 1854 na Casa dos Lordes, *Jeffreys vs. Boosey* (4 HLC 815, 869; 10 Eng. Rep. 681), um juiz respondeu à reivindicação de que direito autoral "é uma abstração mental muito evanescente e escorregadia para ser propriedade" evocando a distinção entre o meio de expressão e a ideia expressa – somente para desmontá-la. "A reivindicação não se refere às ideias", argumentou primeiramente, "mas à ordem das palavras, e [...] essa ordem tem uma identidade marcada e uma duração permanente." Contudo, torna-se rapidamente claro que a "identidade" que o juiz tinha em mente era, na verdade, uma abstração mental, visto que o trabalho era análogo à fisionomia do autor:

> As palavras não são somente escolhidas por uma mente superior peculiar, única, mas, na vida comum, jamais duas

descrições do mesmo fato serão nas mesmas palavras, e tampouco duas respostas para as perguntas de sua Realeza serão as mesmas. A ordem das palavras de cada homem é tão singular quanto seu semblante. (Ibid.)

Embora os direitos autorais fossem atribuídos ao meio de expressão, este foi caracterizado como uma representação transparente da personalidade do autor, uma "mente" de um tipo "superior" e "peculiar". A importância atribuída a uma abstração como a personalidade inevitavelmente desintegrou a forma, com o resultado de que o escopo do direito autoral do autor foi expandido para incluir qualquer alteração na "ordem das palavras", não importando quão substancial ela fosse. Consequentemente, o período em que se viu a personalidade autoral prevalecer nas cortes, também viu a instituição dos estatutos que deram ao autor o direito de preparar trabalhos derivados como traduções. Embora o Estatuto de Anne, o primeiro ato a proteger os direitos autorais, tivesse sido instituído em 1710, o direito inglês não deu ao autor um direito exclusivo de tradução até 1852 (Copyright Act, 15 & 16 Vict., c. 12), e o direito americano até 1870 (Act of 8 July, ch. 230, s. 86, 16 Stat. 198).

A lei foi vagarosa em reconhecer esse direito, em parte porque outro conceito conflitante de autoria havia prevalecido antes da metade do século XIX. De acordo com esse conceito, os direitos autorais eram reservados ao autor não porque a obra representasse uma personalidade, mas porque era um produto do trabalho, não porque expressasse pensamentos e sentimentos, mas porque resultara de um investimento de tempo e esforço, tanto mental quanto físico.

Como um juiz declarou em 1769 no caso *Millar vs. Taylor* (4 Burr. 2303; 98 Eng. Rep. 201; KB), um marco divisório no estabelecimento dos direitos autorais, "é justo que um autor colha o lucro pecuniário de sua própria habilidade e trabalho". Os direitos autorais existiam na lei comum: o autor gozava de um direito perpétuo sobre o trabalho. A decisão presumiu que esse direito era natural, seguindo a teoria de John Locke da propriedade privada. Em seu *Segundo tratado sobre o governo civil* (1690), Locke argumentou que

> todo Homem tem uma *Propriedade* em sua própria *Pessoa*. Esse não Corpo não tem qualquer Direito a não ser a si mesmo. O *Labor* do seu Corpo, e o *Trabalho* de suas Mãos, podemos dizer, são propriamente dele. Qualquer coisa que ele então remove do Estado que a Natureza proporcionou, e assim deixou, combina com seu *Labor*, e acrescenta-lhe algo que é propriamente seu, e, assim, faz disto sua *Propriedade*. (Locke, 1960, p.305-6)

Como essa passagem sugere, o conceito de autoria como investimento do labor[1] é tão individualista quanto a insistência romântica sobre a personalidade: um autor é completamente autônomo em relação à natureza e às outras pessoas; a autoria é uma apropriação livre de materiais naturais. E a característica definidora de autoria, o labor, revela-se tão imaterial quanto a personalidade: o labor do autor garante um direito natural sobre um trabalho que é em si natural e em que tanto o direito quanto o trabalho transcendem quaisquer determinações

---

[1] Optamos por manter na tradução a mesma distinção feita por Venuti (e Locke) entre *labour* (labor) e *work* (trabalho). [N. T.]

culturais ou restrições sociais específicas. Obviamente, o fato em si de que os direitos do autor requerem proteção legal, desenvolvidos em vários casos e sancionados por vários estatutos, indica que a relação entre um indivíduo e o produto do trabalho desse indivíduo não é natural, mas legalmente construída em resposta às variações das condições sociais e culturais. No caso *Millar vs. Taylor*, essas condições incluem a teoria liberal de Locke sobre a propriedade privada, assim como uma indústria livreira que operava como um mercado de direitos autorais e, nessa qualidade, formulou um conceito de autoria pelo qual os autores estavam autorizados a transferir seus direitos para vendedores de livros. "O direito dos autores era meramente um fio em meio às relações complexas entre o interesse do Estado, os direitos à propriedade intelectual da lei comum e a concorrência comercial emergente em todo o século XVIII" (Stewart, 1991, p.15; para as condições sociais do Estatuto de Anne, ver Rose, 1993, cap.3, e Saunders, D., 1992, cap.2). As condições materiais dos direitos do autor são rejeitadas tanto pelo individualismo possessivo de Locke como pela teoria romântica de expressão pessoal.

O conceito de autoria como labor é interessante, não pelas suas pressuposições liberais, mas por ampliar o alcance da lei de direitos autorais no sentido de abarcar o que hoje se classifica como trabalhos derivados. Os casos que definiram os direitos autorais em decorrência do Estatuto de Anne reconheceram a tradução como um trabalho independente que não infringia o direito autoral do autor que o produziu. Um caso-chave é *Burnett vs. Chetwood* (2 Mer. 441; 35 Eng. Rep. 1008 (1720)). O executor do espólio de Thomas Burnett estava buscando proibir o acusado de publicar uma tradução não autorizada em língua inglesa do trabalho em latim de Burnett, *Archaeologia Philosophica* (1692), um tratado teológico que incluía um diálogo entre Eva e a serpente, que constrangeu o autor quando a obra foi traduzida (para uma explicação das circunstâncias, ver Rose, 1993, p.49-51). O tribunal acatou a ação judicial do requerente, embora a decisão não fosse nem uma aplicação do estatuto para proteger os direitos autorais de Burnett, nem um reconhecimento implícito de seu direito moral a proteger sua reputação. O juiz estava menos interessado em interpretar a lei dos direitos autorais do que em executar um gesto paternalista de censura:

> O *Lord Chancellor* afirmou que, embora uma tradução possa não ser o mesmo que a reimpressão do original, levando-se em conta que o tradutor teve cuidado e dedicação na tradução, e assim, sem proibição do ato, ainda que sendo um livro que, pelo seu conhecimento (tendo-o lido em seu estudo), contivesse noções estranhas, que o autor quis dissimular da vulgarização via emprego da linguagem latina, na qual ele não poderia causar muito prejuízo, o letrado sendo mais capaz de julgá-lo, ele considerou apropriado conceder uma medida cautelar para a impressão e publicação do mesmo em inglês; que ele examinou tudo, considerou que esse Tribunal tinha jurisdição sobre todos os livros, e poderia de um modo sumário impedir a impressão ou publicação de qualquer obra que contivesse reflexões sobre religião ou moral.

A decisão acabou apoiando o que foi "pretendido pelo autor", mas, na verdade, envolveu uma definição legal de tradução que a coloca fora dos direitos autorais do autor. Em concordância com o conselho de defesa de que autoria consistia no labor investido na produção de um trabalho, o *Lord Chancellor* fez uma distinção entre "reimpressão do original" e tradução deste e, consequentemente, presumiu que o tradutor era um autor, não um copista. No caso *Millar vs. Taylor*, os juízes fizeram essa distinção de modo ainda mais rigoroso. Embora acreditassem que o autor detinha um direito autoral perpétuo, um acreditava que "certamente as imitações, traduções e resumos feitos em boa-fé são diferentes; e, com respeito à propriedade, podem ser considerados como trabalhos novos", ao passo que outro afirmava que o comprador de um livro "pode melhorá-lo, imitá-lo, traduzi-lo; opor-se aos seus sentimentos: mas ele não compra o direito de publicar o trabalho idêntico" (98 Eng. Rep. 203, 205). Nos primórdios da história da lei dos direitos autorais foi dado ao autor somente o direito de reproduzir o trabalho, não de preparar um trabalho derivado baseado nele. Na verdade, uma tradução era vista não como derivada, mas como original, ou algo "novo", porque resultava do labor do tradutor. O caso *Wyatt vs. Barnard* (1814) mostrou que "as traduções, se originais, [...] não poderiam ser diferenciadas de outros Trabalhos", e, portanto, os direitos autorais sobre uma tradução poderiam ser dados ao tradutor ou ao empregador do tradutor, a menos que a tradução reproduzisse outro texto traduzido — isto é, a menos que não fosse *original* (3 Ves. & B. 77; 35 Eng. Rep. 408; Ch.). Presumiu-se que a originalidade era uma seleção e um arranjo de palavras precisos, sem se considerar se essas palavras tinham a intenção de imitar outro trabalho.

O conceito de autoria como investimento de labor enfatizou portanto a forma como a base dos direitos autorais, e essa ênfase sustentou o direito do tradutor sobre a tradução. No caso *Burnett vs. Chetwood*, o conselho de defesa observou que o Estatuto de Anne, na medida em que pretendia promover a criatividade e a disseminação do conhecimento, protegia somente a forma do trabalho do autor, não o conteúdo ("o sentido"), e, portanto, a criação do tradutor de uma forma diferente para o conteúdo excluiu a tradução dos direitos autorais do autor. A tradução, concluiu o conselho, "deveria antes ser incluída no encorajamento do que na proibição do ato" (1009). A pressuposição, aqui, era dupla: por um lado, as ideias do trabalho original eram consideradas como conhecimento público quando da publicação, de modo que um autor só podia possuir seus meios iniciais de expressão; por outro lado, o labor do tradutor em criar a forma – a "habilidade na língua" que resultou na produção de "seu próprio estilo e expressões" – fez dele o proprietário da tradução que disseminou aquelas ideias (ibid.). Uma pressuposição semelhante fundamentou a decisão no caso *Donaldson vs. Beckett* (1774). Esse caso crucial confirmou o Estatuto de Anne, mas revogou o direito perpétuo dado ao autor no caso *Millar vs. Taylor*, precisamente porque, nas palavras de *Lord* Camden, "ciência e aprendizado são por Natureza *publici Juris* e deveriam ser livres e gerais, como Ar e Água" (Parks, 1975, p.53). Para Camden, qualquer direito perpétuo, mesmo se fundamentado nas ideias ou formas do autor, poderia impedir sua circulação nos trabalhos derivados. Se os direitos autorais forem extensivos aos "Sentimentos, ou Linguagem", apontou ele, "ninguém pode traduzi-los ou resumi-los", um efeito que era contrário aos objetivos do estatuto (ibid., p.52).

Essa linha de pensamento foi articulada com mais vigor num caso americano, *Stowe vs. Thomas* (23 Fed. Cas. 201 (No. 13514 (CCEDPa 1853)). O tribunal declarou que uma tradução alemã não autorizada do romance de Harriet Beecher Stowe, *A cabana do pai Tomás* (1852), não infringia seu direito autoral do texto em inglês. Ao citar outros casos anteriores como *Burnett vs. Chetwood* e *Millar vs. Taylor*, o juiz reconheceu a intervenção decisiva do labor do tradutor: "As mesmas concepções apresentadas em outra língua não constituem a mesma composição", uma vez que, "para se fazer uma boa tradução de um trabalho, frequentemente se exige mais aprendizagem, talento e julgamento do que foi exigido para escrever o original" (208). O juiz limitou o direito de Stowe à linguagem efetiva de seu romance porque lhe conceder controle sobre as traduções interferiria na circulação de suas ideias, contradizendo, assim, a visão constitucional dos direitos autorais como um meio legal "de promover o Progresso da Ciência e das Artes aplicadas" (Constituição dos Estados Unidos da América, artigo I, seção 8, cláusula 8 (1790)). A decisão buscou incentivar a criatividade cultural refletida nos trabalhos derivados – não importando a diferença de qualidade dos mesmos – e definiu rigorosamente a violação dos direitos autorais como reprodução não autorizada:

> Quando da publicação do livro da senhora Stowe, as criações do gênio e imaginação da autora tornaram-se propriedade pública do mesmo modo que aquelas de Homero ou Cervantes. Todas as concepções e invenções podem ser usadas e abusadas por imitadores, dramaturgos e poetastros. Tudo o que agora permanece é o direito autoral do seu livro; o direito exclusivo

de imprimi-lo, reimprimi-lo e vendê-lo, e somente podem ser chamados de infratores dos seus direitos, ou piratas de sua propriedade, aqueles que são culpados pela impressão, publicação, importação ou venda, sem licença da senhora Stowe, de "cópias do seu livro". Uma tradução pode, numa fraseologia imprecisa, ser chamada de transcrição ou cópia de seus pensamentos ou concepções, mas nunca, em sentido correto, pode ser chamada de cópia do seu livro. (208)

O caso *Stowe vs. Thomas*, de fato, deu aos tradutores os direitos autorais exclusivos sobre suas traduções, distintos dos direitos autorais sobre o trabalho original de domínio do autor. Isso significou, em princípio, que os tradutores poderiam controlar todos os passos do processo de tradução, desde a escolha de um texto estrangeiro para traduzir, passando pelo desenvolvimento de um método de tradução, até a autorização para publicação do texto traduzido.

Contudo, o caso *Stowe vs. Thomas* nunca alcançou a autoridade de um precedente; na história dos direitos autorais, o caso tem provado ser excêntrico. Pois, precisamente quando ele reconheceu os tradutores como autores em virtude de seu labor de criação da forma, o conceito romântico de autoria veio a dominar a lei, condenando a tradução ao *status* ambíguo legal que atualmente ocupa. Esse desenvolvimento pode ser notado em *Byrne vs. Statist Co.* (1 KB 622 (1914)), um caso britânico que é, às vezes, citado por seu reconhecimento dos direitos do tradutor, mas que, na verdade, os circunscreve em fronteiras estreitas.

A corte decidiu que um jornal havia infringido o direito autoral de um tradutor ao publicar sua tradução sem sua permissão. O juiz concordou com o advogado do requerente quanto ao fato de que o tradutor possuía os direitos autorais sobre a tradução, de acordo com o ato recentemente instituído:

> Essa tradução foi "um trabalho literário original" dentro da s. 1, sub-s. 1, da Lei de Direito Autoral, 1911. É "original" porque não é mera cópia do trabalho de outra pessoa. A originalidade de ideia não é necessária; é suficiente que o trabalho seja em substância algo novo envolvendo habilidade e labor novos. Essa tradução é um trabalho "original" nesse sentido, e é um trabalho "literário" [...] O requerente é o "autor" do trabalho e é, portanto, o detentor dos direitos autorais do mesmo.

Embora pareçam estar colocados aqui conceitos favoráveis ao tradutor – autoria como investimento de labor, originalidade como forma –, eles foram radicalmente limitados pela Lei de Direito Autoral de 1911. Esse mesmo ato definiu a tradução como "mera cópia", ao reservar para o autor o direito exclusivo de "produzir, reproduzir, encenar, ou publicar qualquer tradução do trabalho" (1 & 2 Geo. 5, c. 46, 1(2) (b)). No caso *Byrne vs. Statist Co.*, tanto o tradutor quanto o jornal infrator tinham, na verdade, comprado de um autor estrangeiro o direito da tradução; o jornal, porém, foi negligente ao não negociar também com o tradutor para pedir permissão de reimprimir sua tradução. Esse caso certamente reconheceu o tradutor como autor, mas não como alguém cujo direito autoral da tradução suplantava ou de alguma forma limitava os direitos do autor estrangeiro. O ato, portanto, estava implicitamente definindo a autoria como algo menos tangível que o labor, algo que transcendia as mudanças formais, uma abstração que negava o trabalho do tradutor: as ideias, a intenção ou a personalidade do autor estrangeiro.

A base formal da autoria do tradutor

A história dos direitos autorais pode, de fato, conter definições alternativas de tradução que favoreçam os tradutores. Mas a negligência de que essas definições são objeto, a absoluta falta de autoridade legal das mesmas hoje, indica que elas precisam ser repensadas de modo substancial para desafiar o domínio do conceito romântico de autoria e se provarem úteis numa reforma legislativa. Essa revisão deve abranger conceitos básicos da legislação de direitos autorais, começando com o entendimento da forma que define autoria.

Os casos antigos compreendem as formas linguísticas e literárias como comunicação transparente. O significado é pensado como uma essência constante embutida na linguagem, não um efeito de relações entre palavras que são instáveis, variando em contextos diferentes. Daí, as metáforas relativas ao vestuário que se apresentam nos casos: diz-se de um autor que ele veste o significado com a língua; um tradutor posteriormente comunica o significado do texto estrangeiro trocando suas vestimentas linguísticas. Na legislação de direitos autorais, esse conceito de forma apareceu primeiramente no caso *Burnett vs. Chetwood*, no qual, porém, foi simultaneamente colocado em questão. O conselho de defesa argumentou que uma tradução "pode ser chamada de um texto diferente" porque "o tradutor veste e reveste o sentido de acordo com seu próprio estilo e expressões, e, no mínimo, o põe numa forma diferente da forma presente no original, e *forma dat esse rei*" (1009).

O axioma latino foi colhido da metafísica aristoteliana que predominou na filosofia escolástica medieval: numa versão bastante literal, "a forma dá existência às coisas". O conselho aparentemente citou esse princípio metafísico para estabelecer a autonomia relativa da tradução com relação ao texto estrangeiro: o ato de traduzir é visto como um ato de criação da forma e, portanto, pode-se dizer que a tradução existe como um objeto independente do trabalho subjacente no qual está baseada. Contudo, o axioma também sugere que a tradução efetivamente *cria* o texto estrangeiro em outra língua, que a forma diferente criada pelo tradutor traz à existência outro texto com um significado diferente. Se *forma dat esse rei*, a forma não pode ser facilmente destacada do conteúdo, nem as alterações formais podem preservar o mesmo conteúdo inalterado. Consequentemente, o "novo estilo e expressões" do tradutor devem produzir um novo "sentido".

A decisão em si sustenta esse entendimento da forma, pois documenta o fato de que o significado do tratado latino de Burnett se alterou quando traduzido para o inglês. O conselho requerente considerou a tradução uma mistura de erro e paródia, "o sentido e as palavras do autor mal interpretados e representados de maneira absurda e ridícula" (1009). O *Lord Chancellor* viu a mudança elaborada pela tradução em termos sociais: as "estranhas noções" da *Archaeologia Philosophica*, observou, eram "eruditas" e inócuas em latim, mas "vulgares" e potencialmente prejudiciais em inglês. Os significados dos dois textos, portanto, eram determinados pela criação dos escritores de formas diferentes que se dirigiam a públicos diferentes. A referência a esses públicos demonstra que a autoria não é individualista, mas coletiva: a forma do trabalho não se origina simplesmente com o autor como "seu estilo e expressões próprios", mas é de fato uma colaboração com um grupo social específico, na qual o autor leva em consideração os valores culturais característicos daquele grupo.

Esse conceito coletivo de autoria se aplica tanto à tradução quanto ao trabalho subjacente. Os textos em questão, no caso *Byrne vs. Statist Co.*, eram um discurso em português proferido por um governador brasileiro, dirigido ao Legislativo do estado, e a tradução em inglês do requerente publicada como uma "propaganda" num influente jornal inglês, o *Financial Times* (624). As situações sociais diferentes para as quais os textos foram escritos asseguraram que estes tomariam formas diferentes e transmitiriam significados diferentes para seus leitores. O discurso do governador era político, servindo como "uma mensagem à Assembleia Geral daquele Estado que lida com suas finanças", ao passo que a tradução de Byrne era comercial e pretendia fornecer informações para possíveis investidores (623). A função social de cada texto estava inscrita em sua forma, sobretudo no uso que cada autor fez de uma língua específica para um público específico, como também nas diferentes estruturas literárias e retóricas por eles escolhidas para marcar presença num contexto social diferente. A natureza coletiva da autoria torna-se clara na declaração do juiz acerca dos fatos, que apresenta a descrição detalhada de Byrne de sua própria tradução:

> Ele reduziu o discurso em aproximadamente um terço. Editou-o omitindo as partes menos materiais. Dividiu-o em

parágrafos adequados e acrescentou intertítulos apropriados àqueles parágrafos. Ele me disse também que o *Financial Times* estabelece um estilo literário de alto padrão e que sua tradução adaptava-se a esse alto padrão. (624)

A função comercial que a tradução de Byrne deveria desempenhar exigiu não somente que ela comunicasse a mesma informação financeira que o discurso do governador, mas que essa informação fosse assimilada a valores culturais domésticos, reescrita de acordo com um novo "padrão" estilístico em inglês, editada de acordo com um novo formato claramente jornalístico ("parágrafos" e "intertítulos"), e reinterpretada de acordo com um sentido de pertinência para um investidor inglês (a omissão das "partes menos materiais").

O caso *Byrne vs. Statist Co.* indica que a forma de um trabalho não é somente colaborativa, constituída por uma relação com um público, mas derivada, não se originando na personalidade do autor ou no labor produtivo sobre a natureza virgem, mas delineada a partir de materiais culturais preexistentes. O discurso do governador brasileiro foi escrito no estilo de uma mensagem política; a tradução de Byrne, no estilo do jornalismo comercial. Os estilos precederam a composição dos textos e determinaram seus significados, por mais que esses estilos tenham sido elaborados e adequados a um propósito e uma ocasião específicos. A forma passível de direitos autorais num trabalho não é, então, auto-originária, mas única e exclusivamente derivada: a seleção, ordenação e elaboração precisas de materiais que já existem numa cultura, não meramente o léxico, a sintaxe e a fonologia que definem uma língua em particular, mas as estruturas e os temas que se acumularam nos vários discursos culturais dessa língua – literário, retórico, político, comercial e assim por diante. É a partir desses materiais, nunca crus ou naturais, sempre culturalmente codificados por usos anteriores, que um autor produz uma forma determinada pela comunidade cultural específica a que se destina.

Entretanto, a autoria coletiva de uma tradução difere em pontos importantes da autoria do trabalho subjacente. Mesmo que todo trabalho se aproprie de outros trabalhos de alguma forma, uma tradução está ligada a duas apropriações simultâneas: uma do texto estrangeiro e outra de materiais culturais domésticos. A relação entre tradução e texto estrangeiro é mimética e interpretativa, governada por cânones de precisão e métodos de interpretação que variam cultural e historicamente, ao passo que a relação entre tradução e cultura doméstica é mimética e comunicativa, comandada por uma imitação de materiais culturais para se dirigir a públicos que são cultural e historicamente específicos. Na tradução, a interpretação do texto estrangeiro e o fato de destinar-se a um público são mutuamente determinantes, embora numa dada tradução um desses fatores possa ter mais influência do que o outro: o público projetado pode moldar de forma decisiva a interpretação do tradutor, ou a interpretação do tradutor pode definir de modo decisivo o público.

As traduções contemporâneas – ao contrário de outras formas derivadas, como adaptações teatrais ou cinematográficas –, estão propensas a uma relação mais próxima com o trabalho subjacente, em parte devido ao conceito romântico de autoria. O domínio desse conceito instaura nos tradutores e nas suas editoras um respeito ao texto estrangeiro que desencoraja o desenvolvimento de métodos inovadores de tradução que poderiam parecer deformadores ou falsos em suas interpretações. Hoje, uma adaptação teatral ou cinematográfica de um romance pode desviar-se amplamente do enredo, caracterizações e diálogos daquele romance, mas de uma tradução espera-se que imite esses elementos formais sem revisão ou omissão.

Entretanto, a proximidade da relação entre tradução e texto estrangeiro não deve ser tomada como implicando que os dois trabalhos sejam idênticos ou que a tradução não seja um trabalho independente de autoria. Se a autoria é coletiva, se um trabalho tanto colabora com um contexto cultural como deriva deste, então a tradução e o texto estrangeiro são projetos distintos, uma vez que envolvem intenções e contextos diferentes. O significado de um romance estrangeiro na literatura estrangeira em que foi produzido nunca será exatamente o mesmo que o significado daquele romance numa tradução destinada a circular em outra língua e literatura. Isso explica, de certa forma, por que os *best-sellers* nem sempre repetem seus sucessos num país estrangeiro quando traduzidos.

A variação do significado, além disso, não pode ser limitada ou impedida pelo aparecimento do nome do mesmo autor no texto estrangeiro e na tradução. Para os leitores do texto estrangeiro, aquele nome irá projetar uma identidade diferente, vinculada à língua estrangeira e às tradições culturais do país estrangeiro, e não a identidade de certo modo domesticada projetada pela tradução. Para tomarmos um exemplo extremo, mas esclarecedor, desde que os fundamentalistas islâmicos clamaram pela morte do escritor britânico Salman Rushdie, porque julgavam seu romance

Os versos satânicos (1988) uma blasfêmia contra o Alcorão, o nome "Salman Rushdie" mudou de significado, não somente dependendo dos valores culturais que um leitor projeta em qualquer livro atribuído a esse escritor, mas também da língua na qual circula. A identidade ligada ao nome Rushdie pode variar dependendo de um livro seu ser publicado em inglês ou numa tradução árabe.

A lei de direitos autorais deixou de reconhecer inúmeras relações que determinam qualquer tradução porque tem sido dominada por conceitos individualistas de autoria, tanto lockianos como românticos, tanto baseados no labor como na personalidade. Esses conceitos diminuem o *status* legal das formas derivadas, enquanto dissimulam o quanto o trabalho subjacente é em si derivado. Um conceito coletivo de autoria oferece uma definição precisa da forma para distinguir entre uma tradução e o texto estrangeiro que ela traduz: as dimensões colaborativas e derivadas da forma resultam em diferenças linguísticas e culturais que podem servir de base para o tradutor reivindicar direitos autorais, mas também como argumento em favor de restringir o direito do autor estrangeiro sobre a tradução.

Soluções

A lei de direitos autorais atual, no entanto, carece de ferramentas conceituais para formular tal restrição. Os códigos britânico e americano (entre outros) reconhecem a obra coletiva, por exemplo, porém o conceito de autoria aqui presumido não é na verdade coletivo, mas individualista, baseando-se na noção de unidade orgânica que há muito domina a crítica literária (ver Venuti, 1985-1986). Por conseguinte, um trabalho conjunto é considerado como solidamente unificado: as "contribuições" de "cada autor" não são "distintas" ou são "fundidas em partes inseparáveis ou interdependentes de um todo unitário" (CDPA 1988, seção 10(1); 17 US Code, seções 101, 201(a)). No caso de uma forma derivada como a tradução, as contribuições do tradutor e do autor estrangeiro podem ser distintas: a tradução imita os valores linguísticos e literários de um texto estrangeiro, mas a imitação é moldada numa língua diferente que se relaciona a uma tradição cultural diferente. Como resultado, o tradutor contribui com uma forma que, em parte, substitui e, em geral, qualifica a forma apresentada pelo autor estrangeiro. Pode-se dizer que um romancista estrangeiro contribui para a tradução com as personagens do romance, mas a natureza dessas personagens, evidenciada no diálogo ou na descrição, será inevitavelmente alterada pelos valores da língua e cultura para a qual se traduz, pela liberação de um resíduo doméstico durante o processo de tradução. A noção de contribuições indistintas ainda se assenta na pressuposição individualista de que a forma linguística e literária permite a comunicação transparente por meio de uma única pessoa, em oposição à comunicação determinada coletivamente por materiais culturais e contextos sociais.

A definição de obra coletiva é particularmente inóspita para formas derivadas como a tradução, porque estipula uma "intenção" de colaboração compartilhada pelos autores "no momento em que a escritura é feita" (HR Rep. No. 1476, 94th Cong., 2nd Sess. 103, 120; cf. Jaszi, 1994, p.40, 50-5 sobre as "colaborações em série"). A pressuposição é de que o trabalho é produzido por dois indivíduos, em perfeita harmonia e num período bem definido de tempo. Contudo, isso não leva em consideração a realidade dos projetos de tradução hoje. De acordo com as práticas atuais, é provável que decorram vários anos entre a publicação do texto estrangeiro e sua tradução, a menos que o texto estrangeiro tenha sido escrito por um autor de outros *best-sellers* internacionais e seja, portanto, de interesse imediato das editoras em todo o mundo. O desenvolvimento de um projeto de tradução requer numerosas tarefas que variam em complexidade, mas todas elas são demoradas: essas tarefas se iniciam com a seleção por parte das editoras domésticas de um texto estrangeiro para traduzir e incluem a negociação dos direitos da tradução com o autor estrangeiro ou com a editora, a contratação de um tradutor e a edição da tradução. A publicação de uma tradução pode, dessa forma, ser considerada um projeto coletivo, envolvendo a colaboração de muitos agentes em diferentes estágios. A participação do autor estrangeiro é, obviamente, indispensável, mas pode, em última instância, ser limitada à escrita do texto estrangeiro que é a base do projeto. O que fala contra essa visão da tradução como um trabalho conjunto não é meramente a questão dos momentos diferentes nos quais o autor estrangeiro e o tradutor dão suas contribuições, mas a falta de uma intenção compartilhada. Os autores estrangeiros geralmente dirigem-se a uma comunidade linguística e cultural que não inclui os leitores de seus trabalhos em tradução. Os tradutores dirigem-se a uma comunidade doméstica cuja exigência de inteligibilidade em termos de sua língua e cultura ultrapassa a intenção do autor estrangeiro sugerida no texto estrangeiro.

Escândalos da tradução

Casos e comentários recentes sugerem que uma tradução pode ser considerada um "uso justo" de um texto estrangeiro que isenta dos direitos autorais exclusivos do autor estrangeiro sobre os trabalhos derivados. O uso de um trabalho com direitos autorais é definido como justo quando serve a "propósitos tais como crítica, comentário, notícia, ensino (incluindo cópias múltiplas para uso em sala de aula), erudição, ou pesquisa" (17 US Code, seção 107; para o conceito britânico comparável de "procedimento justo", ver CDPA 1988, seções 29(1), 30(1) e (2)). Muitos tipos de traduções, tanto literárias quanto técnicas, servem a tais propósitos, e, no caso de trabalhos literários, uma tradução pode sempre ser vista como uma interpretação do texto estrangeiro, uma crítica ou comentário que determine seu significado para um público doméstico.

Um argumento de uso justo para tradução pode ser mais desenvolvido com base no caso *Campbell vs. Acuff Rose Music, Inc.* (1994), no qual a Suprema Corte dos Estados Unidos julgou que um *rap*, "Pretty Woman", de 2 Live Crew, pode constituir um uso justo da balada de rock parodiada "Oh, Pretty Woman", de Roy Orbison (114 S.Ct. 1164; a decisão é discutida em Greenhouse, 1994). A corte estabeleceu que, "à semelhança de formas de crítica menos ostensivamente humorísticas", a paródia "pode gerar benefício social ao tornar claro um trabalho anterior e, no processo, criar um novo" (1171). A paródia, como a tradução, envolve uma reescritura imitativa de um trabalho subjacente, enquanto a relação mimética entre tradução e texto estrangeiro pode, às vezes, ser paródica. A tradução em língua inglesa no caso *Burnett vs. Chetwood*, por exemplo, foi descrita como uma versão "absurda e ridícula" do tratado latino de Burnett. Uma tradução pode ser vista, de forma mais geral, como uma daquelas "formas de crítica menos ostensivamente humorísticas" às quais o juiz se referiu, uma glosa do texto estrangeiro sutilmente encenado por meio da imitação.

Contudo, um argumento de uso justo para tradução pode claudicar nos fatores adicionais que devem ser considerados para qualquer isenção do direito exclusivo do autor estrangeiro. Casos recentes tornam claro que os fatores mais importantes são "o propósito e caráter do uso, inclusive se tal uso é de natureza comercial", "a quantidade e substancialidade da porção usada em relação ao trabalho com direito autoral adquirido como um todo", e "o efeito do uso sobre o mercado potencial para o trabalho com direito autoral adquirido ou sobre o valor desse trabalho" (17 US Code, seção 107(1), (3) e (4)).

Uma tradução, na medida em que é escrita numa língua diferente para uma cultura diferente, não limita o mercado potencial para o texto estrangeiro em sua própria língua e cultura. Na verdade, a tradução de um trabalho em muitas línguas poderia aumentar seu valor literário e comercial no próprio país, ao demonstrar seu valor no exterior. Um tradutor tampouco usa muito do texto estrangeiro para sustentar uma defesa de uso justo. Hoje, espera-se que uma tradução traduza o texto estrangeiro no todo; se a tradução altera ou omite porções substanciais daquele texto, ela não será considerada uma tradução, mas outro tipo de forma derivada, como uma adaptação ou versão resumida. Mais importante ainda, o tipo peculiar de reescritura envolvido em qualquer tradução força a uma distinção entre cópia e imitação do texto estrangeiro. Uma tradução não copia no sentido de repetir aquele texto literalmente; ao contrário, a tradução realiza uma relação mimética que inevitavelmente se desvia da língua estrangeira ao privilegiar aproximações na língua-alvo. Ainda que se exija que uma tradução contemporânea imite o texto estrangeiro por inteiro, suas características linguísticas e culturais são suficientemente distintas para permitir que sejam considerados trabalhos autônomos.

O fator que deve finalmente marcar uma tradução não autorizada como uma infração da cláusula de uso justo é o propósito e o caráter do uso feito pelo tradutor do trabalho com direitos autorais adquiridos. Certamente, os tradutores selecionam e traduzem textos estrangeiros com propósitos que podem ser descritos como culturais ou até "educacionais". As traduções não somente aumentam o conhecimento em diversos campos humanísticos e técnicos; elas podem também exercer uma influência decisiva no desenvolvimento de disciplinas e profissões. E as traduções podem estar a serviço de agendas políticas que impedem ou promovem mudanças culturais e sociais (para exemplos de tais agendas, ver Cronin, 1996, e Simon, 1996). Ao mesmo tempo, porém, os tradutores também são motivados por um interesse comercial significativo, uma vez que almejam obter lucro com suas traduções. É exatamente esse interesse que a lei de direitos autorais deveria proteger no intuito de encorajar a criação de trabalhos culturais e educacionais. Mas a cláusula de uso justo frustra esse objetivo ao assumir, como que contraditoriamente, que autores de trabalhos derivados como traduções não deveriam compartilhar as razões comerciais de outros autores.

Talvez a forma mais eficaz de equilibrar os interesses rivais envolvidos num projeto de tradução seja a que leva em consideração os procedimentos efetivos dos tradutores, das editoras e dos autores, bem como a inevitabilidade da mudança cultural. A consideração mais importante aqui é, sem dúvida, o tempo. Se um autor ou uma editora não vender os direitos da tradução para um trabalho logo depois de sua primeira publicação, qualquer projeto de traduzi-lo estará propenso a originar-se na cultura de destino e levar vários anos para se desenvolver. Durante esse período, um trabalho que inicialmente não foi valorizado na cultura de destino torna-se de valor por intermédio dos esforços de um tradutor ou de uma editora, especialmente por meio das estratégias de tradução e de publicação que têm em vista as comunidades culturais domésticas e localizam ou estabelecem mercados para a tradução. Uma tradução, por sua vez, é produzida num momento particular na história de uma cultura. Ela perde seu valor cultural e comercial quando novas tendências e comunidades domésticas surgem diminuindo seu mercado, levando a editora a interromper a reimpressão, quando não a investir em outra tradução do mesmo trabalho estrangeiro.

Essas considerações sugerem a necessidade de limitações tanto dos direitos autorais do autor estrangeiro quanto do tradutor. Limitar os direitos do autor estrangeiro sobre a tradução a um período definido – digamos, cinco anos – encorajará tradutores e editoras domésticas a aumentar o investimento em traduções. Se o texto estrangeiro não for traduzido num período de cinco anos, daí em diante, o primeiro tradutor ou editora a publicar uma tradução dele deveria não somente poder registrar o direito autoral da tradução como as leis atuais sugerem, mas deveria também gozar de um direito de tradução exclusivo sobre o texto estrangeiro. Contudo, dado o fato de que as traduções se tornam datadas e perdem seu público-leitor, os direitos exclusivos do tradutor devem durar, não pelo período total do direito autoral, mas somente durante o tempo em que a tradução é mantida no mercado pelas editoras. Tais limitações motivam as editoras a se desenvolver e publicar mais traduções sem o encargo extra de pagar os direitos do autor estrangeiro. Os tradutores serão motivados a aplicar e aumentar seu conhecimento em línguas e culturas estrangeiras, criando projetos de tradução que respondam a sua própria percepção dos valores culturais domésticos — sem medo de acusações legais de autores estrangeiros ou de rejeição por parte das editoras domésticas devido aos custos ou à falta de conhecimento destas. A cláusula de edições esgotadas irá estimular a inovação na tradução e na publicação, porque requer uma reflexão mais cuidadosa sobre os públicos leitores domésticos que já existem ou que podem ser criados para os trabalhos estrangeiros. (Essa proposta se assemelha aos [mas ultrapassa em muito os] três anos de limitação do direito da tradução do autor estrangeiro estipulado pelo Ato do Direito Autoral Britânico de 1852, uma limitação que, em todo caso, foi retirada em 1911: ver Bently, 1993, p.501-5, para uma discussão das alterações legislativas.)

A lei de direitos autorais atual não define um espaço para a autoria do tradutor que seja igual ao direito exclusivo do autor estrangeiro, ou de alguma forma o restrinja. Contudo, reconhece que há uma base material para garantir algumas dessas restrições. O conceito coletivo de autoria delineado aqui coloca o tradutor em condição legal igual à do autor do trabalho subjacente. De acordo com esse conceito, o direito autoral deveria ser fundamentado em características formais precisas, as quais mostram que procedimentos similares estão envolvidos na criação do texto estrangeiro e da tradução e esses procedimentos ocorrem com autonomia suficiente, em diferentes contextos linguísticos e culturais, para permitir que os trabalhos sejam vistos como independentes. Sem um maior reconhecimento da natureza coletiva de autoria, os tradutores continuarão a ser pressionados por contratos desfavoráveis, quando não simplesmente abusivos. As noções individualistas de propriedade intelectual continuarão a parecer ficções improváveis usadas por autores e editores para acrescentar uma pátina de legitimidade aos seus ganhos. E as editoras ao redor do mundo continuarão a apoiar os padrões desiguais de intercâmbio transcultural que têm acompanhado os desenvolvimentos econômicos e políticos no período pós--Segunda Guerra Mundial. É o alcance absolutamente global da tradução, seu valor estratégico e insubstituível para negociar diferenças culturais, que torna urgente a necessidade de esclarecimento e aprimoramento de seu *status* legal.

4
A formação de identidades culturais

A tradução, com frequência, é vista com suspeita porque, inevitavelmente, domestica textos estrangeiros, inscrevendo neles valores linguísticos e culturais inteligíveis para comunidades domésticas específicas. Esse processo de inscrição opera em cada um dos estágios: na produção, circulação e recepção da tradução. Tem início já na própria escolha do texto estrangeiro a ser traduzido, sempre uma exclusão de outros textos e literaturas estrangeiras, que responde a interesses domésticos particulares. Continua de forma mais contundente no desenvolvimento de uma estratégia de tradução que reescreve o texto estrangeiro em discursos e dialetos domésticos, sempre uma escolha de certos valores domésticos em detrimento de outros. E complica-se um pouco mais graças às formas diversas nas quais a tradução é publicada, revista, lida e ensinada, produzindo efeitos políticos e culturais que variam de acordo com diferentes contextos institucionais e posições sociais.

Sem dúvida, o efeito que produz as maiores consequências – e, portanto, a maior fonte potencial de escândalo – é a formação de identidades culturais. A tradução exerce um poder enorme na construção de representações de culturas estrangeiras. A seleção de textos estrangeiros e o desenvolvimento de estratégias de tradução podem estabelecer cânones peculiarmente domésticos para literaturas estrangeiras, cânones que se amoldam a valores estéticos domésticos, revelando assim exclusões e admissões, centros e periferias que se distanciam daqueles existentes na língua estrangeira. As literaturas estrangeiras tendem a ser desvinculadas do seu sentido histórico pela seleção de textos para tradução, afastadas das tradições literárias estrangeiras nas quais estabelecem seu significado. Os textos estrangeiros são, em geral, reescritos para se amoldarem a estilos e temas que prevalecem *naquele período* nas literaturas domésticas, em detrimento de discursos tradutórios mais caracterizados pela historicidade que recuperam estilos e temas do passado inserindo-os nas tradições domésticas.

Os padrões tradutórios que venham a ser razoavelmente estabelecidos fixam estereótipos para culturas estrangeiras, excluindo valores, debates e conflitos que não estejam a serviço de agendas domésticas. Ao criar estereótipos, a tradução pode vincular respeito ou estigma a grupos étnicos, raciais e nacionais específicos, gerando respeito pela diferença cultural ou aversão baseada no etnocentrismo, racismo ou patriotismo. Em longo prazo, a tradução penetra nas relações geopolíticas ao estabelecer as bases culturais da diplomacia, reforçando alianças, antagonismos e hegemonias entre nações.

Contudo, uma vez que as traduções são geralmente destinadas a comunidades culturais específicas, elas iniciam um processo ambíguo de formação de identidade. Ao mesmo tempo que a tradução constrói uma representação doméstica para um texto ou cultura estrangeiros, ela constrói um sujeito doméstico, uma posição de inteligibilidade que também é uma posição ideológica, informada pelos códigos e cânones, interesses e agendas de certos grupos sociais domésticos. Uma tradução, ao circular na Igreja, no Estado e na escola, pode ter o poder de manter ou revisar a hierarquia de valores na língua-alvo. A escolha calculada de um texto estrangeiro e da estratégia tradutória pode mudar ou consolidar cânones literários, paradigmas conceituais, metodologias de pesquisa, técnicas clínicas e práticas comerciais na cultura doméstica. Se os efeitos de uma tradução revelam-se conservadores ou transgressores vai depender fundamentalmente das estratégias discursivas desenvolvidas pelo tradutor, mas também dos vários fatores envolvidos na sua recepção, inclusive o *layout* da página e a arte da capa do livro impresso, a cópia para divulgação, a opinião dos resenhistas, o uso que é feito da tradução nas instituições socioculturais, o modo como é lida e ensinada. Tais fatores mediam o impacto de toda e qualquer tradução, ajudando a posicionar os sujeitos domésticos, equipando-os com práticas de leitura específicas, afiliando-os a determinadas comunidades e valores culturais, fortalecendo ou transpondo limites institucionais.

Gostaria de desenvolver essas observações examinando vários projetos tradutórios de períodos diferentes, do passado e do presente. Cada projeto exibe, de um modo muito claro, o processo de formação de identidade que opera na tradução, bem como seus vários efeitos. Meu objetivo é levar em consideração o modo como a tradução forma identidades culturais específicas e as mantém com um relativo grau de coerência e homogeneidade, mas também o modo como ela cria possibilidades para a resistência cultural, a inovação e a mudança em qualquer que seja o momento histórico. Pois, não obstante o fato de que a tradução é obrigada a voltar-se para as diferenças culturais e linguísticas de um texto estrangeiro, ela pode, com a mesma eficácia, promover ou reprimir a heterogeneidade na cultura doméstica.

O poder da tradução de formar identidades sempre ameaça constranger as instituições político-culturais porque revela as fundações instáveis de sua autoridade social. A verdade de suas representações e a integridade subjetiva de seus agentes estão fundamentadas não no valor inerente de textos oficiais e práticas institucionais, mas sim nas contingências que surgem na tradução, na publicação e na recepção desses textos. A autoridade de qualquer instituição que depende de traduções está sujeita a escândalo, porque seus efeitos, um tanto quanto imprevisíveis, ultrapassam os controles institucionais que normalmente regulam a interpretação textual, tais como julgamentos de canonicidade (ver Kermode, 1983). As traduções estendem os usos possíveis de textos estrangeiros entre públicos diversos, baseados ou não em instituições, produzindo resultados que podem ser tanto perturbadores quanto surpreendentes.

A representação de culturas estrangeiras

Em 1962, o especialista em cultura clássica John Jones publicou um estudo que desafiava a interpretação dominante da tragédia grega que, segundo ele, não só estava articulada à crítica literária acadêmica, mas inscrita em edições acadêmicas e traduções da *Poética*, de Aristóteles. Na visão de Jones, "a *Poética* da qual nos apropriamos deriva conjuntamente do conhecimento acadêmico clássico moderno e do Romantismo" (Jones, J., 1962, p.12). Guiados por um conceito romântico de individualismo, no qual a atuação humana é vista como autodeterminante, os acadêmicos modernos deram ao conceito aristotélico de tragédia uma aparência psicológica, transferindo a ênfase para o herói e para a resposta emocional da plateia, em detrimento da ação. Jones achou que essa interpretação individualista obscurece o fato de que "o centro de gravidade dos termos aristotélicos é situacional e não pessoal", que a cultura grega antiga julgava a subjetividade humana como sendo socialmente determinada, "percebida na ação e reconhecida — inteligivelmente diferenciada — por ser fiel ao tipo" e ao *status*" (ibid., p.16, 55). O estudo de Jones foi bem recebido pela crítica quando de sua publicação, apesar de algumas reclamações quanto ao seu "jargão" desconhecido e "uma certa opacidade da linguagem", e ao longo das duas décadas seguintes ganhou enorme autoridade na pesquisa acadêmica clássica (Gellie, 1963, p.354; Burnett, 1963, p.177). Em 1977, já se tinha estabelecido uma "nova ortodoxia" na questão da caracterização da *Poética*, de Aristóteles, e da tragédia grega, sobrepujando o longo domínio da abordagem centrada no herói e merecendo tanto a anuência quanto um maior desenvolvimento a partir do trabalho dos principais acadêmicos (Taplin, 1977, p.312; Goldhill, 1986, p.170-1).

O estudo de Jones provou ser tão eficaz em provocar uma revisão disciplinar em parte porque criticava as traduções-padrão do tratado de Aristóteles. Ele demonstrou, de modo contundente, que os tradutores acadêmicos impunham a interpretação individualista ao texto grego por meio de várias escolhas lexicais. Da versão de Ingram Bywater de 1909, citou a passagem na qual Aristóteles discute a *hamartia*, o erro de julgamento cometido pelos personagens nas tragédias. Jones leu a tradução inglesa de forma sintomática, localizando "discrepâncias" ou desvios do grego que revelam o trabalho da ideologia do tradutor, o individualismo romântico:

> Existem três discrepâncias a serem observadas entre a tradução de Bywater e o original grego. Onde Bywater tem "um homem bom" o grego tem "homens bons"; onde ele tem "um homem mau" o grego tem "homens maus"; e onde ele traduz "a mudança nos destinos do herói" o grego tem "a mudança do destino". A primeira e a segunda das suas alterações não são tão banais quanto parecem, pois juntas conseguem sugerir que Aristóteles tinha em mente uma única figura dominante do princípio ao fim, quando de fato seu discurso muda do plural para o singular. Essas duas alterações ajudam a abrir caminho para a terceira que é grave, no âmbito total de suas implicações. [...] A exigência de Aristóteles de que a mudança do destino deve surgir por meio da *hamartia* do "tipo intermediário de personagem" não nos dá o direito de denominar tal personagem de o Herói Trágico; pois chamá-lo de o herói pode apenas significar que o colocamos no centro de nossa peça ideal – como comentadores após comentadores têm afirmado que Aristóteles faz, inserindo o herói no seu tratado. (Jones, J., 1962, p.19-20)

Jones foi cuidadoso ao enfatizar que as discrepâncias existentes na tradução de Bywater não são erros, mas escolhas calculadas destinadas a "tornar a acepção incontestável de

Aristóteles algo mais compreensível do que ao contrário teria sido" (Jones, J., 1962, p.20). Entretanto, tornar a acepção compreensível acabou tornando-a anacrônica, assimilando o texto grego a um conceito cultural moderno, "o hábito estabelecido atualmente no qual vemos a ação fluindo de um foco solitário de consciência – secreto, intrínseco, interessado" (ibid., 1962, p.33). A mesma inscrição romântica fica evidente em versões acadêmicas da palavra grega *mellein*. Jones apontou que esse verbo pode ter vários significados, incluindo "estar para fazer", "estar a ponto de fazer" e "pretender fazer". Tanto Bywater quanto Gerald Else (1957) fizeram escolhas que psicologizam o conceito aristotélico de ação trágica, ao inserir a intencionalidade e a introspecção: "pretendendo matar", "pretendendo trair", "planejando algum dano mortal" (Jones, J., 1962, p.49).

O exemplo de Jones mostra que, apesar dos rígidos cânones de acuidade, até mesmo traduções acadêmicas constroem representações claramente domésticas de textos e culturas estrangeiros. E essas representações, conforme os graus variados de autoridade institucional, podem reproduzir ou revisar paradigmas conceituais dominantes em disciplinas acadêmicas. As traduções podem propiciar uma revisão da disciplina visto que as representações que elas constroem nunca são sólidas ou perfeitamente consistentes, e sim com frequência contraditórias, agrupadas a partir de materiais culturais heterogêneos, domésticos e estrangeiros, passados e presentes. Assim, Jones foi capaz de detectar aquilo a que chamava "discrepâncias" na tradução de Bywater, descontinuidades em relação ao texto grego que sinalizavam a intervenção de uma ideologia individualista moderna.

Contudo, disciplinas também mudam porque representações concorrentes emergem para desafiar aquelas que são dominantes. Embora Jones, sem dúvida, tenha iluminado aspectos negligenciados e distorcidos da *Poética*, de Aristóteles, e da tragédia grega, ele próprio estava traduzindo e, portanto, construindo uma representação doméstica que, até certo ponto, também era anacrônica, muito embora mais convincente do que a ortodoxia acadêmica corrente. Conforme os críticos sugeriram, o conceito de Jones de subjetividade determinada revela um "modo existencialista de pensar" que lhe permitiu tanto questionar o individualismo do conhecimento clássico como desenvolver um método interdisciplinar de leitura, não psicológico, mas "sociológico" e "antropológico" (Bacon, 1963, p.56; Burnett, 1963, p.176-7; Lucas, 1963, p.272). Em alguns momentos, a crítica de Jones sobre a leitura ortodoxa assemelhava-se claramente ao pensamento de filósofos, como Nietzsche, que foram importantes para a emergência do existencialismo. Assim como *A genealogia da moral* tratou o conceito de um sujeito autônomo como "a influência enganosa da linguagem", por meio da qual "'o autor' é uma mera ficção adicionada ao ato", da mesma forma Jones apontou para a categoria gramatical que sustenta a abordagem da tragédia grega centrada no herói: "o *status* de ação deve sempre ser adjetival: a ação qualifica; diz-nos coisas que queremos saber sobre o indivíduo que a produz [...] o estado das coisas 'no interior' daquele que age" (Nietzsche, 1967, p.45; Jones, J., 1962, p.33). O estudo de Jones estabeleceu uma nova ortodoxia no conhecimento erudito clássico porque veio ao encontro dos padrões acadêmicos de evidência textual e argumentação crítica, mas também porque refletia o surgimento do existencialismo como uma corrente poderosa na cultura pós-Segunda Guerra Mundial. Sua crítica das traduções inglesas consagradas, aliada às suas próprias versões do texto grego, causaram uma revisão disciplinar por meio da importação de valores culturais, domésticos e estrangeiros, de além das fronteiras da disciplina – especialmente um conceito de subjetividade determinada que foi elaborado por filósofos alemães e franceses como Heidegger e Sartre e que adquiriram circulação internacional por meio de traduções.

Dessa forma, quando uma tradução acadêmica constrói uma representação doméstica de uma cultura e de um texto estrangeiros, essa representação pode alterar a instituição na qual estiver alojada porque as fronteiras disciplinares são permeáveis. Embora definida por práticas e qualificações precisas e por uma disposição hierárquica de temas e metodologias, uma disciplina acadêmica não as reproduz de forma tranquila porque está propensa a infiltrações conceituais de outras áreas e disciplinas, tanto de dentro como de fora da academia. E visto que essas fronteiras podem ser cruzadas, o tráfego de valores culturais pode tomar diversas formas, não apenas circular entre as disciplinas acadêmicas, como no caso de Jones, mas também mover-se de uma instituição cultural para outra, como quando a academia influencia a natureza e o volume de traduções publicadas pela indústria editorial. Nesse ponto, uma comunidade cultural específica controla a representação de literaturas estrangeiras para outras comunidades na cultura doméstica, privilegiando certos valores domésticos enquanto exclui outros e estabelecendo um cânone de textos estrangeiros que é necessariamente parcial porque está a serviço de certos interesses domésticos.

Um exemplo disso é a tradução da ficção japonesa moderna para a língua inglesa. Conforme apontou Edward Fowler (1992), editoras americanas como Grove Press, Alfred Knopf e New Directions, conhecidas por sua preocupação tanto pelo valor literário como comercial, lançaram muitas traduções de romances e coletâneas de contos japoneses durante as décadas de 1950 e 1960. Contudo, suas escolhas foram muito seletivas, focalizando poucos escritores, principalmente Jun'ichiro Tanizaki, Yasunari Kawabata e Yukio Mishima. No final da década de 1980, um crítico que também é poeta e tradutor pôde dizer que, "para o leitor ocidental médio, [o romance de Kawabata] *O país das neves* talvez seja o que pensemos como sendo tipicamente 'japonês': evasivo, obscuro, inconcluso" (Kizer, 1988, p.80). A mesma imagem cultural foi adotada por outro crítico, mais autoconsciente, que, quando confrontado com uma versão inglesa de um romance cômico japonês, perguntou de modo cético: "Será que o romance da delicadeza, taciturnidade, intangibilidade e melancolia lânguida – traços que consideramos como sendo caracteristicamente japoneses – é menos característico do que pensamos?" (Leithauser, 1989, p.105). As editoras americanas, argumentou Fowler, estabeleceram um cânone da ficção japonesa em inglês que, além de não ser representativo, baseava-se num estereótipo bem definido que vem determinando as expectativas do leitor há cerca de quarenta anos. Além do mais, a estereotipagem cultural desempenhada por tal cânone ultrapassou as fronteiras da língua inglesa, uma vez que as traduções inglesas da ficção japonesa foram de rotina traduzidas para outras línguas europeias durante o mesmo período. Na prática, "os gostos dos leitores de língua inglesa têm, de modo geral, ditado os gostos de todo o mundo ocidental no que se refere à ficção japonesa" (Fowler, E., 1992, p.15-6).

Entre as muitas coisas memoráveis a respeito da formação desse cânone está o fato de que os gostos pertenciam a um grupo limitado de leitores, principalmente acadêmicos especialistas em literatura japonesa associados a editoras. As traduções de Tanizaki, Kawabata e Mishima foram feitas por professores universitários tais como Howard Hibbett, Donald Keene, Ivan Morris e Edward Seidensticker, que aconselhavam os editores sobre quais textos japoneses deveriam ser publicados em inglês (Fowler, E., 1992, p.12, n.25). Sugeriu-se que as traduções desses professores eram homogeneizadoras, evitando qualquer linguagem que "pudesse não ter sido dita ou escrita por um professor universitário americano moderno de instrução modesta e, ao mesmo tempo, com modestos dons literários" (Miller, R., 1986, p.219). Os vários interesses desses tradutores acadêmicos e de seus editores – literários, etnográficos, econômicos – foram moldados de forma decisiva por um encontro com o Japão na época da Segunda Guerra Mundial, e o cânone estabelecido constituiu uma imagem nostálgica de um passado perdido. A ficção traduzida não só se referia muitas vezes à cultura japonesa tradicional, mas alguns romances lamentavam as mudanças sociais destruidoras ocasionadas por conflito militar e influência ocidental; o Japão era representado como "uma terra exótica e estetizada, puramente *estrangeira*, um tanto quanto antitética à sua imagem pré-guerra de uma potência belicosa e iminentemente ameaçadora" (Fowler, E., 1992, p.3; grifo de Fowler).

A nostalgia expressa pelo cânone foi especificamente americana, não necessariamente compartilhada por leitores japoneses. Keene, por exemplo, um crítico e tradutor de autoridade considerável na cultura de língua inglesa, discordou da morna recepção japonesa dada aos romances de Tanizaki, tanto em termos literários quanto políticos. "Tanizaki parece ter sido incapaz de escrever uma única linha monótona", pensava Keene, enquanto expressava admiração especial por *As irmãs Makioka*, um romance que foi banido pelo governo militar no início da década de 1940: "o ritmo calmo de sua narrativa do Japão pré-guerra parece ter exasperado aqueles que insistiam numa literatura positiva, exortatória, adequada ao temperamento heroico da época" (Keene, 1984, cap.I, p.721, 774). Assim, a imagem nostálgica projetada pelo cânone poderia acarretar implicações geopolíticas maiores: "as esferas estetizadas [nos romances selecionados para tradução] estabeleceram exatamente a imagem correta do Japão numa época em que o país estava sendo transformado, quase da noite para o dia, em termos históricos, de um inimigo mortal durante a Guerra do Pacífico num aliado indispensável durante a época da Guerra Fria" (Fowler, E., 1992, p.6). O cânone da língua inglesa referente à ficção japonesa funcionou como um apoio cultural doméstico para as relações diplomáticas americanas com o Japão, que também se destinavam a conter o expansionismo soviético no leste.

Esse caso mostra que, mesmo quando projetos tradutórios refletem os interesses de uma comunidade cultural específica – aqui um grupo de elite de acadêmicos especialistas e editores literários –, a imagem resultante de uma cultura estrangeira pode ainda atingir domínio nacional, aceito por muitos leitores dentro da cultura doméstica, qualquer que seja sua posição social. Uma associação entre a academia e a indústria editorial pode ser especialmente eficaz na formação de um consenso amplo, já que ambas possuem autoridade cultural de suficiente poder para marginalizar textos não canônicos na cultura doméstica. Os romances japoneses que não eram condizentes com o cânone acadêmico pós-guerra por serem cômicos, por exemplo, ou representarem um Japão ocidentalizado mais contemporâneo, não eram traduzidos para o inglês ou, se o fossem, eram colocados à margem da literatura de língua inglesa, publicados por editoras menores, mais especializadas (Kodansha International, Charles E. Tuttle), com distribuição limitada (Fowler, E., 1992, p.14-7).

Além disso, o cânone não sofreu nenhuma mudança significativa durante as décadas de 1970 e 1980. O volume de traduções em língua inglesa sofreu um declínio geral, enfraquecendo qualquer tentativa no sentido de ampliar o leque de romances japoneses disponíveis em versões inglesas; na hierarquia de línguas traduzidas para o inglês, o japonês ocupa a sexta posição, depois do francês, alemão, russo, espanhol e italiano (Venuti, 1995a, p.13; Grannis, 1993, p.502). Talvez, ainda mais importante, seja o fato de que os programas institucionais desenvolvidos para melhorar o intercâmbio cultural entre os Estados Unidos e o Japão continuaram a ser dominados por "um grupo profissional de professores universitários e executivos associados (este último constituído na maioria por editores e livreiros) – homens cujas experiências de formação foram moldadas pela Segunda Guerra Mundial" (Fowler, E., 1992, p.25). Como resultado, as listas de textos japoneses propostos para tradução em inglês simplesmente reforçaram os critérios de canonicidade estabelecidos, incluindo uma ênfase especial à época da guerra e refletindo uma "preocupação com 'a alta cultura' e com as experiências da elite intelectual e social japonesa" (ibid., p.27).

Isso sugere que os projetos tradutórios podem produzir uma mudança na representação doméstica de uma cultura estrangeira, não somente quando revisam os cânones das comunidades culturais mais influentes, mas também quando uma outra comunidade numa situação social diferente produz as traduções e se manifesta sobre elas. No final da década de 1980, o cânone acadêmico da literatura japonesa estava sendo questionado por uma nova geração de escritores e leitores de língua inglesa. Nascidos depois da Guerra do Pacífico e sob o alcance global da hegemonia americana, eram céticos em relação à "melancolia avassaladora de tão grande parte da ficção japonesa" e mais receptivos em relação a formas e temas diferentes, inclusive narrativas cômicas que mostram o profundo arraigamento das influências culturais ocidentais no Japão (Leithauser, 1989, p.110).

As antologias parecem ter desempenhado um papel na reformulação desse cânone, pois, como Lefevere mostrou, "logo que um certo grau de canonização precoce é atingido" por uma literatura estrangeira em tradução, "novas antologias podem aceitar aquele cânone emergente, tentar subvertê-lo ou mesmo ampliá-lo" (Lefevere, 1992a, p.126-7). Em 1991, por exemplo, Alfred Birnbaum, um jornalista americano que nasceu em 1957 e vive no Japão desde a infância, editou uma antologia intitulada *Monkey Brain Sushi* (Sushi de cérebro de macaco). Como o título sensacionalista sugere,

Birnbaum procurou desafiar o cânone acadêmico e alcançar um público de língua inglesa mais amplo com a ficção japonesa mais recente. Sua introdução deixa claro que ele evitou deliberadamente "os ingredientes básicos da dieta mais antiga", como Tanizaki, Kawabata e Mishima, privilegiando escritores que "nasceram e foram criados num Japão pós-guerra americanizado" e cujos livros são "o que a maioria das pessoas lê" (Birnbaum, 1991, p.1; para um projeto tradutório similar, ver Mitsios, 1991). Ao contrário das antologias mais antigas que estabeleceram o cânone acadêmico – por exemplo, a coleção da Grove Press organizada por Keene (1956) –, a de Birnbaum foi publicada pela sucursal americana menor de uma editora com sede em Tóquio, a Kodansha, e nem o editor, nem seus três colaboradores eram filiados a instituições acadêmicas. Os primeiros indícios mostram que antologias como *Monkey Brain Sushi* e *New Japanese Voices* (Novas vozes do Japão), de Helen Mitsios, de fato reformularam o cânone da ficção japonesa para um público leitor mais popular: não só esses livros foram reeditados em edições do tipo brochura, como, seguindo seu exemplo, vários romances de escritores japoneses jovens foram publicados em inglês com sucesso de crítica e de venda.

Talvez o sinal mais claro da mudança seja *Kitchen*, de Banana Yoshimoto (1993), que teve um trecho publicado na antologia de Mitsios. Yoshimoto foi publicada por uma das editoras de grande importância para a criação do cânone acadêmico, a Grove, mas não a conselho de especialistas acadêmicos: o editor tomou conhecimento de *Kitchen* por meio de uma tradução italiana – situação diferente do período em que o inglês era a língua pela qual a ficção japonesa era disseminada nas culturas europeias (Harker, 1994, p.4). As duas partes em *Kitchen*, uma novela e um conto, representam personagens japoneses jovens e extremamente ocidentalizados, traços que foram repetidamente citados nas resenhas como fontes de fascinação. Curiosamente, alguns críticos assimilaram a parte que dá título ao livro a aspectos da ficção japonesa ressaltados pelo cânone acadêmico. "A história de Yoshimoto", escreveu Kakutani no *New York Times*, "vem a ser não uma comédia de costumes extravagante, mas um conto estranhamente lírico sobre perda, dor e amor familiar" (Kakutani, 1993, p.C15). Num estudo dos vários fatores que determinaram a produção e recepção de *Kitchen*, Harker atribuiu seu sucesso à criação de um público de "literatura de classe média" para a ficção japonesa, um público bem diferente da elite de especialistas acadêmicos que antes selecionavam os textos para tradução, mesmo que esse público ainda mostre a influência residual deixada pelo longo domínio dos acadêmicos. Na visão de Harker, o apelo da tradução devia-se a

> uma escritora que detona a imagem da literatura japonesa como inescrutável e desinteressante, com uma temática positiva, vagamente excitante e de filosofia acessível; com referências improvisadas à cultura popular americana que criam uma sensação de familiaridade nos leitores de língua inglesa; uma tradução acessível mas ainda "oriental", com uma engenhosa embalagem e comercialização. Basicamente, o sucesso de *Kitchen* vem tanto de sua utilização eficaz como da deformação de tropos culturais comuns de "japonês-idade". (Harker, 1994, p.1-2)

Escândalos da tradução

Se a nova onda de ficção japonesa traduzida produzir uma reforma duradoura do cânone, pode também consolidar-se como um estereótipo do Japão – especialmente se a língua japonesa permanecer nos níveis mais baixos da hierarquia das línguas traduzidas para o inglês e se um leque restrito de textos japoneses estiver disponível. Obviamente, tal estereótipo irá diferir de seu predecessor por não ser nem exótico nem estetizado, e carregará implicações geopolíticas bem diferentes daquelas obtidas no período pós-Segunda Guerra Mundial. Uma vez que a nova ficção projeta a imagem de uma cultura japonesa altamente americanizada, ao mesmo tempo jovem e cheia de energia, ela pode implicitamente responder a atuais ansiedades americanas no que toca à força competitiva do Japão na economia global, oferecendo uma explicação tranquilizadora e familiar, e não pouco autocongratulatória: a imagem permite que a força da economia japonesa seja vista como um efeito da dominação da cultura americana numa geração pós-guerra. Assim, a introdução de Birnbaum à sua antologia de revisão canônica informava aos leitores americanos que, "apesar do desequilíbrio comercial, os japoneses têm sido importadores entusiasmados da linguagem ocidental" (Birnbaum, 1991, p.2). Na verdade, o título japonês da novela de Yoshimoto é uma palavra inglesa japonizada, transliterada como *Kitchin* (Hanson, 1993, p.18). A imagem da cultura japonesa contemporânea projetada pela nova ficção pode também ser traçada como uma nostalgia por um passado perdido, embora seja um passado americano, não japonês: o período da metade dos anos 1940 até o final dos anos 1960, quando a hegemonia americana ainda estava por ser desafiada, de forma decisiva, dentro do próprio país ou fora dele.

A criação de sujeitos domésticos

Nos exemplos anteriores, os projetos tradutórios não só constroem representações exclusivamente domésticas de culturas estrangeiras, mas, uma vez que esses projetos se dirigem a comunidades culturais específicas, estão simultaneamente engajados na formação de identidades domésticas. Quando as traduções de teor existencialista feitas por Jones da obra de Aristóteles abalaram a leitura acadêmica dominante, elas adquiriram tal autoridade institucional que se tornaram uma qualificação profissional para acadêmicos da área clássica. Espera-se dos especialistas em Aristóteles e em tragédia grega que demonstrem familiaridade com os estudos de Jones quando lecionam ou publicam pesquisas. Assim, Jones é referência obrigatória em estudos introdutórios de crítica, sejam eles dedicados ao gênero trágico ou a autores de tragédias (por exemplo, Buxton, 1984). Jones também influenciou a pesquisa em outras áreas da literatura clássica, como a poesia homérica (Redfield, 1975, p.24-6). Da mesma forma, o cânone pós-guerra da ficção japonesa traduzida para o inglês formou as preferências tanto dos editores que investiram na literatura estrangeira elitista, quanto dos leitores que por ela se interessaram. A familiaridade com Tanizaki, Kawabata e Mishima tornou-se marca de um gosto literário que era tanto discriminatório quanto culto, apoiado por credenciais acadêmicas.

Logicamente, os agentes culturais que realizaram esses projetos tradutórios não planejaram, ou nem mesmo previram efeitos domésticos como o estabelecimento de uma qualificação profissional e a criação de um gosto literário. Essas pessoas eram acadêmicos, tradutores e editores que estavam mais preocupados com questões específicas às suas respectivas disciplinas e práticas, questões relacionadas ao saber acadêmico, ao valor estético e ao sucesso comercial. A história da tradução revela outros projetos destinados justamente a formar identidades culturais domésticas por meio da apropriação de textos estrangeiros. Nesses casos, as traduções tinham uma tendência altamente literária, a fim de promover um novo movimento literário, construindo um sujeito autoral por meio da afiliação a um discurso literário específico.

Ezra Pound, por exemplo, via a tradução como um meio de cultivar valores poéticos modernistas, tais como a precisão linguística. Em 1918, publicou uma "breve recapitulação e retrospecto" da "nova moda na poesia" em que oferecia ao poeta modernista aspirante uma receita de autoformação (Pound, 1954, p.3). "Tradução", escreveu ele, é "um bom treinamento, se você acha que seu material original 'balança' quando você tenta reescrevê-lo. O significado do poema a ser traduzido não pode 'balançar'" (ibid., p.7). Poetas modernistas como Pound traduziram textos estrangeiros que apoiavam a linguagem poética modernista: "Vi na arte de Daniel e Cavalcanti", comentou ele, "aquela precisão da qual sinto falta nos vitorianos" (ibid., p.11). Pound talhou-se como poeta-tradutor modernista em parte via competição com os tradutores vitorianos dos poemas que ele valorizava, imitando e até mesmo superando-os em escolhas tradutórias específicas. Na apresentação de sua tradução da poesia de Guido Cavalcanti, admitiu que, "no tocante a essas traduções e ao meu conhecimento da poesia toscana, Rossetti é meu pai e minha mãe, mas nenhum homem consegue ver tudo de uma só vez" (Anderson, 1983, p.14).

O exemplo de Pound sugere não só que a tradução pode servir de instrumento na construção de uma identidade autoral, mas também que essa construção é ao mesmo tempo discursiva e psicológica, exercitada em práticas de escrita abertas à interpretação psicanalítica. As traduções de Pound apresentavam uma rivalidade edipiana na qual ele desafiava o *status* canônico de Rossetti, traduzindo poesias que o poeta vitoriano tinha traduzido, as representações idealizadas de mulheres criadas por Cavalcanti (Venuti, 1995a, p.197). No processo, Pound definia-se como modernista e como homem. Ele sentia que suas traduções supriam o que tinha "escapado" a Rossetti, isto é "a robusteza, a masculinidade" (Anderson, 1983, p.243). O que equivale a dizer, em seu próprio ponto de vista, que Pound melhorou seu pai poético ao capturar a imagem feminina apresentada por uma poesia estrangeira.

Uma vez que a tradução pode contribuir para a invenção de discursos literários domésticos, ela tem sido incluída, de forma inevitável, em projetos culturais ambiciosos, especialmente no desenvolvimento de uma linguagem e uma literatura domésticas. Esses projetos sempre resultaram na formação de identidades culturais alinhadas a grupos sociais específicos, a classes e nações. Durante os séculos XVIII e XIX, a tradução alemã foi teorizada e praticada como um meio de desenvolver uma literatura de língua alemã. Em 1813, o filósofo Friedrich Schleiermacher mostrou para seu público alemão culto que "muito do que é bonito e vigoroso em nossa língua desenvolveu-se, em parte, por intermédio da tradução ou foi trazido à luz por meio dela" (Lefevere, 1992b, p.165). Schleiermacher

Escândalos da tradução

colocou a tradução a serviço de uma elite cultural burguesa, um público leitor em grande parte profissional que preferia uma literatura alemã altamente refinada baseada em textos clássicos. No entanto, ele e contemporâneos como Goethe e os irmãos Schlegel viam esses valores minoritários como definidores de uma cultura nacional alemã em detrimento de vários gêneros e textos populares – principalmente o realismo sentimental, os contos góticos, os romances de cavalaria e as biografias didáticas, que eram preferidos pelo segmento maior de leitores de língua alemã (Venuti, 1995a, p.105-10).

Em 1827, Goethe observou que "literaturas nacionais lânguidas são reavivadas pelas literaturas estrangeiras" e passou a descrever o mecanismo especular pelo qual um tema doméstico é formado na tradução:

> Afinal, toda literatura fica monótona se não for renovada pela participação estrangeira. Que acadêmico não se deleita com as maravilhas elaboradas pelo espelhamento e pelo reflexo? E o que o espelhamento significa na esfera moral foi vivenciado por cada um, talvez inconscientemente; e, se alguém parar para pensar, compreenderá o quanto de sua própria formação ao longo da vida deve a ele. (Berman, 1992, p.65)

A tradução forma sujeitos domésticos por possibilitar um processo de "espelhamento" ou autorreconhecimento: o texto estrangeiro torna-se inteligível quando o leitor ou a leitora se reconhece na tradução, identificando os valores domésticos que motivaram a seleção daquele texto estrangeiro em particular, e que nele estão inscritos por meio de uma estratégia discursiva específica. O autorreconhecimento é um reconhecimento das normas e recursos culturais domésticos que constituem o *self*, que o definem como um sujeito doméstico. O processo é basicamente narcisista: o leitor identifica-se com um ideal projetado pela tradução, geralmente valores que alcançaram autoridade na cultura doméstica e que dominam aqueles de outras comunidades culturais. Às vezes, contudo, os valores podem ser no momento marginais, mas estar em ascendência, mobilizados num desafio ao dominante. No tempo de Goethe, quando as guerras napoleônicas ameaçavam estender a dominação francesa até a Prússia, um ideal mais influente era um conceito nacionalista de uma cultura literária distintamente alemã, endossada pela tradução de textos canônicos estrangeiros, mas ainda por ser realizada. Assim como Berman comentou a respeito do pensamento de Goethe, "literaturas estrangeiras tornam-se as mediadoras nos conflitos internos das literaturas nacionais e lhes oferecem uma autoimagem que elas não teriam de outra forma", mas que, podemos acrescentar, ainda assim desejam (Berman, 1992, p.65). Dessa forma, o autorreconhecimento do leitor é também um reconhecimento falso: uma inscrição doméstica é tomada pelo texto estrangeiro, os valores domésticos dominantes pelos do próprio leitor e os valores de uma comunidade pelos valores de todos os outros na cultura doméstica. A menção de Goethe ao "acadêmico" é um lembrete de que o tema construído por essa agenda nacionalista para a tradução implica uma afiliação com um grupo social específico, nesse caso, uma minoria com autoridade cultural suficiente para se estabelecer como a árbitra de uma literatura nacional.

Assim, as traduções colocam os leitores em inteligibilidades domésticas que também são posições ideológicas, conjuntos de valores, crenças e representações que favorecem os interesses de certos grupos sociais em detrimento de outros. Em casos nos quais as traduções são abrigadas em instituições como a Igreja, o Estado ou a escola, o processo de formação de identidade representado por um texto traduzido afeta de modo potencial a reprodução social, proporcionando um sentido do que é verdade, do que é bom e possível (esse pensamento baseia-se em Althusser, 1971; Therborn, 1980; Laclau; Mouffe, 1985). As traduções podem manter relações sociais existentes, revestindo temas domésticos com a qualificação ideológica para que adotem um papel ou desempenhem uma função numa instituição. As traduções técnicas – livros científicos ou jurídicos, por exemplo – permitem que os agentes alcancem e mantenham níveis de especialidade. Mas também podem causar mudança social por meio da revisão de tais qualificações e assim modificar papéis ou funções institucionais.

Consideremos as controvérsias que cercam a tradução da Bíblia na Igreja Cristã antiga. A Septuaginta, a versão grega do Velho Testamento preparada pelos judeus helenistas no século III a.C., ainda possuía enorme autoridade seis séculos mais tarde: era a base de toda especulação teológica e exegética, e substituiu o texto hebraico como fonte das traduções latinas que foram amplamente usadas pelas congregações cristãs no Império Romano. Santo Agostinho, bispo de Hipona, temia o projeto de São Jerônimo de traduzir o Velho Testamento diretamente do hebraico porque isso ameaçaria a consistência ideológica e a estabilidade institucional da

Igreja. Em carta a São Jerônimo escrita em 403, Santo Agostinho explicou que "muitos problemas surgiriam se sua tradução começasse a ser lida regularmente em muitas igrejas, porque as igrejas latinas ficariam defasadas em relação às igrejas gregas" (White, 1990, p.92). Santo Agostinho, então, descreveu um incidente que demonstrava que a identidade cristã antiga estava profundamente enraizada na Septuaginta e nas traduções latinas que tinham sido feitas a partir dela; apresentar a tradução de São Jerônimo baseada no texto hebraico colocaria essa identidade em crise e acabaria por destruir a organização da Igreja, afastando fiéis:

> quando um dos nossos bispos tomou providências para que sua tradução fosse lida numa igreja da diocese dele, depararam-se com uma palavra na sua versão do profeta Jonas que se apresentava de forma muito diferente daquela versão com a qual estavam familiarizados e que, tendo sido lida por muitas e muitas gerações, estava arraigada em suas memórias. Seguiu-se um grande alvoroço na congregação, especialmente entre os gregos, que criticavam o texto e denunciavam com veemência sua inexatidão, e o bispo (o incidente aconteceu na cidade de Oea) foi forçado a pedir aos judeus que esclarecessem o fato. Quer por ignorância ou por maldade, eles responderam que tal palavra realmente ocorria nos manuscritos hebraicos exatamente da mesma forma como apresentado nas versões grega e latina. Em resumo, o homem foi forçado a corrigir a passagem na sua versão como se estivesse incorreta, já que não queria que essa crise o deixasse sem congregação. Isso nos faz suspeitar que você, também, pode estar ocasionalmente errado. (Ibid., p.92-3)

A tradução latina baseada na Septuaginta usada em Oea formava identidades cristãs sustentando um autorreconhecimento que definia a crença ortodoxa: membros da congregação reconheciam-se como cristãos com base numa tradução institucionalmente validada, "familiar" e "arraigada em suas memórias". O furor causado pela versão de São Jerônimo a partir do hebraico mostra que a existência contínua da instituição requer um processo relativamente estável de formação de identidade, sancionado não só por uma tradução em especial, mas pelo uso repetido da mesma – "lida por muitas e muitas gerações". Está claro também que a instituição assegura a estabilidade do processo de formação de identidade, erigindo um critério para a acuidade tradutória: membros de uma congregação, especialmente gregos, julgaram "correta" uma versão latina do Velho Testamento quando descobriram que era coerente com a versão grega oficial, a Septuaginta.

Contudo, uma prática cultural como a tradução também pode precipitar uma mudança social porque nem os indivíduos, nem as instituições, conseguem ser sempre absolutamente coerentes ou imunes às diversas ideologias que circulam na cultura doméstica. A identidade nunca é irrevogavelmente fixa, mas relativa, o ponto nodal para uma multiplicidade de práticas e instituições cuja simples heterogeneidade cria a possibilidade de mudança (Laclau; Mouffe, 1985, p.105-14). São Jerônimo insistiu no retorno ao texto hebraico em parte porque sua identidade cultural era latina tanto quanto cristã e marcada por um gosto literário altamente refinado. Educado em Roma, "ele fazia parte de uma cultura na qual a sensibilidade em relação a uma língua estrangeira era um elemento essencial", de modo que "ele era capaz de apreciar os méritos estéticos de obras numa língua que não a sua própria", como a Bíblia hebraica (Kamesar, 1993, p.43, 48-9). O polilinguismo da cultura literária latina associou-se à crença cristã para motivar o estudo que São Jerônimo fez do hebraico, o que acabou permitindo-lhe descobrir que as traduções e edições gregas oficiais eram deficientes: suas versões latinas baseadas nas gregas, conforme ele explicou a Santo Agostinho, continham indicadores tipográficos para passagens nas quais "a Septuaginta expande o texto hebraico" ou "algo foi acrescentado por Orígenes a partir da edição de Teódoto" (White, 1990, p.133). A complexa formação cultural de São Jerônimo levou-o a questionar a Septuaginta. Enquanto a autoridade dessa versão entre os padres da Igreja repousava na crença em sua inspiração divina, bem como na aprovação de seu uso pelos Apóstolos, a preocupação de São Jerônimo com a integridade textual e a autenticidade doutrinal fez que ele a julgasse inadequada, invalidada por omissões e expansões que refletiam os valores de seu patrono pagão e corrompida por variantes que se acumularam em edições sucessivas (Kamesar, 1993, p.59-69).

A tradução de São Jerônimo finalmente substituiu a Septuaginta, tornando-se a versão latina padrão da Bíblia durante todo o período medieval, e, além dele, exercendo "uma influência incalculável não só sobre a devoção, mas também sobre as línguas e literaturas da Europa ocidental" (Kelly, 1975, p.162). Tal sucesso deveu-se, em grande parte, às estratégias discursivas de São Jerônimo e aos prefácios e cartas em que defendia sua versão. Seu discurso tradutório revela sua diversidade cultural. Por um lado, ele latinizou traços característicos do texto hebraico, mudando construções paratáticas simples para períodos complexos suspensos e substituindo a repetição formulaica de palavras e frases por variações elegantes (Sparks, 1970, p.524-6). Por outro lado, cristianizou temas judaicos reescrevendo "um grande número de passagens de modo a lhes dar uma implicação messiânica, se não cristã, muito mais acentuada do que o texto hebraico permitia" (Kelly, 1975, p.162). Ao adotar tais estratégias discursivas, a tradução de São Jerônimo atraiu os cristãos que, como ele, eram instruídos em cultura latina literária.

Além disso, ao defender sua tradução, ele antecipou as objeções das autoridades da Igreja como Santo Agostinho, que temiam que um retorno ao texto hebraico fosse enfraquecer a estabilidade institucional. Embora extremamente crítico à Septuaginta, São Jerônimo foi arguto ao representar sua versão latina não como substituta, mas como um suplemento que, como outras versões latinas, auxiliaria na interpretação da tradução grega oficial e "protegeria os cristãos da troça e das acusações dos judeus de que eles ignoravam as verdadeiras Escrituras" (Kamesar, 1993, p.59). A versão de São Jerônimo foi, assim, apresentada como um apoio institucional, dando suporte à especulação teológica e exegética e aos debates com os membros de uma instituição religiosa rival — a sinagoga —, que colocava em dúvida a autoridade cultural do cristianismo.

As controvérsias na Igreja Cristã antiga deixam claro que as traduções podem alterar o funcionamento de qualquer instituição social porque traduzir, por definição, envolve a assimilação doméstica de um texto estrangeiro. Isso significa que o trabalho de tradução é obrigado a basear-se em normas e recursos culturais que diferem fundamentalmente daqueles que circulam na cultura doméstica (cf. Robyns, 1994, p.407). Dessa forma, como Santo Agostinho relatou na carta, o bispo em Oea foi forçado a recorrer a informantes judeus para avaliar a acuidade da versão de São Jerônimo feita a partir do texto hebraico, muito embora o critério de acuidade (isto é, fidelidade à Septuaginta) tenha sido formulado e aplicado dentro da Igreja Cristã. Da mesma forma, os distanciamentos de São Jerônimo em relação à Septuaginta ocasionalmente seguiram outras versões gregas mais literais do Velho Testamento feitas pelos judeus e usadas nas sinagogas (White, 1990, p.137). Uma vez que a tarefa da tradução é tornar um texto estrangeiro inteligível em termos domésticos, as instituições que usam traduções estão abertas a infiltrações de materiais culturais diferentes e até mesmo incompatíveis que podem contestar textos oficiais e rever critérios correntes de precisão tradutória. Talvez as identidades domésticas formadas pela tradução somente possam evitar os deslocamentos do texto estrangeiro quando as instituições regularem as práticas tradutórias de forma tão restritiva a ponto de apagar e assim anular as diferenças linguísticas e culturais dos textos estrangeiros.

A ética da tradução

Se a tradução tem efeitos sociais de tão longo alcance, se ao formar identidades culturais ela contribui para a reprodução e a mudança social, parece importante avaliar esses efeitos, indagar se eles são bons ou maus, ou se as identidades resultantes são éticas. Será útil começar, novamente, com Antoine Berman, cujo pensamento sofreu uma mudança interessante pouco antes de sua morte.

Berman baseou seu conceito de tradução ética na relação entre as culturas doméstica e estrangeira que está incorporada ao texto traduzido (para uma possível taxonomia de tais relações, ver Robyns, 1994). A tradução de má qualidade forma uma atitude doméstica que é etnocêntrica com relação à cultura estrangeira: "geralmente sob o disfarce de transmissibilidade, ela realiza uma negação sistemática da estranheza da obra estrangeira" (Berman, 1992, p.5). A tradução de boa qualidade visa a limitar essa negação etnocêntrica: ela representa "uma abertura, um diálogo, uma hibridação, uma descentralização" e, dessa forma, força a língua e a cultura domésticas a registrarem a estrangeiridade do texto estrangeiro (ibid., p.4). Os julgamentos éticos de Berman dependem das estratégias discursivas empregadas no processo tradutório. A questão é se elas são completamente domesticadoras ou se incorporam tendências de estrangeirização; se recorrem a "truques" que encobrem suas "manipulações" do texto estrangeiro ou se mostram "respeito" por ele "oferecendo" uma "correspondência" que "engrandece, amplia e enriquece a língua que traduz" (Berman, 1995, p.92-4).

É importante enfatizar que, independente das estratégias discursivas, a própria escolha de um texto estrangeiro para tradução também pode evidenciar sua estrangeiridade ao desafiar cânones domésticos para literaturas estrangeiras e estereótipos domésticos para culturas estrangeiras. E, como Berman veio a reconhecer, até mesmo o tradutor mais domesticador (o exemplo que ele usa é Perrot d'Ablancourt, influente tradutor de textos clássicos que viveu no século

XVII) não pode simplesmente ser preterido como antiético se ele "não dissimula seus cortes, seus acréscimos, seus adornos, mas os expõe em prefácios e notas, abertamente" (ibid., p.94). Ao contrário, devemos admirar a simples façanha de traduções corajosamente domesticadoras, o fato de que os tradutores produziram um "trabalho textual" com seus próprios objetivos e estratégias "em correspondência mais ou menos próxima à textualidade do original" (ibid., p.92).

Evidentemente, uma ética tradutória não pode se restringir a uma noção de fidelidade. Não só uma tradução constitui uma interpretação do texto estrangeiro, que varia de acordo com situações culturais diferentes em momentos históricos diferentes, mas cânones de precisão são articulados e aplicados na cultura doméstica e são, portanto, basicamente etnocêntricos, não importando o quanto sejam aparentemente verídicos ou linguisticamente corretos. Os valores éticos implícitos em tais cânones são geralmente profissionais ou institucionais, estabelecidos por agências e autoridades oficiais, especialistas acadêmicos, editores e críticos e, subsequentemente, assimilados pelos tradutores, que adotam atitudes variadas em relação a esses valores, da aceitação à ambivalência até o questionamento e a revisão. Qualquer avaliação de um projeto tradutório deve incluir uma consideração das estratégias discursivas, dos seus cenários institucionais e suas funções e efeitos sociais.

Instituições, sejam elas acadêmicas ou religiosas, comerciais ou políticas, mostram uma preferência por uma ética tradutória de mesmidade, uma tradução que possibilite e ratifique discursos e cânones, interpretações e pedagogias, campanhas publicitárias e liturgias existentes – pelo menos para assegurar a reprodução contínua e tranquila da instituição. No entanto, a tradução é escandalosa porque pode criar valores e práticas diferentes, qualquer que seja o cenário doméstico. Isso não significa afirmar que a tradução pode sempre se livrar de sua domesticação fundamental, de sua tarefa básica de reescrever o texto estrangeiro em termos culturais domésticos. A questão, na verdade, é que um tradutor pode optar por redirecionar o movimento etnocêntrico de tradução a fim de descentralizar os termos domésticos que um projeto tradutório tem de, inevitavelmente, utilizar. Essa é uma ética da diferença que pode mudar a cultura doméstica.

Nos projetos que examinamos, o processo de formação de identidade baseou-se repetidamente em ideologias e instituições domésticas. Isso sugere que todos eles estavam comprometidos com uma redução etnocêntrica de possibilidades, excluindo não só outras representações possíveis de culturas estrangeiras, mas também outras construções possíveis de assuntos domésticos. Contudo, é possível fazer distinções entre os projetos. O cânone em língua inglesa da ficção japonesa, por exemplo, foi mantido por aproximadamente três décadas por uma rede de tradutores e instituições. Embora tal cânone de fato representasse os textos japoneses como estrangeiros e criasse um público amplo de língua inglesa para eles, o conceito privilegiado de estrangeiridade era nitidamente americano e acadêmico, refletindo uma nostalgia doméstica por um Japão pré-guerra exótico e marginalizando textos que não poderiam ser assimilados ao estereótipo. Um projeto tradutório que siga uma ética da diferença trará tanto o exótico quanto o americanizado (entre outras formas e temas excluídos), domesticando inevitavelmente os textos até certo ponto, mas ao mesmo tempo representando a diversidade da tradição japonesa da narrativa, por meio da restauração daqueles seus segmentos que foram negligenciados antes. A restauração pode, de fato, ser uma reconstrução doméstica com suas próprias parcialidades, mas, mesmo assim, ela procura compensar uma exclusão anterior, ainda que parcialmente definida. As traduções recentes da ficção japonesa, particularmente os romances americanizados de Banana Yoshimoto, constituem essa restauração.

Para limitar o movimento etnocêntrico inerente à tradução, um projeto deve levar em consideração outros interesses além daqueles pertencentes a uma comunidade cultural que ocupa uma posição dominante na cultura doméstica. Um projeto tradutório deve considerar a cultura onde o texto estrangeiro tem sua origem e se dirigir a várias comunidades domésticas. As traduções que Jones fez da obra aristotélica realmente descentralizaram as versões acadêmicas predominantes porque o projeto dele era aberto a valores culturais estrangeiros que não eram encontrados na academia de língua inglesa: os traços do texto grego arcaico que foram reprimidos pela ideologia anglo-americana moderna do individualismo tornaram-se visíveis do ponto de vista da filosofia continental moderna do existencialismo, disseminada em tratados filosóficos e textos literários. Um projeto tradutório motivado por uma ética da diferença altera assim a reprodução das ideologias e instituições domésticas dominantes que proporcionam uma representação parcial das culturas estrangeiras e marginalizam outras comunidades domésticas. O tradutor de tal projeto, contrariamente à noção de "fidelidade" desenvolvida por teóricos da tradução como Nord

(1991), está preparado para ser infiel às normas culturais domésticas que governam o processo tradutório de formação de identidade, chamando atenção para o que elas permitem e limitam, admitem e excluem no encontro com os textos estrangeiros.

Contudo, um projeto tradutório que procura limitar seu movimento etnocêntrico pode acabar por estabelecer uma nova ortodoxia. Pode, ele também, tornar-se excludente e portanto passível de desalojamento por um projeto posterior destinado a redescobrir um texto estrangeiro para uma comunidade diferente. A versão inglesa que William Tyndale fez do Novo Testamento em 1525 desafiou a autoridade que a versão latina de São Jerônimo adquirira na Igreja Católica, e o desafio foi essencial para a formação de uma identidade religiosa diferente, a do protestantismo inglês. Thomas More foi rápido em perceber a descentralização ideológica operada pelo próprio retorno de Tyndale ao texto grego: Tyndale, na visão de More, "mudou a palavra igreja [*ecclesia* em grego] para essa palavra congregação, porque ele questionaria o que era a igreja e apresentaria a heresia de Lutero de que a igreja que deveríamos abraçar e obedecer não é o corpo comum conhecido em todas as esferas cristãs que permaneciam na fé em Cristo" (Lefevere, 1992b, p.71).

Uma ética da tradução que privilegia a diferença reforma identidades culturais que ocupam posições dominantes na cultura doméstica; contudo, em muitos casos, essa reforma resulta, subsequentemente, em outra dominação e outro etnocentrismo. Em 1539, o tradutor Richard Taverner, "atuando na maquinaria da propaganda protestante oficial no início do protestantismo oficial na Inglaterra", introduziu revisões sutis na versão da Bíblia feita por Tyndale que revelam uma tendência ideológica diferente, mais populista e menos institucional: Taverner escolheu uma linguagem mais familiar e acessível, usando simplesmente *cursed* (maldito) em vez de usar a forma ritualista *excommunicate* (excomungado) de Tyndale e o despretensioso *moche people were slayne* (muitas pessoas foram mortas) em vez do eclesiástico *there was a plague in the congregation of the lord* (houve uma peste na congregação do senhor) usado por Tyndale (Westbrook, 1997, p.195). Tais revisões podem ser significativas o suficiente para marcar uma diferença teológica em relação a Tyndale. No entanto, é pouco provável que Taverner, um escrivão da Chancelaria no reinado de Henrique VIII, tivesse a intenção de, com elas, provocar uma mudança institucional. E tal mudança tampouco ocorreu, mesmo que uma revisão como "maldito" tenha encontrado seu lugar na Bíblia de King James (1611).

Uma prática tradutória que redireciona rigorosamente seu etnocentrismo pode muito bem subverter as ideologias e as instituições domésticas. Formaria, também, uma identidade cultural, mas uma que é crítica e contingente a um só tempo, avaliando constantemente as relações entre uma cultura doméstica e seus Outros estrangeiros e desenvolvendo projetos tradutórios baseados unicamente em avaliações mutáveis. Essa identidade será verdadeiramente intercultural, não meramente no sentido de assentar-se em duas culturas, a doméstica e a estrangeira, mas no de cruzar as fronteiras culturais entre os vários públicos domésticos (cf. Pym, 1993). E será histórica, caracterizada por um conhecimento das tradições culturais domésticas bem como das estrangeiras, inclusive das tradições de tradução. "Um tradutor sem uma percepção histórica [*conscience*]", escreveu Berman, permanece um "prisioneiro de sua representação de tradução e daquelas representações que carregam os 'discursos sociais' do momento" (Berman, 1995, p.61).

Contudo, é possível para um tradutor seguir uma ética da diferença conscienciosamente? Até que ponto tal ética arrisca-se a ser ininteligível, ao descentralizar as ideologias domésticas, e a ser culturalmente marginal, ao desestabilizar as operações das instituições domésticas? Um tradutor pode manter uma distância crítica das normas domésticas sem condenar uma tradução a ser menosprezada como impossível de se ler?

Kitchen, de Banana Yoshimoto, pode ajudar nessas questões – pelo menos no que diz respeito à tradução literária. A versão inglesa teve êxito ao atingir um público leitor diverso e ao alterar o cânone em língua inglesa da ficção japonesa moderna. Contudo, os romances de Yoshimoto têm sido alvo de ataque por deixarem de interrogar os valores culturais americanos. Miyoshi julgou-os como sendo celebrações ingênuas de um Japão americanizado, diferente da obra de algumas outras romancistas japonesas que estão "criticamente alertas" e são "historicamente inteligentes" (Miyoshi, 1991, p.212, 236). Os romances de Tanizaki oferecem um contraste digno de atenção: Miyoshi escreveu a respeito de *As irmãs Makioka* que, "se a aparente falta de interesse pela guerra apresentada pela obra é uma marca da resistência do autor" contra o militarismo japonês, "sua indiferença aos anos pós-guerra pode também apontar para uma crítica das reformas impostas pela Ocupação" (ibid., p.114). Dessa perspectiva, o gesto ético seria traduzir Tanizaki em vez de Yoshimoto, ao contrário do que eu – seguindo a abordagem crítica de Fowler em relação aos padrões tradutórios americanos – argumentei.

Esse exemplo indica a necessidade de um conceito mais matizado do desvio das normas domésticas culturais por parte do tradutor. O que distingue a posição de Miyoshi da de Fowler é que Miyoshi explorou textos que criticam a hegemonia global americana em assuntos econômicos e políticos, enquanto Fowler discriminou entre valores específicos *da* cultura americana. Embora ambas as linhas de pensamento sejam importantes hoje para qualquer tradução ética, Fowler observou que os cânones domésticos para literaturas estrangeiras já existem sempre que um projeto tradutório começa a ser desenvolvido e que, portanto, uma ética da diferença deve levar esses cânones em consideração. Em outras palavras, qualquer agenda de resistência cultural para a tradução deve tomar formas especificamente culturais, deve escolher textos estrangeiros e métodos tradutórios que se desviem daqueles que são atualmente canônicos ou dominantes. Esse desvio pode certamente ser encontrado numa escritora como Yoshimoto – especialmente na versão inglesa de *Kitchen* feita por Megan Backus.

Essa versão é muito fácil de se ler, mas é também estrangeirizadora na sua estratégia de tradução. Em vez de cultivar uma fluência inteiriça que inscreva de modo sutil os valores americanos no texto, Backus desenvolveu uma linguagem extremamente heterogênea, que comunica a americanização do Japão, mas que, ao mesmo tempo, ressalta as diferenças entre a cultura japonesa e a americana para um leitor de língua inglesa. A tradução, de modo geral, adere ao dialeto-padrão de uso corrente no inglês, mas isso se mistura a outros dialetos e discursos. Há uma rica variedade de coloquialismos, americanos em sua maioria, tanto no léxico quanto na sintaxe: *cut the crap* (deixe de besteira), *home-ec* (para Economia Doméstica), *I'm kind of in a hurry* (Estou meio com pressa), *I perked up* (Eu me animei), *I would sort of tortuously make my way* (Eu seguiria meu caminho meio que tortuosamente), *night owl* (corujão), *okay* (O.K.), *slipped through the cracks* (foi despercebido), *smart ass* (espertinho), *three sheets to the wind* (estar de porre), *woozy* (tonto) (Yoshimoto, 1993, p.4, 6, 19, 29, 42, 47, 63, 70, 92, 103). Há, também, uma formalidade recorrente ligeiramente arcaica, usada nas passagens que expressam o romantismo tresloucado ao qual a narradora Mikage é dada. *I'm dead worn out, in a reverie* (estou acabada, num delírio), diz ela no início, combinando o arcaísmo poético *reverie* com o coloquial *dead worn out* (ibid., p.4). Da mesma forma, quando Mikage encontra Yuichi pela primeira vez, dando início ao relacionamento que move a narrativa, a tradução faz a linguagem dela passear por registros e referências, indo da gíria de alta tecnologia ao linguajar romântico de Hollywood e à teologia mística:

> His smile was so bright as he stood in my doorway that I zoomed in for a closeup on his pupils, I couldn't take my eyes off him. I think I heard a spirit call my name. (Ibid., p.6) [Em pé à porta do meu quarto, o sorriso dele era tão lindo que eu dei um *zoom* para conseguir um *close* de suas pupilas; eu não conseguia tirar os olhos dele. Acho que ouvi um espírito chamando meu nome.]

Além disso, há muitas palavras japonesas em itálico espalhadas pelo texto, a maioria referente a comida — *katsudon* (costeleta de porco empanada), *ramen* (espécie de massa da culinária chinesa usada em sopas), *soba* (macarrão feito com trigo-sarraceno), *udon* (macarrão de farinha de trigo), *wasabi* (raiz-forte) – mas também incluindo outros aspectos da cultura japonesa, como vestuário (*obi* [faixa, cinto]) e mobília (*tatami mat* [esteira de palha]) (ibid., p.40, 61, 78, 83, 89, 98, 100).

A heterogeneidade do discurso tradutório de Backus, sem dúvida, indica que as personagens de Yoshimoto são japoneses americanizados. Assim, a própria linguagem da tradução tem a mesma função exercida no texto japonês pelas muitas alusões à cultura popular americana, a tirinhas (Linus do *Peanuts*), programas de televisão (*A Feiticeira*), parques de diversão (Disneyland) e cadeias de restaurante (Denny's) (ibid., p.5, 31, 90, 96). Mas, uma vez que o discurso contém tantos desvios do inglês-padrão, a tradução oferece uma experiência alienadora ao leitor de língua inglesa, que é constantemente lembrado de que o texto é uma tradução porque os efeitos discursivos funcionam apenas em inglês, liberando um resíduo caracteristicamente americano. O primeiro gesto ético com *Kitchen* foi a decisão de traduzir para o inglês um romance japonês que se opõe ao cânone pós-Segunda Guerra Mundial desse gênero. Mas o segundo foi desenvolver um discurso tradutório que é estrangeirizador em seu desvio das normas linguísticas dominantes, que traz à consciência o fato de que a tradução é apenas uma tradução, impressa com inteligibilidades e interesses domésticos e que, portanto, não deve ser confundida com o texto estrangeiro.

Miyoshi não considerou esses efeitos porque sua abordagem da ficção de Yoshimoto concentrou-se inteiramente no texto japonês e sua recepção japonesa. O Japão americanizado representado nessa ficção só pode ter um significado cultural e político diferente para leitores americanos que experimentem a tradução estrangeirizadora de Backus. As limitações de se negligenciar a questão da tradução tornam-se mais aparentes nas passagens que Miyoshi citou para demonstrar que "não há estilo, nem postura, nem imaginação" na escrita de Yoshimoto (Miyoshi, 1991, p.236). Ele precisou *traduzir* o texto japonês de *Kitchen* para provar seu ponto de vista ao leitor de língua inglesa, mas a diferença criada pela mudança para o inglês na verdade não existiu para ele. Quando sua tradução de uma passagem é justaposta à de Backus, as tendências estrangeirizadoras na escrita dela emergem de forma muito clara:

> I placed the bedding in a quiet well-lit kitchen, drawing silently soft sleepiness that comes with saturated sadness not relieved by tears. I fell asleep wrapped in a blanket like Linus. (Miyoshi, 1991, p.236) [Arrumei a cama na cozinha quieta e bem iluminada, atraindo silenciosamente a sonolência suave que vem com a tristeza saturada, não aliviada pelas lágrimas. Adormeci enrolada num cobertor como Linus.]

> Steeped in a sadness so great I could barely cry, shuffling softly in gentle drowsiness, I pulled my futon into the deathly silent, gleaming kitchen. Wrapped in a blanket, like Linus, I slept. (Yoshimoto, 1993, p.4-5) [Afundada numa tristeza tão grande que mal podia chorar, arrastando meus pés suavemente numa sonolência mansa, trouxe meu futon para a cozinha cintilante e silenciosa. Enrolada num cobertor, como o Linus, adormeci.]

Evidentemente, a versão de Backus é a mais evocativa das duas. Ela se abre de forma típica com o tipo de poetismo romântico que caracteriza Mikage (o sutilmente metafórico *steeped in a sadness*), comunicado por meio de uma construção sintática inversa, fluente, mas formal, até mesmo levemente arcaica em sua complexidade. O léxico começa a mudar de forma explícita quando a tradutora conserva a palavra japonesa *futon* (acolchoado) e, depois, novamente com uma referência à cultura americana (Linus). A familiaridade popular dessa referência fica um tanto quanto desfamiliarizada ao ser colocada numa construção que se assemelha à sintaxe mais formal usada na primeira oração. Comparado à heterogeneidade da versão de Backus, o texto de Miyoshi mostra-se mais fortemente domesticador, assimilando o texto japonês ao dialeto-padrão do inglês, tão familiar que é quase transparente ou aparentemente não traduzido — até mesmo a seus olhos. Os traços japoneses de Yoshimoto que provocaram a crítica de Miyoshi são transformados em inglês, mas é somente o inglês de Backus que convida à reflexão crítica que Miyoshi prezou. As diferenças linguísticas e culturais introduzidas por qualquer tradução podem permitir que um texto estrangeiro que parece esteticamente inferior e politicamente reacionário no âmbito nacional, represente valores opostos fora do país.

Lugar e público são de importância crucial. As traduções da ficção de Yoshimoto são diferentes ou distanciadas dos cânones dominantes porque essas traduções não foram desenvolvidas por uma elite cultural americana que estabeleceu aqueles cânones ou a ela destinadas. Ao contrário, seu êxito em tradução é resultado de seu apelo para um público leitor de literatura de classe média mais amplo, jovem e culto, embora não necessariamente acadêmico. Miyoshi estava certo ao questionar os temas americanizados presentes na ficção de Yoshimoto, vendo-os como evidência do imperialismo cultural que os Estados Unidos exercem desde a Segunda Guerra Mundial. Contudo, ele parece ter procurado uma forma de narrativa altamente literária, que atrai um público bastante restrito na cultura de língua inglesa. Ao sugerir que Yoshimoto não merece ser traduzida, Miyoshi impediria que um público americano mais numeroso avaliasse o impacto da cultura americana fora do país. Minha conclusão, então, é que traduzir Yoshimoto atualmente é um gesto válido para um tradutor de língua inglesa, um ato ético que pode introduzir uma diferença significativa na cultura americana.

O exemplo de Yoshimoto mostra, por fim, que a tradução que se preocupa em limitar seu etnocentrismo não se arrisca necessariamente a ser ininteligível e culturalmente marginal. Um projeto tradutório pode se distanciar das normas domésticas a fim de evidenciar a estrangeiridade do texto estrangeiro e criar um público leitor mais aberto a diferenças linguísticas e culturais, mas sem ter que recorrer a experiências estilísticas tão alienadoras a ponto de causarem o próprio fracasso. O fator-chave é a ambivalência do tradutor em relação às normas domésticas e às práticas institucionais nas quais elas são seguidas, uma relutância em identificar-se completamente com elas aliada a uma determinação em dirigir-se a comunidades culturais diversas, elitizadas e populares. Ao tentar abarcar as culturas estrangeira e doméstica bem como os públicos leitores domésticos, uma prática tradutória não pode deixar de produzir um texto que seja uma fonte potencial de mudança cultural.

5
A pedagogia da literatura

As reflexões que se seguem derivam fundamentalmente da atual situação desconfortável em que a tradução em língua inglesa se encontra na economia cultural global. Desde a Segunda Guerra Mundial, o inglês tem sido a língua mundialmente mais traduzida, mas uma das línguas para as quais menos se traduz. Atualmente, as traduções lançadas por editoras britânicas e americanas representam 2% a 4% de sua produção total anual, 1.200 a 1.600 livros aproximadamente, enquanto em muitos países estrangeiros, pequenos e grandes, ocidentais e orientais, a porcentagem tende a ser significativamente mais alta: 6% no Japão (2.500 livros aproximadamente), 10% na França (4.000), 14% na Hungria (1.200), 15% na Alemanha (8.000) (Grannis, 1993). Em 1995, as editoras italianas lançaram 40.429 títulos, 25% dos quais eram traduções (10.145); o inglês se destacou sobre as outras línguas com 6.031 traduções (Peresson, 1997). Em 1995, as editoras americanas lançaram 62.039 títulos, 2,65% dos quais eram traduções de dezessete línguas (1.639); nenhuma das duas línguas traduzidas com mais frequência, o francês e o alemão, teve mais do que quinhentas traduções (Ink, 1997). Essa assimetria em padrões de tradução assegura que os Estados Unidos e o Reino Unido gozem de uma hegemonia sobre países estrangeiros que não é simplesmente política e econômica, mas também cultural.

A influência internacional da língua inglesa coincide com a marginalidade da tradução na cultura anglo-americana moderna. Embora as literaturas britânica e americana circulem em muitas línguas estrangeiras, comandando o capital de muitas editoras estrangeiras, a tradução de literaturas estrangeiras para a língua inglesa atrai um investimento relativamente pequeno e pouca atenção. A tradução é mal remunerada, não reconhecida pela crítica e, em grande parte, invisível para os leitores de língua inglesa. O poder da cultura anglo-americana no exterior tem limitado a circulação de culturas estrangeiras em âmbito nacional, diminuindo as oportunidades domésticas para pensar sobre a natureza da diferença linguística e cultural. É claro que nenhuma língua pode excluir inteiramente a possibilidade de dialetos e discursos diferentes, códigos e comunidades culturais diferentes. Esse fato é confirmado pela atual variedade de línguas inglesas, não só as diferenças entre o uso britânico e o americano, mas as diversas formas culturais e linguísticas que existem dentro das nações que têm o inglês como primeira língua. Contudo, narcisismo e complacência culturais são o risco instaurado pela posição marginal da tradução, uma falta de interesse pelo que é estrangeiro que só empobrecerá as culturas britânica e americana e promoverá valores e políticas baseadas na desigualdade e na exploração.

A marginalidade da tradução alcança até mesmo as instituições educacionais, nas quais se manifesta por meio de uma contradição escandalosa: por um lado, uma dependência total de textos traduzidos nos currículos e na pesquisa; por outro, uma tendência geral, tanto no ensino quanto nas publicações, de omitir o *status* de textos traduzidos como sendo traduzidos, tratando-os como textos escritos originalmente na língua-alvo. Embora desde os anos 1970 a tradução tenha emergido de forma mais decisiva como um campo de estudo acadêmico e como uma área de investimento em publicação acadêmica, institucionalizada como a oficina da escrita criativa, o programa de graduação, o currículo em teoria e crítica da tradução e as séries de livros dedicadas às traduções literárias ou Estudos da Tradução – apesar desse reconhecimento crescente, a "existência" da tradução continua sendo reprimida no ensino de literatura traduzida. Meu objetivo é explorar duas questões levantadas por essa repressão. Quais são seus custos políticos e culturais, isto é, que conhecimentos e práticas a tradução possibilita ou elimina? E que pedagogia pode ser desenvolvida para tratar da questão da tradução, especialmente dos resíduos de valores domésticos inscritos no texto estrangeiro durante o processo tradutório?

A tradução na sala de aula

Dado o uso inevitável de traduções em faculdades e universidades, a repressão está amplamente difundida. Mas talvez seja ainda mais aguda nos Estados Unidos, onde os alunos de graduação são obrigados a se matricular em cursos da "área de humanas" ou de "Grandes Livros" dedicados aos textos canônicos da cultura ocidental. As leituras consistem de traduções inglesas de línguas arcaicas e modernas. Além desses cursos de primeiro e segundo ano da faculdade, as traduções são indispensáveis aos currículos de graduação e pós-graduação em diversas disciplinas, incluindo Literatura Comparada, Filosofia, História, Ciência Política, Antropologia e Sociologia. Alguns departamentos de língua estrangeira responderam às matrículas flutuantes durante o período pós-Segunda Guerra Mundial instituindo cursos nos quais literaturas estrangeiras específicas são lidas somente em traduções inglesas. Mas, se a questão da tradução é tratada nesses cursos, ainda é algo duvidoso — dada a fria recepção que os corpos docentes de língua estrangeira têm dado à tradução como um método de instrução de língua estrangeira.

Durante os últimos vinte anos, a tradução também tornou possíveis os desenvolvimentos em teoria cultural que transformaram radicalmente a crítica literária anglo-americana, introduzindo metodologias novas de maior sofisticação e poder explanatório, ligando a cultura a questões sociais e políticas e gerando tendências multidisciplinares como os Estudos Culturais. Esses conceitos, debates e revisões curriculares estão, em muitos casos, preocupados com a questão da diferença linguística e cultural que reside no coração da tradução: por exemplo, a questão das ideologias étnicas e raciais nas representações culturais; a elaboração da teoria pós-colonial para o estudo do colonialismo e das culturas colonizadas no decurso da história mundial; e a emergência do multiculturalismo para desafiar os cânones culturais europeus, especialmente a forma como foram incorporados nos cursos sobre os Grandes Livros. Ainda assim, o ensino e a pesquisa tendem a não tratar da realidade de dependerem da tradução. Pouca atenção é dada ao fato de que as interpretações ensinadas e publicadas nas instituições acadêmicas estão frequentemente um pouco afastadas do texto em língua estrangeira, mediadas pelo discurso tradutório do tradutor de língua estrangeira.

O âmbito dessa repressão pode ser avaliado a partir de *Approaches to Teaching World Literature*, uma série publicada pela Modern Language Association of America (MLA). Iniciada em 1980 e agora totalizando mais de cinquenta volumes, a série reúne dados bibliográficos e técnicas pedagógicas para textos literários canônicos, arcaicos e modernos, incluindo alguns escritos em línguas estrangeiras. Constitui, também, uma amostra ampla das práticas de ensino usadas atualmente nos Estados Unidos e Canadá. Como aponta o editor da série no prefácio geral, "a preparação de cada volume começa com um amplo levantamento com os professores, o que nos permite incluir no volume as filosofias e abordagens, pensamentos e métodos de dezenas de professores experientes". Entre os textos de língua estrangeira selecionados para tratamento estão *A divina comédia*, de Dante (1982), *Dom Quixote*, de Cervantes (1984), *A peste*, de Camus (1985), *Casa de bonecas*, de Ibsen (1984), a *Ilíada* e a *Odisseia* (1987), *Fausto*, de Goethe (1987), *Cândido*, de Voltaire (1987), a Bíblia hebraica (1989), *Cem anos de solidão*, de García Márquez (1990), e *Ensaios*, de Montaigne (1994). Nos volumes dedicados aos textos de língua estrangeira, a seção bibliográfica, intitulada "Materiais", de hábito contém uma discussão das traduções que as avalia principalmente de acordo com critérios utilitários: precisão, acessibilidade aos estudantes contemporâneos, disponibilidade no mercado, popularidade entre aqueles que participaram do levantamento. Contudo, na seção pedagógica, intitulada "Abordagens", a tradução raramente é tópico de discussão, muito embora vários artigos façam referência explícita ao uso de versões em língua inglesa na sala de aula.

Um artigo incluído no volume sobre Dante, por exemplo, "O ensino da *Divina comédia* de Dante em tradução", descreve um curso de graduação em literatura italiana medieval oferecido na Universidade de Toronto. Apesar do título, apenas um parágrafo nesse artigo de sete páginas é reservado aos comentários sobre a tradução. Após indicar que o principal "problema" enfrentado pelos leitores de Dante no século XX é a "distância" cultural, o professor acrescenta:

> Há uma outra barreira entre os estudantes e Dante nesse curso: a língua. Lemos *A divina comédia* em tradução, e não importa o quanto a tradução seja boa, ela nunca será Dante. Nenhum tradutor pode esperar capturar a fluência e o ritmo do verso de Dante, simplesmente devido às diferenças intrínsecas existentes entre a língua inglesa e a italiana. Há ainda um outro risco na tradução. No texto original há sempre ambiguidades que o tradutor não é capaz de reproduzir. Diante de um trecho difícil, ele ou ela é obrigado(a) a adotar uma postura crítica. Assim, qualquer tradução d'*A divina comédia* é fortemente influenciada pela interpretação que o tradutor tem da obra. Opções interpretativas que existem no italiano de Dante são eliminadas, e ambiguidades, talvez desconhecidas pelo original, são criadas. Nem mesmo as traduções em prosa conseguem escapar desse tipo de distorção: em seu esforço para conservar a letra, elas destroem completamente o espírito. Essa é a razão por que prefiro uma tradução em verso. Na minha opinião, vale

a pena sacrificar um pouco da precisão a fim de sentir a poesia de Dante. Embora não esteja livre de deficiências, costumo usar a tradução d'*A divina comédia* feita por Dorothy Sayers. (Iannucci, 1982, p.155)

Aqui o parágrafo termina. Ele demonstra o entendimento bastante sofisticado que o professor tem sobre como a tradução perde tanto características linguísticas quanto culturais do texto estrangeiro e acrescenta outras, específicas da cultura da língua-alvo. Mas a referência elíptica à versão de Dorothy Sayers deixa claro que esse entendimento não é levado para a sala de aula de alguma forma sistemática ou esclarecedora. O professor afirma que "o objetivo deste curso é duplo: primeiro, ajudar os alunos a compreender o mundo poético de Dante no contexto da cultura medieval e, segundo, conscientizá-los do processo crítico em si" (ibid.). Contudo, o que parece estar faltando é uma certa consciência importante de que pelo menos *dois* processos críticos diferentes estão agindo: o do tradutor, a "interpretação" representada pela versão de Sayers, e a do professor, sua reconstrução do "mundo poético de Dante" na forma de "dez palestras introdutórias destinadas a vencer os abismos históricos e culturais entre nós e Dante e a estabelecer uma estrutura crítica pela qual interpretar o poema" (ibid.).

O problema é que nem a tradução, nem as palestras, podem "vencer" esses "abismos" em sua totalidade. Assim, embora o objetivo do professor seja remover toda "barreira" entre o aluno e o texto italiano, ele acredita, de forma um tanto quanto contraditória, que "*A divina comédia* precisa de mediação, agora mais do que nunca, se quisermos evitar uma leitura simplista e anacrônica" (ibid.). Essa mediação inevitavelmente ergue uma outra barreira: ela reflete a pesquisa contemporânea sobre o poema de Dante e a cultura italiana medieval, "a literatura mais recente sobre o assunto", "a opinião crítica moderna, pelo menos na América do Norte" (ibid., p.156). A leitura nesse curso não é capaz de evitar o anacronismo e a "distorção" de "ambiguidades, talvez desconhecidas pelo original", porque se baseia numa tradução britânica publicada nos anos 1940, numa série de livros de baixo custo e produção em massa, os Penguin Classics, e ensinados numa universidade canadense no final dos anos 1970.

Ao deixar de ensinar o *status* tradutório do texto, o professor corrobora o comentário sugestivo de Jacques Derrida de que a tradução é um "problema político-institucional da Universidade: como todo ensino em sua forma tradicional, e talvez como todo ensino qualquer que ele seja, [a tradução] tem como seu ideal, com traduzibilidade exaustiva, a obliteração da língua" (Derrida, 1979, p.93-4). A pedagogia de hoje entende a tradução como a comunicação não afetada pela língua que a torna possível ou, nas palavras de Derrida (do tradutor), "governada pelo modelo clássico da vocalidade transportável ou da polissemia formalizável" (ibid., p.93). Contudo, pensar na tradução como "disseminação", como a liberação de significados diferentes devido à substituição por uma língua diferente, levanta um problema político: questiona a distribuição de poder na sala de aula, expondo as condições linguísticas e culturais que complicam a interpretação do professor. Estudar os significados que a versão em inglês feita por Sayers inscreve no texto italiano de Dante enfraqueceria a autoridade interpretativa do professor que ensina que sua leitura é verdadeira e adequada ao italiano, apesar de sua assimilação da pesquisa moderna e do uso que os alunos fazem da tradução. Embora o artigo do professor revele uma consciência de que a tradução envolve uma disseminação imprevisível de significado, de que ocorre uma relação de perda e ganho entre o texto da língua-fonte e o texto da língua-alvo, seu ensino presume que essa relação tenha sido superada, que sua interpretação seja uma tradução transparente em língua inglesa.

O que se preserva aqui é a autoridade não só da interpretação do professor, mas da língua por meio da qual ela é comunicada – o inglês. Pois, como Derrida observa, o ideal de traduzibilidade que atualmente orienta a Universidade também "neutraliza [uma] língua nacional" (1979, p.94), isto é, o fato de que a língua do professor não é imparcial em sua representação dos textos estrangeiros, mas *nacional*, específica dos países de língua inglesa. A repressão da tradução em sala de aula oculta a inscrição inevitável dos valores culturais americanos e britânicos no texto estrangeiro e, simultaneamente, trata a língua inglesa como o veículo transparente da verdade universal, encorajando dessa forma um chauvinismo linguístico e até mesmo um nacionalismo cultural.

Há maior possibilidade que isso ocorra nos cursos da área de humanas, em que a tradução de um texto estrangeiro canônico pode ser incluída em agendas domésticas. A defesa reacionária dos Grandes Livros que emergiu nos anos 1980, por exemplo, frequentemente adota uma continuidade entre eles e uma cultura britânica ou americana nacional, enquanto ignora diferenças históricas e culturais importantes, inclusive aquelas introduzidas pela tradução. O polêmico relato feito por William Bennett sobre a educação na área de humanas nos Estados Unidos é típico. Falando como diretor do National Endowment for the Humanities, nomeado por uma administração presidencial conservadora, Bennett argumentou que os textos canônicos da literatura e da filosofia europeias devem ser "o centro do currículo universitário americano" porque "somos uma parte e um produto da civilização ocidental" – muito embora os alunos dos cursos "centrais" não sejam capazes de ler as línguas ocidentais nas quais a maioria desses textos foi escrita (Bennett, 1984, p.21). Conforme apontou Guillory, "a tradução dos 'clássicos' para o próprio vernáculo de alguém é um suporte institucional poderoso de continuidades culturais imaginárias; ela confirma a agenda nacionalista permitindo a fácil apropriação de textos em línguas estrangeiras" (Guillory, 1993, p.43). Quando a questão da tradução é reprimida no ensino de textos traduzidos, a língua para a qual se traduz bem como sua cultura são valorizadas, vistas como expressões da verdade do estrangeiro, enquanto, na realidade, estão construindo uma imagem que se curva às inteligibilidades e interesses de certos grupos domésticos – no caso de Bennett, uma elite projetando uma imagem de uma cultura nacional americana.

Uma pedagogia da literatura traduzida pode ajudar os alunos a aprenderem a ser tanto autocríticos quanto críticos de ideologias culturais excludentes ao chamar atenção para os contextos dos textos e das interpretações. As traduções são sempre inteligíveis – e até feitas especialmente – para comunidades culturais específicas em momentos históricos específicos. A repressão da tradução faz que as ideias e as formas pareçam estar descomprometidas, historicamente soltas, transcendendo as diferenças linguísticas e culturais que ensejaram não só sua tradução, mas também sua interpretação em sala de aula. O esforço para reconstruir o período no qual o texto estrangeiro foi produzido, a fim de criar um contexto histórico para a interpretação, não compensa a perda de historicidade, ao contrário, complica e exacerba essa perda: os alunos são encorajados a considerar suas interpretações históricas como inerentes aos textos, não determinadas por discursos tradutórios e metodologias críticas que respondem aos valores culturais de momentos posteriores diferentes. Como resultado, os alunos desenvolvem um conceito de verdade interpretativa como se fosse uma simples adequação ao texto, ignorando o fato de que eles o estão constituindo de modo ativo ao selecionarem e sintetizarem a evidência textual e a pesquisa histórica, e que, portanto, sua interpretação é formada por restrições linguísticas e culturais – que incluem sua dependência de uma tradução. Reconhecer um texto como traduzido e incorporar esse reconhecimento às interpretações em sala de aula pode ensinar aos alunos que suas operações críticas são limitadas e provisórias, situadas numa história transitória de recepção, numa situação cultural específica, num currículo, numa língua específica. E com o conhecimento das limitações vem a consciência das possibilidades, maneiras diferentes de entender o texto estrangeiro, maneiras diferentes de entender seus próprios momentos culturais.

Essa pedagogia, obviamente, forçaria uma reestruturação dos cursos, currículos, cânones e disciplinas. Afinal, as traduções em geral são indicadas como leituras obrigatórias porque os textos estrangeiros que elas traduzem são altamente valorizados, não por causa de seu próprio valor

— mesmo que, sem dúvida, certas traduções sejam selecionadas em vez de outras de acordo com vários critérios. Abordar a questão da tradução na sala de aula torna essas avaliações problemáticas, visto que requer um foco duplo, abarcando não só o texto e a cultura estrangeira, mas o texto e a cultura da tradução. Assim, o professor deve substituir os textos canônicos e confrontar o conceito de uma tradução canônica; revisar roteiros de curso e redistribuir o tempo de sala de aula; desenvolver materiais de cursos que cruzem fronteiras disciplinares entre línguas e períodos. Não só Dante, mas Dorothy Sayers também deve ser abordada, não só a precisão lírica do seu italiano, mas o poetismo do fim da era vitoriana de sua língua inglesa, não só a cultura medieval florentina, mas a cultura literária de Oxford antes da Segunda Guerra Mundial (para um primeiro passo na reconstrução do contexto da tradução de Sayers, ver Reynolds, 1989). Uma justaposição detalhada e informada de trechos selecionados em italiano e em inglês iluminaria as características peculiares dos dois textos bem como seus momentos histórico-culturais diferentes. E os alunos também aprenderiam que os Grandes Livros são apenas tão Grandes quanto suas traduções permitem que sejam, que a canonicidade não depende simplesmente de características textuais, mas também de formas de recepção que refletem os valores de comunidades culturais específicas em detrimento de outras.

Pelo fato de a pedagogia da literatura traduzida querer entender as diferenças linguísticas e culturais, ela seria um exemplo do conceito de Giroux sobre uma "pedagogia de fronteira", na qual "a cultura não é vista como monolítica e inalterável, mas como uma esfera mutável de fronteiras múltiplas e heterogêneas na qual histórias, línguas, experiências e vozes diferentes se mesclam em meio a relações variadas de poder e privilégio" (Giroux, 1992, p.32). Ensinar a questão da tradução revela como formas diferentes de recepção constroem o significado do texto estrangeiro, mas também quais dessas formas são dominantes ou marginalizadas na cultura doméstica em determinado momento histórico. Tal pedagogia pode interferir nos recentes debates sobre o multiculturalismo, embora de uma forma inesperada. Ela não insiste em que os cânones literários europeus sejam abandonados: essa não seria uma manobra estratégica, a menos que a cultura contemporânea continue profundamente enraizada nas tradições culturais europeias e completamente dependente das traduções de seus textos canônicos. O estudo da literatura americana contemporânea que é considerado exemplar do multiculturalismo – por exemplo, a escritora chicana Gloria Anzaldúa – de fato requer "não só os cânones recebidos das literaturas hispano e anglo-americana [...], mas um cenário recém-elaborado que inclui Whitman, José Vasconcelos, Vallejo, Mário de Andrade, Toomer, Nicolás Guillén, Alfonsina Storni e Ginsberg" (Greene, R., 1995, p.152-3). A tradução é inevitável para o entendimento das literaturas étnicas americanas e apenas complicará as exclusões irrefletidas de textos canônicos.

Uma pedagogia que se volte para a tradução questionaria também qualquer integração simples desses textos com aqueles de culturas excluídas, ou, em outras palavras, a noção de um cânone multicultural. Isso levaria a um nivelamento ao remover a especificidade histórica que distingue os textos, criando o que Giroux chamou de "o horizonte de uma falsa igualdade e uma noção despolitizada de consenso", ignorando as exclusões que entram em qualquer formação canônica e em qualquer instituição educacional (Giroux, 1992, p.32; cf. Guillory, 1993, p.53). O estudo da tradução sugere que o respeito pela diferença cultural – um objetivo pedagógico do multiculturalismo – pode ser aprendido pela historicização de várias formas de recepção do estrangeiro, incluindo as formas discursivas aplicadas na tradução de textos estrangeiros, canônicos e marginais.

Assim, uma pedagogia da literatura traduzida pode servir à agenda política que Giroux concebeu para a pedagogia de fronteira. "Se", observou ele, "o conceito de pedagogia de fronteira for ligado aos imperativos de uma democracia crítica, como deve ser, os educadores devem ter um domínio teórico das formas pelas quais a diferença se constrói por meio de várias representações e práticas que denominam, legitimam, marginalizam e excluem as vozes de grupos subordinados na sociedade americana" (Giroux, 1992, p.32). A menção de "americana" sugere que Giroux estava pensando apenas nas variações do inglês, não nas línguas estrangeiras, e não na questão da tradução; como outros defensores do multiculturalismo, as únicas fronteiras que ele entende são aquelas entre as comunidades culturais americanas. Contudo, os índices atuais de tradução indicam que as culturas estrangeiras são certamente "subordinadas" em países de língua inglesa como o Reino Unido e os Estados Unidos. De modo mais fundamental, a tradução efetivamente decreta um grau de subordinação em qualquer língua-alvo ao construir uma representação do texto estrangeiro que é inscrito com valores culturais domésticos. Ao revelar a domesticação que é operada em cada texto traduzido e estimar seu significado político e cultural, uma pedagogia da literatura traduzida, assim como a pedagogia de fronteira de Giroux, pode funcionar como "parte de uma política de diferença mais ampla [que] torna fundamental a linguagem da política e da ética" (ibid., p.28). Quando os alunos virem que a tradução não é uma simples comunicação, mas uma apropriação do texto estrangeiro que serve a propósitos domésticos, eles podem vir a questionar os movimentos apropriadores em seus próprios encontros com culturas estrangeiras.

No entanto, na sala de aula somente será possível servir a essa agenda por meio do exame das qualidades peculiarmente estéticas ou literárias do texto traduzido, localizando a diferença no nível da linguagem e do estilo, do dialeto e do discurso. Ensinar a questão da tradução requer atenção rigorosa às propriedades formais ou expressivas da literatura, ao mesmo tempo que demonstra serem essas propriedades sempre historicamente situadas, carregadas com os valores das comunidades culturais pelas e para as quais a tradução foi produzida. Aqui, aprender a respeitar a diferença cultural envolve uma operação dupla: por um lado, reconhecer as nuanças nitidamente domésticas que qualificam temas estrangeiros, o que na tradução não é estrangeiro e altera, inevitavelmente, os possíveis significados do texto estrangeiro; e, por outro, permitir que aqueles temas e significados desfamiliarizem valores culturais domésticos, revelando suas disposições hierárquicas, seus cânones e margens.

Lawrence Venuti

Uma pedagogia da literatura traduzida

Essa pedagogia examinará então as diferenças não só entre o texto estrangeiro e a tradução, mas dentro da própria tradução. Isso pode ser feito focalizando o resíduo, os efeitos textuais que operam somente na língua-alvo, as formas linguísticas domésticas que são acrescentadas ao texto estrangeiro no processo de tradução e que vão contra o esforço do tradutor para comunicar aquele texto. Uma tradução em língua inglesa fará uso de uma variedade de dialetos, registros e estilos que se referem a vários momentos na história do inglês, mas que são reprimidos toda vez que a tradução é lida como uma comunicação transparente ou, de fato, como algo que não se distingue do texto estrangeiro. Ensinar a questão da tradução significa ensinar o resíduo na tradução, chamando atenção para as formas múltiplas e policrônicas que desestabilizam sua unidade e obscurecem sua suposta transparência.

Para exemplificar essa pedagogia, tomemos a recente tradução que Trevor Saunders fez de *Íon*, de Platão, um texto que pode aparecer em programas de disciplinas de vários níveis, graduação e pós-graduação, e em vários departamentos e cursos acadêmicos, Língua Inglesa, Literatura Comparada, Filosofia, humanidades. Nesse breve diálogo, Sócrates argumenta que o rapsodo Íon desempenha e interpreta a poesia de Homero exatamente como Homero escreveu aquela poesia, graças à inspiração divina, não ao conhecimento. Conforme o argumento se desdobra por meio do questionamento típico de Sócrates, há muita ironia à custa de Íon: ele é retratado como presunçoso e irracional, por vezes incapaz de seguir o raciocínio de Sócrates. Se abordarmos a versão em inglês buscando o resíduo, o que rapidamente se torna digno de nota é que os efeitos irônicos estão ligados a uma série de coloquialismos, claramente britânicos, num discurso tradutório cuja maior parte tende a aderir ao dialeto-padrão em curso. Os coloquialismos não só sustentam a ironia; também vinculam um significado de classe ao argumento do diálogo.

A Íon é dado usar várias expressões idiomáticas coloquiais. Uma ocorre perto do final, num ponto em que está falando de maneira extremamente presunçosa e irracional:

> SOCRATES: Now then, are you, as a rhapsode, the best among the Greeks?
> ION: By a long chalk, Socrates. (Saunders, T., 1987b, p.64)
> [SÓCRATES: E então, você, como rapsodo, é o melhor entre os gregos?// ÍON: De longe, Sócrates.]

By a long chalk, uma expressão idiomática nitidamente britânica que significa "em alto grau" ou "de longe" (*to a great degree*, OED), é a tradução de *polou ge*, uma frase grega que, numa versão mais próxima do uso-padrão, poderia ser traduzida como *very much so* (muito) (Burnet, 1903, p.541b). Os coloquialismos aparecem não só no léxico de Íon, mas também em sua sintaxe. No início, Sócrates aponta as similaridades entre os poetas gregos num esforço para mostrar que o entusiasmo de Íon por Homero não se baseia em qualquer conhecimento de poesia:

> SOCRATES: What of the other poets? Don't they talk about these same topics?

ION: Yes – but Socrates, they haven't composed like Homer has. (Saunders, T., 1987b, p.51)

[SÓCRATES: E os outros poetas? Eles não falam sobre os mesmos assuntos?// ÍON: Sim – mas, Sócrates, eles não compuseram como o fez Homero.]

Uma comparação com o grego – *onch homoios pepoiekasi kai Omeros* – revela a mão do tradutor, uma vez que não contém nada que se pareça com o uso que Íon faz de *like* (como) no lugar de *as* (como) (Burnet, 1903, p.531d). O tradutor deliberadamente escolheu a sintaxe coloquial em vez de uma tradução em inglês-padrão, como *not in the way that Homer has written poetry* (não da forma como Homero escreveu poesia), ou na versão livre de Benjamin Jowett, *not in the same way as Homer* (não da mesma forma que Homero) (Jowett, 1892, p.499). O uso conjuntivo de *like* é coloquial, é claro, de modo que, como uma tradução, pode ser visto como apropriado ao gênero do texto grego, um diálogo. Contudo, o efeito é marcar Íon como um falante de inglês subpadrão, insinuando, talvez, uma instrução limitada ou até uma posição social inferior. Segundo o *OED*, cujas palavras são mais tarde citadas por manuais estilísticos prescritivos como o de Fowler, esse uso é "agora geralmente condenado como vulgar ou desleixado" (Fowler, H. W., 1965, p.334-5).

Na tradução, o coloquial se torna marca da obtusidade de Íon. E Sócrates, com frequência, adota tais usos quando se faz irônico, na realidade, menosprezando Íon, inflando o orgulho do rapsodo enquanto usa uma linguagem que sugere que esse orgulho é injustificado. Geralmente, uma frase curta é suficiente para denotar a ironia. O tradutor faz Sócrates dizer *in a nutshell* (em poucas palavras) para *en kephalaioi, to conclude* (concluindo) e *my dear chap* (meu caro rapaz) para *ophile kephale*, uma saudação que significa *dear friend* (caro amigo), mas que se refere a amigo metonimicamente pela indicação da cabeça *(kephale)* — uma clara referência irônica à ignorância obtusa de Íon no texto grego (Burnet, 1903, p.531e, d). Fora essas farpas, há uma passagem extensa na abertura do diálogo em que a série de coloquialismos britânicos é pronunciada:

> I must confess, Ion, I've often envied you rhapsodes your art, which makes it *right and proper* for you to dress up and look as *grand* as you can. And how enviable also to have to immerse yourself in a great many good poets, especially Homer, the best and most inspired of them, and to have *to get up* his thought and not just his lines! (Saunders, T., 1987b, p.49; grifos meus) [Devo confessar, Íon, que sempre invejei a arte de vocês, rapsodos, que faz *certo e apropriado* que vocês se vistam com elegância e pareçam tão *grandiosos* quanto possam. E quão invejável também ter que mergulhar em tantos bons poetas, especialmente Homero, o melhor e mais inspirado de todos, e ter que *incorporar* seu pensamento e não só seus versos!]

Nenhuma das palavras em itálico é tão livre a ponto de ser julgada uma tradução incorreta, mesmo que nenhum dos seus correlatos gregos possa ser chamado de coloquial: a frase *to get up* (incorporar), por exemplo, é a tradução de *ekmanthanein, to know thoroughly, to learn by rote* (conhecer a fundo, aprender mecanicamente) (Burnet, 1903, p.530c). Ainda assim, o efeito combinado das escolhas do tradutor dá uma informalidade peculiarmente britânica à linguagem. A ideia de que Sócrates está menosprezando Íon em tais passagens torna-se evidente no decorrer do diálogo, pois Sócrates fala em outros dialetos: tanto na tradução como no texto grego, apenas o léxico de Sócrates inclui abstrações filosóficas, e essas confundem Íon repetidamente:

> SOCRATES: It's obvious to everyone that you are unable to speak about Homer with skill and knowledge [*techne kai episteme*] – because if you were about to do it by virtue of a skill, you would be able to speak about all the other poets too. You see, I suppose, there exists an art of poetry as a whole [*olon*], doesn't there?
> ION: Yes, there does.
> SOCRATES: So whatever other skill you take as a whole, the same method of inquiry [*tropos tes skepseos*] will apply to every one of them? Do you want to hear me explain the point I'm making, Ion?
> ION: Yes, by Zeus, Socrates, I do. (Saunders, T., 1987b, p.52-3; Burnet, 1903, p.532c, d)
>
> [SÓCRATES: É óbvio a todos que você é incapaz de falar sobre Homero com habilidade e conhecimento [*techne kai episteme*] – porque, se você o fizesse graças a uma habilidade, seria capaz de falar sobre todos os outros poetas também. Você vê, suponho, que existe uma arte poética como um todo [*olon*], não existe?// ÍON: Sim, existe.// SÓCRATES: Então, qualquer outra habilidade que você tome como um todo, o mesmo método de indagação [*tropos tes skepseos*] se aplicará a cada uma delas? Você quer me ouvir explicar meu argumento, Íon?// ÍON: Sim, por Zeus, Sócrates, eu quero.]

De fato, a coloquialidade na tradução inscreve um código de classe nas hierarquias temáticas que constituem o texto grego. A mais visível dessas hierarquias é epistemológica: Sócrates deseja mostrar que Íon não possui a habilidade ou conhecimento de desempenho e interpretação, nem entende o conceito filosófico em questão, a noção de que o conhecimento é sistemático e especializado e possibilita o desempenho e a avaliação de todas as práticas dentro de uma área ou disciplina específica. Assim, argumenta Sócrates, Íon deveria ser capaz de representar e interpretar todos os poetas com igual êxito, não só Homero, a quem julga ser o melhor enquanto se revela incapaz de explicar as bases de seu julgamento. Ao mostrar Sócrates acima de Íon como a posição a partir da qual o argumento se torna inteligível ou óbvio, o texto grego privilegia a filosofia sobre o desempenho, o conhecimento teórico sobre o prático.

Essa hierarquia epistemológica também carrega implicações políticas. Em duas passagens, a cidade natal de Íon é identificada como Éfeso, a qual ele descreve como *ruled [archetai] by you Athenians* (governada por vocês, atenienses) e uma série de alusões tópicas indicam que sua conversa com Sócrates data de um período antes de Éfeso se revoltar contra a dominação ateniense (Moore, J., 1974; Meiggs, 1972). Como resultado, o diálogo parece oferecer uma representação propagandista dos atenienses (na pessoa de Sócrates) como intelectualmente superiores aos seus súditos coloniais; a ignorância de Íon legitima o imperialismo ateniense: os efésios obtusos requerem a liderança dos reis filósofos platônicos em Atenas. Na tradução, essa carga ideológica é trazida para o inglês e complicada pelos diferentes dialetos: o falante do dialeto-padrão, instruído e versado na abstração filosófica, é mais valorizado que o falante de coloquialismos, que carece de formação em filosofia e exibe fraca capacidade intelectual – mesmo que seja um artista muito bem-sucedido.

Ensinar o resíduo pode, assim, iluminar tanto o texto grego quanto a versão em inglês. A diferença de dialeto, especialmente na medida em que é o veículo de ironia, é útil para chamar atenção para as hierarquias políticas e culturais construídas no argumento platônico e, assim, para sua especificidade histórica. Mas, como os dialetos constituem um resíduo peculiar da língua inglesa, eles também estabelecem uma relevância contemporânea e doméstica que expõe os valores hierárquicos da cultura anglo-americana, em inglês. Ensinar o resíduo pode levar os alunos a entender que a tradução representa uma interpretação, mas também que essa interpretação pode ser invocada para sustentar ou interrogar as representações de Sócrates e Íon no texto grego. O dialeto de Íon, por exemplo, pode parecer correto, revelando seu intelecto lento e instrução limitada; ou pode parecer estigmatizado, expressivo de elitismo cultural e determinado pela dominação de classe. Ao pensar sobre essas possibilidades, os alunos podem aprender os limites de suas próprias interpretações. Se interpretarão a coloquialidade como uma confirmação ou uma desmistificação do argumento platônico, isso dependerá não só da evidência textual e da pesquisa histórica (por exemplo, uma resposta fundamentada à questão sobre se Íon de fato possui um tipo de conhecimento), mas também de valores políticos e culturais que eles trazem para a tradução.

Examinar o resíduo oferece um método produtivo para o ensino da questão da tradução. Em sala de aula, pode ser feito com base em passagens breves, selecionadas de forma apropriada, não sendo necessário envolver uma comparação extensa entre os textos estrangeiro e traduzido, mesmo que essa comparação seja extremamente informativa. O resíduo tem utilidade pedagógica porque pode ser observado na própria tradução, nos vários efeitos textuais liberados na língua-alvo. Permite uma leitura atenta de traduções *enquanto traduções*, como textos que simultaneamente comunicam e inscrevem valores domésticos no texto estrangeiro. Assim, essa leitura é também histórica: o resíduo se torna inteligível numa tradução apenas quando seus diferentes discursos, registros e estilos estão situados em momentos específicos da cultura doméstica. Na sala de aula, a análise do discurso de uma tradução deve ser combinada à história cultural. O resíduo é a deflagração, no uso-padrão, de formas linguísticas que não fazem parte do padrão do momento, "o local de inscrição de conjunturas linguísticas do passado e do presente" (Lecercle, 1990, p.215).

O aspecto temporal do resíduo talvez seja revelado de forma mais dramática quando várias traduções de um único texto estrangeiro são justapostas. As versões múltiplas revelam os efeitos de traduções diferentes possíveis em momentos culturais diferentes, permitindo que tais efeitos sejam estudados enquanto formas de recepção afiliadas a comunidades culturais diferentes. Uma amostragem histórica pode ser especialmente útil em desmistificar uma tradução que atingiu *status* canônico na cultura doméstica: quando uma tradução vem representar um texto estrangeiro para um público amplo, quando de fato vem substituir ou ser aquele texto para os leitores, ensinando que o resíduo pode mostrar que sua autoridade cultural depende não apenas de sua excelente acuidade ou precisão estilística, mas também de seu apelo a certos valores domésticos.

Tomemos, por exemplo, a *Ilíada* de Richmond Lattimore (1951), decididamente a versão em inglês mais usada desde a sua publicação, "o texto preferido por mais de três quartos dos entrevistados" segundo um levantamento feito pela MLA entre professores de departamentos de Inglês, Estudos Clássicos, Literatura Comparada, História, Filosofia e Antropologia (Myrsiades, 1987, cap.X, p.4). A versão de Lattimore se aproxima muito da grega, mantendo até mesmo o verso homérico. No entanto, não tão próxima a ponto de eliminar o resíduo que liga o texto em inglês a um momento cultural específico — apesar da transcendência aparente de sua acuidade e de sua legibilidade absoluta para os leitores contemporâneos de língua inglesa.

Consideremos os versos de uma cena-chave no primeiro livro: a entrega de Briseide, prisioneira troiana amante de Aquiles, a Agamenon, líder das forças gregas:

> hos phato, Patroklos de philoi epepeitheth'h etairoi,
> ek d'agage klisies Briseida kallipareion,
> doke d'agein, to d'autis iten para neas Achaion.
> he d'aekous'h ama toisi gune kien. autar Achilleus
> dakrusas hetaron aphar ezeto nosphi liastheis,
> thin'eph'alos polies, horoon ep'apeirona ponton.
> polla de metri philei eresato chieras oregnus. (Transcrito de Monro; Allen, 1920, p.13)

> So he spoke, and Patroklos obeyed his beloved companion.

He led forth from the hut Briseis of the fair cheeks and gave her
to be taken away; and they walked back beside the ships of
the Achaians,
and the woman all unwilling went with them still. But Achilleus
weeping went and sat in sorrow apart from his companions
beside the beach of the grey sea looking out on the infinite
water.
Many times stretching forth he called on his mother: (Lattimore, 1951, p.68)

[Assim falou Aquiles, e Pátroclo obedeceu a seu amado companheiro./ Ele conduziu Briseide das claras faces para fora da tenda e deu-a/ para ser levada; e eles caminharam de volta ladeando os navios dos aqueus,/ e a mulher relutante com eles se foi em silêncio. Mas Aquiles,/ chorando foi, e triste sentou-se a distância de seus companheiros/ na praia do mar cinzento olhando a água infinita./ Muitas vezes arfando o peito ele chamava por sua mãe.]

O discurso tradutório de Lattimore baseia-se num registro um tanto quanto simples do dialeto-padrão, o que ele chamou de "o inglês simples de hoje" (ibid., p.55). Como ele próprio apontou, seguiu os ditames de Matthew Arnold em *On Translating Homer* (1860): "o tradutor de Homero deve ter em mente quatro qualidades desse autor: que ele é rápido, simples e direto no pensamento e na expressão, simples e direto em essência, e nobre" (Lattimore, 1951, p.55). Essa é uma leitura acadêmica do texto grego, feita, segundo Arnold, por "aqueles que tanto sabem grego quanto apreciam poesia", e embora ele tivesse em mente classicistas vitorianos como Jowett, essa leitura claramente prevalece até o presente, servindo de base para a versão que Robert Fagles fez da *Ilíada*, bem como a de Lattimore (Arnold, 1960, p.99; Fagles, 1990, cap.IX; Venuti, 1995a, p.139-45). Embora Lattimore tenha feito uma tradução acadêmica, sentiu necessidade de revisar a invocação de Arnold por um "dialeto poético do inglês" porque, "em 1951, não temos um dialeto poético" e qualquer uso poético de arcaísmos, "da língua de Spenser ou da Versão de King James", pareceria inadequado à simplicidade de Homero (Lattimore, 1951, p.55).

Contudo, como ilustra a passagem citada, uma série de arcaísmos pode de fato ser detectada no discurso de Lattimore, em parte lexicais (*beloved* [amado], *led forth* [conduziu para fora]), em parte sintáticos (inversões como *weeping went* [chorando foi]), em parte prosódicos ("um verso livre de seis acentos" que imita o hexâmetro homérico – como Arnold também havia recomendado) (para uma leitura similar da *Odisseia* de Lattimore, ver Davenport, 1968). É o arcaísmo que dá à tradução suas qualidades poéticas, aliado aos nomes gregos e latinizados e às traduções aproximadas dos epítetos (*of the fair cheeks* [das claras faces]) para elevar o tom e dar-lhe ligeira formalidade, fazendo o verso parecer "nobre" ou elevado. Lattimore diverge de Arnold de forma mais evidente ao manter essas qualidades de modo discreto para um leitor de língua inglesa do meio para o fim do século XX, restringindo o resíduo pela minimização do arcaísmo. Embora dividida em versos poéticos, a versão de Lattimore é disposta na "linguagem da prosa contemporânea", isto é, a linguagem de comunicação e de referência, de realismo, imediatamente inteligível e parecendo transparente, uma janela para o sentido, a realidade, o texto estrangeiro. De maneira muito bem-sucedida, a *Ilíada* de Lattimore atualizou a leitura acadêmica arnoldiana, estabelecendo-a como natural ou verdadeira, recorrendo ao registro mais amplo do uso do inglês desde a década de 1940.

Assim, Lattimore não só estava transpondo as diferenças linguísticas e culturais que separavam seus leitores do texto grego, mas também reescrevendo-o de acordo com valores domésticos dominantes. Podemos desfamiliarizar sua tradução justapondo-a a duas outras que também adquiriram autoridade cultural significativa, embora em momentos anteriores da história literária: as versões de George Chapman (1608) e de Alexander Pope (1715). A distância histórica realçará o resíduo nessas traduções, os valores culturais ingleses que ambas inscrevem no texto grego, mas também chamará atenção para as diferenças marcantes entre essas e a de Lattimore.

> This speech usd, Patroclus did the rite
> His friend commanded and brought forth Briseis from her tent,
> Gave her the heralds, and away to th'Achive ships they went.
> She, sad, and scarce for griefe could go. Her love all friends forsooke
> And wept for anger. To the shore of th'old sea he betooke
> Himselfe alone and, casting forth upon the purple sea
> His wet eyes and his hands to heaven advancing, this sad plea
> Made to his mother: (Chapman, 1957, p.33-4)
>
> [Após a dita fala, Pátroclo trouxe/ Briseide de sua tenda, como seu amigo comandara,/ Entregou-a aos arautos, que para as naus dos aqueus voltaram./ Ela, tão triste, de dor mal se movia. Seu amado os amigos deixou/ Chorando de ira. À praia daquele

mar antigo se encaminhou/ Ele só, e lançando-se ao oceano de púrpura cor/ Olhos úmidos e mãos ao céu voltados, esta súplica de dor/ Fez à sua mãe:]

Patroclus now th'unwilling Beauty brought;
She, in soft Sorrows, and in pensive Thought,
Past silent, as the Heralds held her Hand,
And oft look'd back, slow-moving o'er the Strand.
Not so his Loss the fierce *Achilles* bore;
But sad retiring to the sounding Shore,
O'er the wild Margin of the Deep he hung,
That kindred Deep, from whence his Mother sprung.
There, bath'd in Tears of Anger and Disdain,
Thus loud lamented to the stormy Main. (Pope, 1967, p.109-10)

[Trouxe então *Pátroclo* a relutante Beleza;/ Ela, em triste Pensamento e débil Tristeza,/ Mais que muda, quando pelos Arautos sua Mão tomada fora,/ E para trás olhava, enquanto na praia os seguia./ Essa Perda o feroz *Aquiles* não suportou;/ Para a sonora Costa ele triste se retirou,/ Sobre a margem selvagem do Profundo curvado,/ Aquela Profundeza familiar de onde sua Mãe tivera brotado./ Lá, banhado em Lágrimas de Ira e Desprezo,/ Bradava lamentos ao Mar Turbulento.]

Se nossa leitura focalizar apenas as diferenças lexicais (excluindo as outras características dessas ricas passagens), as versões de Chapman e Pope revelam uma ansiedade acentuada em relação às representações de gênero do poema de Homero. Para os dois tradutores, o fato de Aquiles chorar era tão difícil de assimilar aos primeiros conceitos modernos de masculinidade, que eles precisaram não só revisar o texto grego, mas também complementar suas traduções com notas explicativas. Chapman reduziu o choro a "olhos úmidos", aos quais deu um ar de normalidade ao introduzir "amigos" que também "choravam de ira" pela partida de Briseide; Pope redefiniu as "Lágrimas" ao associá-las com "Ira e Desprezo". O comentário de Chapman sobre a passagem exemplifica o sincretismo difuso na cultura renascentista, ao comparar o herói pagão ao "nosso Todo-Perfeito e Salvador Todo-Poderoso, que chorou por Lázaro", mas também coloca a questão de gênero de uma forma distintivamente masculinizadora: "Quem poderá negar que existem lágrimas de masculinidade e nobreza bem como femininas e covardes?" (Chapman, 1957, p.44). A nota de Pope racionaliza sua revisão com um argumento igualmente masculinizador de que "chorar não constitui Fraqueza nenhuma em Heróis" porque "um Temperamento forte e ardente é mais suscetível" a "Lágrimas de Ira e Desprezo" (Pope, 1967, p.109, n.458). Os dois tradutores julgaram a emoção extrema como feminina, por isso alteraram o texto grego a fim de retratar Briseide como emocionalmente fraca (*scarce for griefe could go* [de dor mal se movia]; *soft Sorrows* [débil Tristeza]) ao contrário da força viril da ira de Aquiles; Pope chegou a aumentar a passividade e a submissão de Briseide ao introduzir a ideia de que ela estava *past silent* (mais que muda). Da mesma forma, ambos os tradutores retiraram o grego *philo, beloved* (amado), ao tratar a relação entre Aquiles e Pátroclo, omitindo assim as teorias tradicionais sobre a homossexualidade deles, teorias que surgiram na literatura ateniense durante o século V a.C. (Williams, C., 1992, p.102-4).

Essas versões anteriores podem desafiar a autoridade cultural da versão de Lattimore causando desconforto em relação às suas escolhas, ao mostrar que elas também estão carregadas com representações de gênero apesar da aparente transparência de seu inglês. Curiosamente, os ligeiros desvios do dialeto-padrão são os pontos textuais em que Aquiles se desvia dos conceitos patriarcais de masculinidade que prevaleciam no momento cultural de Lattimore, assim como nos de Chapman e Pope. Os arcaísmos – *beloved* (amado), *weeping went* (chorando foi) – poderão produzir um efeito de alienação sobre o leitor contemporâneo, obscurecendo a superfície transparente da tradução de Lattimore: eles permitem a possibilidade de um relacionamento homossexual entre Aquiles e Pátroclo, bem como um emocionismo intenso por parte do herói militarista e, enquanto arcaísmos, situam esses valores culturais no passado. Contudo, esses efeitos permanecem meramente potenciais no texto traduzido: eles só podem ser liberados por meio de uma justaposição com outras versões que traz à tona o resíduo na versão de Lattimore, uma vez que a clareza do seu discurso destina-se a atenuar nuanças sutis, a impulsionar a narrativa e a envolver cada cena num tom elevado. Os arcaísmos tendem a ser absorvidos na uniformidade do dialeto-padrão corrente, transferindo a atenção do resíduo em inglês para os temas do texto grego, ocultando a maneira como a tradução molda Aquiles ou Briseide e, portanto, qualquer interpretação feita sobre eles.

Se o resíduo pode ser útil no ensino da questão da tradução, também estabelecerá novas bases para a escolha de uma tradução em detrimento de outra. Na grande maioria dos casos – sabemos –, os textos traduzidos aparecem nos programas de cursos porque o texto estrangeiro, pela forma ou pelo tema, é considerado pertinente ao tópico de um curso ou currículo. A prática geral nos Estados Unidos e no Canadá, a julgar pelos levantamentos do professor que acompanha os volumes da MLA sobre o ensino de literatura universal, é escolher uma tradução com base numa comparação com o texto estrangeiro, à parte das considerações extrínsecas como custo e disponibilidade. A acuidade é o critério aplicado de forma mais consistente, mesmo que os cânones de acuidade estejam sujeitos a variação. Contudo, quando o professor planeja ensinar a questão da tradução, juntam-se à acuidade outros critérios que levam em consideração o significado cultural e a função social de uma dada tradução, tanto no seu próprio momento histórico como agora. Se um texto traduzido, independentemente de sua acuidade, constitui uma interpretação de um texto estrangeiro, então a escolha de uma tradução apropriada torna-se uma questão de selecionar uma interpretação específica, uma que ofereça uma articulação eficiente das questões levantadas pela tradução, mas também uma que trabalhe de forma produtiva com as metodologias críticas aplicadas a outros textos do curso. Escolher uma tradução significa escolher um texto com um resíduo rico, por exemplo, um discurso tradutório especialmente sugestivo, ou um discurso que deu à tradução uma posição canônica ou marginal na cultura doméstica. Um professor pode também querer incluir uma versão contemporânea (ou uma passagem dela) a fim de engajar os alunos num exame minucioso dos valores culturais contemporâneos, isto é, numa autocrítica.

Enfim, ensinar o resíduo possibilita que os alunos vejam o papel desempenhado pela tradução na formação de identidades culturais. Sem dúvida, todo ato de ensino destina-se a formar subjetividade, a equipar os alunos com conhecimento e a qualificá-los para posições sociais. Isso é especialmente verdadeiro nos cursos que ensinam formas e valores culturais e que, com frequência, dependem enormemente de traduções. Uma vez que a criação de sujeitos na sala de aula é a criação de agentes sociais, um curso de literatura acaba por carregar um capital linguístico-cultural considerável, não acessível a todos, mas capaz de dotar os agentes de poder social. "O programa literário", conforme demonstrou Guillory,

> constitui capital em dois sentidos. Primeiro, é capital linguístico, o meio pelo qual um indivíduo alcança um discurso socialmente credenciado e, portanto, valorizado, também conhecido como "inglês-padrão". Segundo, é capital simbólico, um tipo de capital de conhecimento cuja posse pode ser demonstrada a pedido e que, assim, habilita seu possuidor a usufruir das recompensas materiais e culturais da pessoa bem letrada. (Guillory, 1993, cap.IX)

Como a literatura traduzida continua a ser um meio para a transmissão de capital linguístico-cultural (o dialeto-padrão do inglês é, atualmente, a língua preferida para a versão de textos canônicos), a tradução se torna um meio estratégico pelo qual o processo educacional de formação de identidade pode ser estudado – e mudado.

Pois, como foi visto no capítulo anterior, pelo menos dois desses processos operam simultaneamente na tradução. A diferença cultural do texto estrangeiro, quando traduzido, é sempre representada de acordo com os valores da língua-alvo, os quais constroem identidades culturais tanto para os leitores dos países estrangeiros quanto para os leitores domésticos. Pope, por exemplo, moldou um Homero iluminista elegante para uma elite masculina, tanto aristocrática quanto burguesa, "que tem um Gosto por Poesia e Estudo adequado" (Pope, 1967, p.23; Williams, C., 1992). Destinado a universitários americanos no período pós-Segunda Guerra Mundial, o Homero de Lattimore uniu a leitura acadêmica do texto grego ao dialeto-padrão do inglês, reforçando as divisões culturais e as distinções de classe ao mesmo tempo que inculcava a nobreza de uma cultura aristocrática arcaica caracterizada por sua masculinidade e seu militarismo. O estudo da tradução pode fazer os alunos se darem conta dos interesses domésticos aos quais qualquer tradução submete o leitor, bem como o texto estrangeiro. Numa pedagogia da literatura traduzida, aprender a respeitar a diferença cultural caminha lado a lado com aprender as diferenças que compõem a identidade cultural do leitor doméstico. Em um tempo em que a hegemonia global da língua inglesa convida a um narcisismo cultural e a uma complacência por parte dos leitores americanos e britânicos, a tradução pode iluminar a heterogeneidade que caracteriza qualquer cultura.

Entretanto, se a tradução deve funcionar dessa maneira, a pós-graduação em literatura precisará ser repensada. A disciplina de Literatura Comparada iniciou esse autoexame, embora durante décadas após a Segunda Guerra Mundial seu "foco sobre identidades linguísticas e nacionais" funcionasse para desencorajar os Estudos da Tradução (Bernheimer, 1995, p.40). O Relatório de Bernheimer de 1993 sobre as Normas da Associação Americana de Literatura Comparada demonstrou que "as velhas hostilidades em relação à tradução deveriam ser mitigadas", porque "a tradução pode bem ser vista como um paradigma para problemas maiores de entendimento e interpretação em tradições discursivas diferentes" (ibid., p.44). Em oposicão, a Associação Britânica de Literatura Comparada há muito tempo considera a tradução como um exemplo da área, encorajando uma das principais pesquisadoras da área de tradução a concluir que "devemos olhar para os Estudos da Tradução como a principal disciplina de agora em diante, tendo a Literatura Comparada como uma área importante, porém subsidiária" (Bassnett, 1993, p.161). Embora essa visão seja considerada extrema por muitos estudiosos da área de Literatura Comparada nos Estados Unidos, ela não deixa de ser um lembrete útil de que os cursos de teoria e história da tradução continuam relativamente raros nos programas de Literatura Comparada americanos.

Nos departamentos de Inglês, a tradução pode gerar interesse apenas por destruir a insularidade (alguns diriam, a xenofobia) que hoje prevalece nos estudos literários avançados. Já se foram os dias em que a exigência de língua estrangeira para o doutorado sustentava a pesquisa em Literatura Britânica e Americana, seja na fase de preparação da tese ou depois dela. Em muitos programas de pós-graduação em Inglês, especialmente nos Estados Unidos, as exigências de língua estrangeira foram reduzidas e o estudo da língua estrangeira raramente vai além dos rudimentos necessários para produzir um trecho curto num inglês idiomático passável. Dessa forma, os novos programas de doutorado não estão equipados para pensar sobre as questões político-culturais levantadas pelo fato de dependerem das traduções na pesquisa e no ensino.

Sugiro, no entanto, que o remédio não é retornar às exigências tradicionais que demandam leitura proficiente em duas (ou mais) línguas estrangeiras. O conhecimento que se ganha por meio dessas exigências onerosas seria de utilidade limitada nos currículos de pós-graduação que são tão firmemente enraizados nas literaturas de língua inglesa — para não citar a demora no trajeto em direção ao título e a busca contínua de atalhos para passar nos exames de língua. Uma alternativa muito mais produtiva seria exigir o conhecimento avançado de uma língua estrangeira (certificado por um exame que teste a compreensão e não a tradução de textos) junto com um curso de Inglês que leve em consideração o problema de negociar diferenças linguísticas e culturais. Esse é precisamente o problema que pode ser abordado num levantamento histórico da teoria e prática da tradução, no qual o foco seja o ato de traduzir para o inglês, o processo de aprender a ler traduções em língua inglesa como traduções.

A dupla exigência que proponho permitirá que os candidatos a doutorado conduzam a pesquisa numa língua estrangeira, entrem em debates críticos contemporâneos sobre a formação de identidades culturais e, talvez o mais importante, confrontem a questão da tradução quando ensinarem textos traduzidos. Eles verão que nenhuma cultura nacional jamais se desenvolveu sem encontros com o estrangeiro, e seus próprios cursos em culturas de língua inglesa se tornarão mais polilíngues e transnacionais. Os alunos de todos os níveis certamente terão muito a ganhar com a introdução da tradução na agenda pedagógica.

6
Filosofia

A Filosofia não foge à confusão que enfrentam as disciplinas acadêmicas contemporâneas quando confrontadas com o problema da tradução. Na pesquisa filosófica, a dependência generalizada de textos traduzidos coincide com a negligência de seu *status* tradutório, uma incapacidade geral de levar em consideração as diferenças introduzidas pelo fato da tradução. O problema talvez seja mais evidente nas culturas anglo-americanas, nas quais as tradições filosóficas nativas, desde o empirismo até a semântica lógica, têm privilegiado a linguagem como comunicação e, portanto, imaginado uma transparência do texto traduzido. Mesmo nas tradições continentais, como a fenomenologia existencial e o pós-estruturalismo, em que a língua é vista como fator constitutivo do pensamento e a tradução pode mais prontamente ser vista como determinante do significado doméstico do texto estrangeiro — mesmo aqui a especulação e o argumento filosóficos reconhecem apenas de passagem sua dependência das traduções. Há muito tempo a Filosofia tem se envolvido na criação de conceitos ao interpretar versões domésticas de textos estrangeiros, mas na maioria dos casos essas versões têm sido consideradas transparentes, e os conceitos vistos como não mediados pela língua e cultura domésticas, que são os seus meios. Isso se mostra mais verdadeiro nas raras ocasiões em que uma tradução é, na verdade, comentada em resenhas e estudos: os filósofos concluem que a transparência é um ideal atingível, avaliando-se a acuidade da tradução em relação ao texto em língua estrangeira, castigando o tradutor por não ter compreendido a intenção do filósofo estrangeiro ou o significado completo dos termos filosóficos estrangeiros. Em tais casos, as traduções provavelmente são ajustadas, inseridas numa relação mais adequada com o significado essencial do texto estrangeiro, enquanto a adequação que está de fato estabelecida reverte-se num padrão doméstico, em geral um cânone estilístico ou uma interpretação rival adotada implicitamente pelo crítico.

A tradução expõe um idealismo fundamental na Filosofia ao chamar a atenção para as condições materiais dos conceitos, suas formas linguísticas e discursivas, as diferentes funções e sentidos que assumem em diferentes situações culturais. Ao fazer isso, a tradução oferece à Filosofia uma oportunidade para a autocrítica, um exame cuidadoso das instituições e discursos filosóficos e um repensar das atuais práticas relativas à interpretação e tradução de textos filosóficos. Meu objetivo aqui é desafiar a negligência sofrida pela tradução na Filosofia acadêmica, adotando uma abordagem materialista, do tipo que não abandona o projeto filosófico de formação do conceito, mas apenas o fundamenta na diferença que o ato tradutório abre na materialidade do texto filosófico. As questões de que quero tratar são ao mesmo tempo básicas e práticas: o que a

Filosofia pode ganhar com a reflexão sobre as determinações domésticas e com os efeitos produzidos pelas traduções? De que maneira essa reflexão pode contribuir para a tradução de filosofias estrangeiras?

O ganho da tradução

A recepção das *Investigações filosóficas*, de Ludwig Wittgenstein, é um ótimo exemplo da marginalidade da tradução na disciplina Filosofia. Em 1953, surgiu a primeira edição bilíngue inglês-alemão, com tradução inglesa de G. E. M. Anscombe. De aproximadamente quinze resenhas a ela dedicadas, somente algumas mencionaram a qualidade da sua tradução e, nesses casos, os comentários eram extremamente breves, limitados a elogios vagos como "excelente", "bem-feita", "no conjunto bem-sucedida e confiável", "adequada e honesta" (Nakhnikian, 1954, p.353; Workman, 1955, p.293; Hampshire, 1953, p.682; Findlay, 1955, p.179). Apesar da brevidade, esses comentários deixam claro que a tradução foi julgada com base em sua correspondência com o texto alemão, com o estilo particular da filosofia de Wittgenstein, com os sentidos de seus conceitos. A maioria dos resenhistas tacitamente presumiu existir essa correspondência, evitando qualquer referência ao trabalho de Anscombe e dedicando suas resenhas a exposições críticas das ideias e argumentos de Wittgenstein. Para documentá-los, fizeram citações da versão inglesa como se esta tivesse sido originalmente escrita pelo filósofo, como se se tratasse de uma simples comunicação do sentido pretendido pelo autor (por exemplo, Strawson, 1954; Feyerabend, 1955).

Em virtude da pouca atenção dada à tradução de Anscombe, as críticas demoraram a aparecer. Quando finalmente chegaram, o critério de precisão continuava sendo a correspondência, uma pressuposição que provou ser falsa porque mascarava interpretações domésticas rivais do texto alemão. Saul Kripke questionou as versões de Anscombe para "*Seele* e seus derivados às vezes como 'alma', às vezes como 'mente', dependendo do contexto", porque encontrou uma sentença no texto alemão em que "'mente' poderia ser uma tradução menos inexata de *Seele*" (Kripke, 1982, p.49). Se "alma" foi "inexata", então houve um erro de tradução, resultando numa expressão inadequada do conceito de Wittgenstein. Contudo, a argumentação lógica de Kripke para o emprego de "mente", em última análise, tinha menos relação com a comunicação do texto em língua estrangeira do que com sua assimilação à cultura doméstica, ao secularismo e antifundamentalismo que prevalece na filosofia anglo-americana, e à importância que o próprio Kripke atribuía a esses valores. "Para o leitor filosófico anglófono, contemporâneo", explicou, "['mente'] é algo menos carregado de conotações filosóficas e religiosas específicas" (ibid.). Essa tendência a domesticar o texto de Wittgenstein, a assimilá-lo às inteligibilidades e interesses domésticos foi reforçada em 1963, quando a obra *Investigações filosóficas* começou a ser publicada sem o texto alemão. Hoje, o leitor filosófico de língua inglesa primeiro encontra Wittgenstein como um filósofo de língua inglesa, o que, para todos os efeitos, ele continua sendo, dada a invisibilidade virtual da tradução na filosofia anglo-americana.

Para dar visibilidade à versão de Anscombe, devemos evitar a pressuposição de que a linguagem, especialmente uma com a densidade conceitual do discurso filosófico, possa simplesmente expressar ideias sem ao mesmo tempo desestabilizá-las e reconstituí-las. A própria filosofia de Wittgenstein alerta contra essa pressuposição ao questionar a possibilidade da expressão pessoal, argumentando que as afirmações de intencionalidade são questões de convenção linguística e não de necessidade lógica. Podemos acrescentar: qualquer uso da linguagem está sujeito às variações imprevisíveis do resíduo, à força coletiva das formas linguísticas que ultrapassam qualquer controle individual e complicam os sentidos pretendidos. O resíduo tipicamente doméstico que o processo tradutório acrescenta ao texto em língua estrangeira intensifica essa imprevisibilidade, ultrapassando a intenção do escritor estrangeiro bem como a do tradutor. Portanto, nenhuma tradução em inglês pode, simplesmente, comunicar o texto alemão de Wittgenstein sem, ao mesmo tempo, acrescentar-lhe formas da língua inglesa que desestabilizam e reconstituem sua filosofia.

Consideremos uma passagem típica da versão de Anscombe:

> Das Benennen erscheint als eine *seltsame* Verbindung eines Wortes mit einem Gegenstand. – Und so eine seltsame Verbindung hat wirklich statt, wenn nämlich der Philosoph, um herauszubringen, was *die* Beziehung zwischen Namen und Benanntmen ist, auf einen Gegenstand vor sich starrt und dabei unzählige Male einen Namen wiederholt, oder auch das Wort "dieses". Denn die philosophischen Probleme entstehen, wenn die Sprache *feiert*. Und *da* können wir uns allerdings einbilden, das Benennen sei irgend ein merkwürdiger seelischer Akt, quasi eine Taufe eines Gegenstandes. Und wir können so auch das

Wort "dieses" gleicsham *zu* dem Gegenstand sagen, ihn damit *ansprechen* — ein seltsamer Gebrauch dies Wortes, der wohl nur beim Philosophieren vorkommt.

Naming appears as a *queer* connexion of a word with an object. — And you really get such a queer connexion when the philosopher tries to bring out *the* relation between name and thing by staring at an object in front of him and repeating a name or even the word "this" innumerable times. For philosophical problems arise when language *goes on holiday*. And *here* we may indeed fancy naming to be some remarkable act of mind, as it were a baptism of an object. And we can also say the word "this" *to* the object, as it were *address* the object as "this" — a queer use of this word, which doubtless only occurs in doing philosophy. (Wittgenstein, 1953, p.19)

[E, assim, uma ligação *estranha* ocorre quando o filósofo, a fim de ressaltar o que é *a* relação entre nome e denominado, fixa-se num objeto diante de si e repete então inúmeras vezes um nome, ou também a palavra "este". Pois os problemas filosóficos nascem quando a linguagem *entra em férias*. E *então* podemos, com efeito, imaginar que o denominar é um notável ato anímico, quase um batismo do objeto. E podemos assim dizer também a palavra "este" como que *para* o objeto, *dirigir-se* a ele por meio dela — um uso singular dessa palavra que certamente acontece apenas ao filosofar.[1]]

---

1 Tradução do original alemão de José Carlos Bruni, São Paulo: Abril Cultural, 1975, Coleção Os Pensadores, p.30. [N. T.]

A tradução é feita principalmente num registro comum do dialeto-padrão da língua inglesa, mas a ortografia é britânica, e Anscombe faz uso de evidentes coloquialismos britânicos: o verbo *fancy* (imaginar), o uso de *holiday* (férias) e *queer* (estranho) que em inglês americano seriam *vacation* (ou *day off*) e *strange*. Os coloquialismos são realçados pelo uso de uma variedade mais formal do léxico (*innumerable* [inúmeras], *as it were* [quase], *address* [dirigir-se a], *doubtless* [sem dúvida]) que contém igualmente algumas abstrações filosóficas (*object* [objeto], *connexion* [ligação], *relation* [relação], *philosophy* [Filosofia]).

Essa mistura heterogênea de "ingleses" basta para colocar em dúvida qualquer esforço de avaliar a tradução por simples comparação com o texto alemão. Poder-se-ia argumentar, por exemplo, que os diferentes dialetos, registros e discursos correspondem às qualidades mais comumente observadas na prosa de Wittgenstein, "ao mesmo tempo retórica e informal" (Hampshire, 1953, p.682). Qualquer correspondência desse tipo, não obstante, pode ser sustentada somente num nível mais geral: uma comparação da passagem citada com o texto alemão revela imediatamente pontos em que a versão de Anscombe sofre desvios e exageros. Nada na língua alemã sugere uma diferença comparável àquela entre o inglês britânico e outras formas de inglês, uma diferença com uma finalidade nacional. E nada no alemão equivale ao registro coloquial de *fancy* e *holiday*: o primeiro evita o equivalente inglês usual *imagine*, para o alemão *einbilden*, enquanto o segundo exclui o costumeiro leque de possibilidades (*celebrates* [celebra], *stops work* [interrompe o trabalho], *idles* [vagueia]) para o alemão *feiert*. As opções de Anscombe não podem ser classificadas como erros no sentido de ignorarem os significados estabelecidos pelos dicionários correntes. Contudo, o efeito de suas escolhas vai, sem dúvida, além de qualquer equivalência baseada na lexicografia.

No inglês de Anscombe, Wittgenstein adquiriu um resíduo britânico que tem exercido uma força poderosa nas instituições e discursos filosóficos. O pensamento em *Investigações filosóficas* era em si excêntrico, um abandono do positivismo lógico dominante na filosofia britânica nas décadas de 1930 e 1940 (Quinton, 1967, p.392). A linguagem diversa da tradução, bem como a forma descontínua e incerta do texto (seções distintas e numeradas que foram em parte reunidas pelos editores de Wittgenstein), inevitavelmente aumentaram o contraste com as tendências filosóficas contemporâneas, em que o estilo era mais formal e menos familiar, mais preciso analiticamente e menos sugestivo metaforicamente, mais acadêmico e menos popular. Pode-se afirmar que a tradução de Anscombe conseguiu transmitir as ideias de Wittgenstein e até mesmo imitar seu estilo de escrever. Não obstante, nesse processo ambos foram cobertos por um resíduo doméstico que também os fez transgressores: a tradução tanto marcou quanto cruzou as fronteiras institucionais da filosofia britânica, permitindo que o texto permanecesse irredutivelmente estrangeiro ao mesmo tempo que entrava para a cultura doméstica. "Cada sentença", escreveu um dos críticos da tradução, "é clara e quase coloquial", mas "o efeito cumulativo das frases é peculiar" (Hamilton, 1954, p.117). Tal peculiaridade não desapareceu: embora as ideias de Wittgenstein tenham influenciado profundamente a filosofia britânica (Quinton, 1967, p.393-6), o estilo da tradução de

Anscombe não produziu imitador algum entre os filósofos, e suas versões "incomuns" continuam recebendo a crítica de outros resenhistas (Hanfling, 1991, p.117, n.1; ver também Hacker, 1986, p.113, n.3, e Hintikka; Hintikka, 1986, *passim*). Mesmo os chamados filósofos da "linguagem comum" que, à semelhança de Wittgenstein, analisam o discurso diário, escrevem com uma formalidade acadêmica pontilhada de jargões (por exemplo, a distinção que J. L. Austin faz entre enunciados "performativos" e "constatativos"). O caso de Wittgenstein mostra que, a partir da leitura do resíduo numa tradução influente, a Filosofia ganha um conhecimento histórico de si mesma, da disposição hierárquica dos discursos existente na disciplina a qualquer tempo e que afeta de formas variadas a importação de filosofias estrangeiras, admitindo-as, excluindo-as e transformando-as de acordo com os valores domésticos.

Os funcionamentos do resíduo são coletivos e, portanto, questionam qualquer compreensão limitadamente biográfica da tradução, qualquer pressuposição individualista de que ela, de algum modo, reflita a intenção ou experiência do escritor estrangeiro (ou do tradutor). Seria possível argumentar, por exemplo, que os coloquialismos britânicos refletem o próprio uso do inglês por Wittgenstein. Como estudante que assistiu às conferências de Wittgenstein em Cambridge, e depois como amiga e colega de trabalho que o recebeu em casa nos seus últimos anos de vida, Anscombe estaria bastante familiarizada com seu modo de falar e escrever. A tradução de Anscombe poderia ser considerada adequada à versão do texto de Wittgenstein, caso ele o tivesse escrito em inglês. Norman Malcolm, outro antigo aluno, lembra-se de que

Wittgenstein "falava um inglês excelente, com a pronúncia de um inglês instruído", e que não era avesso ao uso de expressões coloquiais, algumas claramente britânicas, como no caso de se referir às suas conferências como *a lot of rubbish* (um amontoado de bobagens), ou ao descrever a comida como *grand* (muito bom), ou ao mencionar seu gosto por *detective mags* (revistas de detetives) – uma fonte notável de gírias (Malcolm, 1984, p.24, 38, 96, 124). "Uma das frases favoritas de Wittgenstein", observou Malcolm, "era a exclamação, 'Leave the *bloody* thing *alone!*' (Deixem essa *maldita* coisa *em paz*)" (ibid., p.69).

Todavia, o fato é que a obra *Investigações filosóficas* foi escrita em alemão, não em inglês. E ele não escolheu os coloquialismos que aparecem na tradução de Anscombe. No caso específico da palavra alemã *feiert*, o fato de a tradutora ter optado por *goes on holiday* (sai de férias) tem sido criticado como inconsistente em relação à intenção do escritor. Os autores de um comentário completo do texto afirmaram que Wittgenstein "preferiu" uma versão diferente, *idles* (está ociosa) (Baker; Hacker, 1980, p.221), embora sem apresentar qualquer documentação, aparentemente influenciados por uma seção posterior em que faz uma afirmação semelhante:

> Die Verwirrungen, die uns beschäftigen, enstehen gleichsam, wenn die Sprache leerläuft, nicht wenn sie arbeitet.

> The confusions that occupy us arise, as it were, when language idles, not when it is working. (Wittgenstein, 1953, p.51, minha tradução) [As confusões das quais nos ocupamos surgem,

por assim dizer, quando a linguagem está ociosa, não quando está trabalhando.]

Outro analista revisou discretamente a versão de Anscombe de acordo com a preferência não documentada de Wittgenstein: "'Philosophical problems', wrote Wittgenstein, 'arise when language is *idling*'" ("Problemas filosóficos, escreveu Wittgenstein, surgem quando a linguagem *está ociosa*") (Hanfling, 1989, p.51). Mas essa versão pode ser apenas mais uma alternativa, não mais próxima da intenção de Wittgenstein do que a versão elaborada por sua aluna e amiga. Qualquer tradução só pode submeter o texto estrangeiro a uma interpretação *doméstica*, baseada em algum tipo de reconstrução – lexicográfica, textual, biográfica – que responde às necessidades de uma determinada ocasião interpretativa.

O aspecto fascinante na versão de Anscombe é precisamente a riqueza interpretativa de seu resíduo. Um coloquialismo como *goes on holiday* (sai de férias), aliado a seu uso vagamente metafórico, é um fator de surpresa no discurso filosófico anglo-americano, mesmo num texto tão informalmente reflexivo como o de Wittgenstein. Como resultado, torna-se mais conspícuo ao ser confrontado com o dialeto-padrão no texto traduzido e desencadeia uma proliferação incontrolável de sentidos em inglês.

A afirmativa em que aparece a oração "problemas filosóficos surgem quando a linguagem *sai de férias*" tem sido considerada como a crítica de Wittgenstein a certos tipos de filosofia, mais especificamente a análise linguística que é ou metafísica, concebendo o sentido como essência mental ou espiritual, ou positivista, reduzindo a semântica às regras formais da lógica (por exemplo, Ambrose, 1954, p.111; Mundle, 1970, p.198; Hallett, 1977, p.114). Para sustentar essa leitura, os analistas de Wittgenstein têm ressaltado que ele considerava o sentido de uma palavra como sendo determinado pelo contexto, não essencial mas convencional, uma função de seu uso numa prática social específica ou num "jogo de linguagem" (*Sprachspiel*). "A linguagem sai de férias", portanto, quando filósofos metafísicos ou positivistas especulam de modo errado sobre o sentido de uma palavra independente de sua aplicação prática, de sua função. Num dos exemplos recorrentes de Wittgenstein, construtores podem trocar, de forma significativa, termos por materiais de construção porque os termos são definidos em função de sua utilidade no trabalho.

Para comunicar a crítica que Wittgenstein faz a outros filósofos, a escolha de Anscombe deve indicar a suspensão do trabalho, o que "férias" sem dúvida faz. Mas a palavra também conota uma atividade de descontração que é realizada em período definido convencionalmente (um feriado bancário, Natal, férias de verão) e, portanto, sugere que o uso filosófico da linguagem também participa de um jogo de linguagem, que quando uma palavra é discutida em termos filosóficos, desligada de seu uso prático, ela está meramente fazendo um trabalho diferente, num jogo de linguagem diferente. Pode-se dizer que a Filosofia está sempre levando a linguagem para férias em que se carregam pedras. Isto se aplica não apenas a metafísicos ou positivistas lógicos, mas também a Wittgenstein. O seu próprio uso dos termos dos construtores não parte do trabalho da construção para fazer um trabalho filosófico, para criar o conceito de um jogo de linguagem e assim resolver o problema filosófico do sentido?

A tradução aponta para as possibilidades conflitantes no alemão (*feiert* pode ser traduzido como "sai de férias" e como "fica ociosa") e abre uma contradição no texto de Wittgenstein que revela o profundo conservadorismo de sua filosofia. Ele não enxergou a semelhança metodológica entre a sua filosofia e as outras, porque estava mais preocupado com o impacto que elas exerciam nos problemas linguísticos. Ao descartar filosofias que interrompem a aplicação prática da linguagem, ele limitou a avaliação dos jogos de linguagem a seu funcionamento pacífico, sua manutenção do *status quo*. Os construtores de Wittgenstein usam a linguagem para construir algo projetado, não para conceitualizar seu *status* como um jogo de linguagem, nem para discutir suas condições de trabalho ou salário, a relação de seu trabalho com outros projetos, outros tipos de trabalho, outras pessoas. Ele acreditava que "a Filosofia não pode de modo algum interferir no uso real da linguagem; ela pode no máximo descrevê-la", não explicá-la, porque a explicação depende de pressuposições teóricas que resultam em incompreensão (Wittgenstein, 1953, p.49). Contudo, qualquer descrição que "deixa tudo como está", longe de fornecer simples fatos, na realidade assume uma teoria de valor ético e político, na qual os jogos de linguagem são julgados como bons e justos, e que vale a pena serem mantidos em funcionamento. Esse valor pode ser interpretado como um ideal democrático, pois, teoricamente, jogos de linguagem perdem sua capacidade ou direito de dominar outros jogos. Entretanto, na prática, estão sempre ordenados hierarquicamente, seja de acordo com seu uso corrente ou sua função institucional. Sem dúvida, Wittgenstein desafiou os jogos de linguagem atualmente usados na Filosofia – porém com uma alternativa que poderia parecer, paradoxalmente, recomendar uma atitude quietista para com eles, para com as hierarquias estilísticas e discursivas da disciplina.

A escolha de Anscombe por "férias" possibilita, assim, uma outra leitura da filosofia de Wittgenstein – mas apenas quando sua tradução é examinada de uma perspectiva materialista. Ler buscando o resíduo significa concentrar-se nas diferenças linguísticas e culturais que a língua inglesa insere no texto alemão e, a partir daí, considerar como reconstroem as ideias de Wittgenstein. Na verdade, o coloquialismo de Anscombe estabelece um metacomentário sobre temas-chave no alemão, em especial o jogo de linguagem e a crítica de outros conceitos filosóficos de sentido. Mas o comentário que fiz sobre sua versão foi obviamente contrário à natureza do texto de Wittgenstein: minhas pressuposições materialistas trouxeram à luz as determinações e efeitos, não apenas da tradução, mas também da filosofia de Wittgenstein, as condições sociais mascaradas por sua ideia conservadora de jogo de linguagem. O estudo do resíduo numa tradução provoca uma autoconscientização no intérprete, o conhecimento de que efeitos textuais podem ser inteligíveis e significativos apenas a partir de uma orientação teórica específica. O próprio Wittgenstein sabia disso, mesmo que não o tenha aplicado explicitamente à tradução: "O paradoxo desaparece", escreve ele, "apenas se rompermos radicalmente com a ideia de que a linguagem sempre funciona de um único modo, sempre serve para o mesmo propósito: transmitir pensamentos – que podem ser sobre casas, dores, o bem e o mal, ou qualquer coisa que lhe agrade" (Wittgenstein, 1953, p.102). A mesma autoconsciência está ausente da leitura dominante do texto de Anscombe, em que o idealismo da tradução transparente é algo presumido e a expressão coloquial é interpretada em deferência à filosofia de Wittgenstein (ou pelo menos à parte dela que embasa um comentário particular). Assim, mesmo um intérprete que observou a peculiaridade da escolha de Anscombe – " Se a linguagem sai de férias durante as ruminações filosóficas, então são férias em que se trabalha" – considerou-a coerente com as ideias de Wittgenstein: "a concepção de sentido do filósofo explica sua atitude arrogante para com o contexto" (Hallett, 1971, p.101).

O que significa que o resíduo é imprevisível. O metacomentário que ele origina numa tradução filosófica assumirá formas diferentes em contextos diferentes, dependendo tanto das ideias específicas em discussão como das pressuposições do intérprete. Observe-se outro trecho da tradução de Anscombe, no qual o resíduo conduz não à apreciação ideológica, mas a uma exposição mais deferente da filosofia de Wittgenstein:

> Denk nur an den Ausdruck "Ich hörte eine klagende Melodie"! Und nun die Frage: *"Hört* er das Klagen?"

> Think of the expression "I heard a plaintive melody". And now the question is: "Does he *hear* the plaint?". (Wittgenstein, 1953, p.209) [Pense na expressão "Ouvi uma melodia plangente". Agora a questão é: "Ele *ouve* o planger?".]

A característica mais interessante na versão de Anscombe é o arcaísmo das palavras-chave. *Plaintive* é uma palavra antiga, embora ainda por vezes usada, reservada para expressões poéticas, enquanto *plaint* é obsoleta, ocorrendo com maior frequência na poesia britânica dos séculos XVII e XVIII, por exemplo, em *Paraíso perdido*, de Milton, e em *Deserted Village*, de Goldsmith (*OED*). As palavras alemãs comuns *klagende* e *Klagen* podem ser facilmente traduzidas em equivalentes do inglês contemporâneo que conservam a repetição, como *lamenting* (lamentando) e *lament* (lamento), ou *complaining* (queixoso) e *complaint* (queixa). Contudo, os arcaísmos são uma escolha muito mais eficiente: eles acrescentam algo mais, um registro poético àquele estilo simples, e inserem no alemão um significado distintamente inglês que sustenta o pensamento de Wittgenstein. O trecho, por mais indireto que seja, parece assumir seu conceito de sentido como uso num jogo de linguagem. Consequentemente, a questão "Does he *hear* the plaint?" é retórica: a pessoa que usa a expressão "I heard a plaintive melody" não ouviu nenhuma informação comunicada pela música, nenhuma queixa, mas lembrou-se de aplicações musicais anteriores da palavra "plaintive" e, portanto, aplicou-a ao som que ouviu, sua sensação física, e talvez à emoção que sentiu ao ouvi-la, sua reação psicológica. O jogo de linguagem para Wittgenstein é, principalmente, uma prática social na qual determinadas convenções e outras circunstâncias determinam o sentido das palavras. Os arcaísmos poéticos de Anscombe na verdade demonstram isso, pois ilustram a ideia de convencionalidade, embora na literatura. Sua ressonância na história literária em inglês transforma "Does he *hear* the plaint?" em "Does he *hear* the traditional applications of the poeticism 'plaintive' to music?" (Ele *ouve* as aplicações tradicionais do termo poético "plangente" à música?). Aqui o metacomentário estabelecido pelo resíduo pode ser visto como performativo, desempenhando no nível estilístico o conceito estabelecido no nível temático.

É claro que a imprevisibilidade do resíduo significa que nem todos os seus efeitos são tão visíveis ou tão significantes como os exemplos que selecionei. Alguns são sutis, tornando-se visíveis apenas se comparados ao texto estrangeiro — embora tenha de ser uma comparação que busque refletir sobre os desvios e exageros da tradução, que não busque uma correspondência a ponto de eliminar o resíduo. Os efeitos mais sutis nas traduções filosóficas são também os mais eficazes para assimilar o texto estrangeiro aos discursos disciplinares e instituições da cultura doméstica. Essa domesticação ocorre em qualquer tradução e é, de fato, necessária quando se deseja que o texto estrangeiro se torne inteligível e interessante aos leitores domésticos. Ela também está presente na versão de Anscombe, apesar da heterogeneidade alienadora de sua linguagem. Quando Wittgenstein discutiu o ato de definir palavras apontando para um objeto, *hinweisende Definition*, ela usou o termo técnico latino *ostensive* para a palavra alemã *hinweisende*, que também pode ser traduzida em inglês por *pointing* (apontando), *referring* (referindo), *demonstrative* (demonstrativo), *indicative* (indicativo). A opção de Anscombe segue o uso que Agostinho fez de *ostendere*, em inglês *to point at* (apontar para), no trecho das *Confissões* que Wittgenstein cita na abertura de seu texto: quando era criança, escreve Agostinho, ele "entendia que a coisa era chamada pelo som (que os mais velhos) produziam quando apontavam para ela intencionalmente" (*tenebam hoc ab eis vocari rem illam, quod sonabant, cum eam vellent ostendere*) (Wittgenstein, 1953, p.2). Ao escolher *ostensive*, Anscombe também estava manifestando a tendência da Filosofia – incluindo tradições no estilo britânico – de criar terminologias técnicas, incrementar a densidade conceitual da linguagem e distanciá-la da fala diária. *Ostensive* foi um termo do discurso da filosofia britânica desde Francis Bacon até Bertrand Russell.

Em outras escolhas, Anscombe de fato se rende ao estilo direto dominante na filosofia britânica desde o século XVII, à sua preferência pelo uso comum, sintaxe contínua e sentido unívoco, bem como a sua suspeita em relação à linguagem figurada. Na crítica de Wittgenstein a outras filosofias linguísticas, por exemplo, ela traduziu *wenn die Sprache leerläuft* (*when language idles* [quando a linguagem fica ociosa]) como *when language is like an engine idling* (quando a linguagem funciona como um motor ocioso), removendo dessa maneira uma metáfora elíptica e tornando a analogia mais explícita para o leitor de língua inglesa (ibid., p.51). Por trás de tais escolhas podemos entrever basicamente a longa dominância de estratégias de fluência na tradução em língua inglesa, cuja finalidade é a compreensão imediata e a ausência de quaisquer peculiaridades linguísticas ou estilísticas que possam anular a ilusão de transparência.

O resíduo enriquece e redireciona ao mesmo tempo a interpretação das traduções filosóficas. O tipo de interpretação que ele exige continua a ser filosófico, engajado na análise conceitual, mas agora mais literário, preocupado com as propriedades formais da linguagem, e mais histórico, preocupado com as diversas tradições domésticas: linguísticas, literárias, filosóficas. O acréscimo de efeitos que funcionam apenas na língua de chegada aumenta o peso semântico do texto estrangeiro pois coloca o problema da relação desses efeitos com os conceitos e argumentos daquele, bem como sua articulação potencial como um metacomentário. Compreender esses efeitos também envolve a problemática de sua relação com uma gama de práticas e instituições domésticas: as interpretações rivais que os filósofos domésticos têm sugerido para o texto estrangeiro, as hierarquias de estilos e discursos que caracterizam a filosofia acadêmica doméstica, assim como o funcionamento social da Filosofia entre as outras práticas e instituições em seu momento histórico. O resíduo numa tradução demonstra, com graus variados de violência em relação ao texto estrangeiro e à língua de chegada, que o projeto filosófico da formação do conceito é fundamentalmente determinado por condições linguísticas e culturais. A tradução continua sendo a caixa preta da Filosofia precisamente porque o resíduo quebra pressuposições fundamentadas desse projeto em sua forma acadêmica moderna: a estabilidade e autoridade da questão filosófica como agente autônomo de reflexão.

Estratégias da tradução filosófica

Para ser útil na tradução de filosofias estrangeiras, o resíduo exige uma reformulação da noção de acuidade, uma ampliação que leve em consideração tanto o texto estrangeiro como os leitores domésticos. Seria muito mais preciso reservar o termo "acuidade" para equivalência lexicográfica e passar a reportar-nos às responsabilidades éticas do tradutor.

Como a tradução somente pode comunicar quando reconstitui o texto estrangeiro, um tradutor pode optar por julgar boa uma tradução que ponha em evidência a diferença linguística e cultural daquele texto para as comunidades domésticas. O valor ético dessa diferença consiste em indicar ao leitor que houve um processo de domesticação na tradução, mas também em evitar que o processo resulte numa assimilação irrefletida aos valores domésticos dominantes. As filosofias estrangeiras podem conservar suas diferenças na tradução quando diferem, até certo ponto, daquelas que atualmente dominam a disciplina no país, ou quando são traduzidas para se diferenciarem das interpretações domésticas predominantes de seus conceitos e discursos. A melhor tradução filosófica é, em si, filosófica quando forma um conceito do texto estrangeiro baseado na análise do ambiente doméstico. Mas se a filosofia da tradução valoriza a diferença, o conceito será desfamiliarizador, não baseado na ratificação daquele ambiente.

A responsabilidade do tradutor não é apenas dupla, tanto estrangeira como doméstica, mas divide-se em duas obrigações opostas: estabelecer uma equivalência lexicográfica para um texto conceitualmente denso e, ao mesmo tempo, preservar seu caráter estrangeiro de modo inteligível para o público leitor doméstico. A tradução motivada por uma ética da diferença procura informar os leitores domésticos sobre filosofias estrangeiras, mas também quer neles provocar novas formas de pensar. Ela reconhece que conceitos e discursos estrangeiros podem mudar instituições domésticas ao induzir a autocrítica e ao estimular a criação de novas filosofias, novos cânones filosóficos e currículos, novas qualificações para os filósofos acadêmicos. E ela se responsabiliza por essas possíveis consequências ao manipular o resíduo, os efeitos da língua-alvo que evidenciam o *status* de segunda ordem da tradução ao distingui-la do texto original.

A tradução filosófica pode, naturalmente, pressupor outro sentido de responsabilidade. O tradutor pode adotar uma ética de igualdade: escolher textos estrangeiros e desenvolver estratégias discursivas no sentido de dar sustentação a limites institucionais, estabelecendo uma equivalência doméstica para conceitos e discursos estrangeiros que minimize suas diferenças perturbadoras. Essa tradução, embora possa ser considerada exata dentro da disciplina, arrisca-se a mostrar menor cuidado para com o texto estrangeiro do que para com o *status quo* doméstico. Seus esforços para reforçar as interpretações dominantes não estão imunes às variações que acompanham dialetos, discursos, instituições e públicos domésticos. As peculiaridades linguísticas liberadas pelo resíduo fornecem uma base textual para julgar uma tradução filosófica porque elas constituem uma estimativa calculada de quanto o texto estrangeiro sucumbiu ou resistiu à tentativa de domestição ocorrida durante o processo tradutório. Foi de fato a linguagem notavelmente heterogênea de Anscombe que lhe permitiu preservar a excentricidade da filosofia de Wittgenstein – e atrair a crítica e as revisões de analistas mais domesticadores.

Os tradutores de língua inglesa de textos filosóficos há muito têm indicado possuir uma consciência do resíduo, da irredutível diferença introduzida pela tradução, embora tenham mostrado clara tendência de reduzi-la ao aderirem ao gosto anglo-americano pela fluência, compreensão imediata e ilusão da comunicação transparente. Como resultado, eles não têm tido uma postura crítica diante dos valores domésticos que o resíduo inscreve no texto estrangeiro. Benjamin Jowett, o destacado tradutor vitoriano de Platão, afirmou que uma tradução "deve ser feita, primeiramente, baseando-se num conhecimento íntimo do texto", mas também que "ela deve ser lida como o trabalho original", ocultando não apenas seu *status* de tradução, mas também a decisão do tradutor de "sacrificar pormenores insignificantes em nome da clareza e do sentido" (Jowett, 1892, p.xv, xvi). Para garantir a transparência, Jowett recomendou o uso de um estilo inglês homogêneo, baseado fundamentalmente no uso corrente, reconhecível e, portanto, altamente acessível: "nenhuma palavra deve ser empregada, ainda que expressiva e exata, que force o leitor a parar para refletir, ou que indevidamente desperte a atenção por seu grau de dificuldade ou peculiaridade, ou que perturbe o efeito produzido pela linguagem circunstante" (ibid., p.xxii). Contudo, apesar dos esforços para controlar os excessos do resíduo, os valores literários e religiosos de Jowett deixaram uma clara marca em sua obra. Ele permitia que "os equivalentes fossem obtidos a partir de Shakespeare", contanto que fossem "usados com parcimônia", e um "princípio semelhante devia ser observado no emprego das Escrituras" (ibid.). A versão que Jowett fez de Platão misturou linguagem jacobina com outras formas literárias posteriores, especialmente o estilo da Bíblia de King James, produzindo uma rica corrente de arcaísmos que Steiner descreve como "a linguagem de 1611 [...] filtrada pela linguagem do final do século XVII e dos poetas vitorianos" (Steiner, 1975, p.345-6). Essa tradução alinhou os textos gregos às tradições dominantes na cultura inglesa, ajudando a garantir que a filosofia platônica perdesse um pouco de seu paganismo não familiar e ao mesmo tempo preservasse seu *status* canônico nas instituições acadêmicas.

Trevor Saunders, o editor e tradutor contemporâneo dos textos de Platão, foi profundamente influenciado pelas recomendações de Jowett, embora esteja bem mais consciente do que implica traduzir para públicos domésticos específicos. Jowett partiu da crença popular de que "uma tradução inglesa deve ser idiomática e interessante, não apenas ao acadêmico, mas também ao leitor não instruído" (Jowett, 1892, p.xiv), ignorando o fato de que somente um leitor com um mínimo de formação teria condições de apreciar o resíduo literário e religioso do Platão que ele apresenta. Saunders também acreditava que *As leis*, o detalhado plano de Platão para o governo de seu Estado utópico, continha em si grande apelo, sendo de interesse potencial a "advogados, sociólogos, historiadores, filósofos, teólogos, e muitos outros" (Saunders, T., 1987a, p.160). Contudo, ao contrário de Jowett, concebeu sua tradução como um projeto acadêmico, uma reforma do cânone acadêmico dos textos platônicos tal como se apresentava durante a década de 1960:

> O estilo de uma versão deve, é verdade, ser determinado parcialmente pela natureza e propósito do texto original; mas também deve ser determinado pelo *status* atual do texto e pelas características do público leitor alvo da tradução. Qual é o *status* de *As leis*? É a obra mais volumosa de Platão, e talvez a mais negligenciada; tem poucos adeptos e o público-alvo é indiferente ou insensível. Numa situação como essa, o melhor serviço

que o tradutor pode prestar às *Leis* é garantir que a obra seja lida. (Ibid., p.157)

O "público leitor alvo" de Saunders incluía principalmente os professores e alunos universitários, dentre os quais encontram-se, normalmente, os "partidários" dos textos platônicos. Ele estava escrevendo uma tradução a ser publicada na Penguin Classics, uma série de textos em brochura idealizada para oferecer versões atraentes de textos canônicos para um público leitor amplo, mas que, sob a direção editorial de Betty Radice, tornou-se mais acadêmica e começou a ser cada vez mais adotada nos cursos universitários (Radice, 1987, p.21-2). Por conseguinte, ao concordar com a opinião de Jowett segundo a qual qualquer tradução "deve ser lida como uma composição original" (Saunders, T., 1987a, p.155), Saunders deliberadamente adotou dialetos, registros e discursos do inglês que tornaram sua tradução ao mesmo tempo familiar e transparente para leitores instruídos. Mas, como ele mesmo admitiu, o movimento de domesticação em sua tradução foi forte a ponto de resultar em erros de tradução e anacronismos. Explicou, por exemplo, que, para traduzir uma frase grega *(kerdos kai rastonen)*, ele usou uma expressão típica de Shakespeare, *cakes and ale* (bolo e cerveja = alegria), em vez de algo mais exato como *profit and ease* (lucro e sossego) porque "a expressão shakespeariana me pareceu captar tão bem o tom da observação que troquei deliberadamente a precisão pela legibilidade" (ibid., p.158). A história editorial da tradução de Saunders não deixa dúvida de que as estratégias por ele empregadas conseguiram levar *As leis* de Platão até os leitores de língua inglesa: ela vem sendo reimpressa há mais de 25 anos.

Entretanto, Saunders com certeza subestimou o funcionamento do resíduo. Ao justificar sua busca de legibilidade, argumentou que "um exagero calculado e deliberado – e modesto – de certas características relativamente sem importância do texto é um método perfeitamente legítimo para cativar o leitor" (ibid., p.157). Mas "exagero" de modo algum consegue descrever o metacomentário que pode ser construído a partir de seus efeitos textuais, e por essa razão o que parecia "sem importância" pode assumir uma força interpretativa considerável – especialmente a partir de uma perspectiva materialista.

Nas *Leis*, ele entendeu que uma tradução mais literal de *xenoi* (*strangers* [estranhos], *foreigners* [estrangeiros]) "soaria dissonante em inglês contemporâneo", portanto, ele a substituiu invariavelmente por palavras inglesas como *sir* (senhor) e *gentlemen* (cavalheiros), que pareciam "captar algo da formalidade comedida dos três falantes idosos" (ibid., p.158). *Strangers* soa, de fato, estranho em inglês moderno, uma forma alienadora de referir-se ao seu interlocutor, mas apenas porque aponta para uma diferença histórica: a questão da identidade étnica e política era de importância tão fundamental na cultura grega antiga que podia fazer parte, sem ser ofensiva, das conversas do dia a dia, assim como tornar-se base de opressão social, inclusive de discriminação contra não gregos, e do imperialismo ateniense no Peloponeso. *Xenoi* podia referir-se de forma ambígua tanto a um "convidado" como a um "estranho" (ou um "estrangeiro"), embora um estranho pudesse ser um outro grego (Delacampagne, 1983, p.189;

Liddell; Scott, 1882). A palavra aparece na frase inicial de *As leis*, em que uma personagem chamada o "Ateniense Estrangeiro" (que ora é tomada pelo próprio Platão, ora por Aristóteles) saúda o cretense Clínias e o espartano Megilo com uma questão em que transparece a rivalidade política e étnica. Encontramos na versão de Saunders: *Tell me, gentlemen* [*xenoi*], *to whom do you give the credit for establishing your codes of law? Is it a god, or a man?* (Digam-me, cavalheiros [*xenoi*], a quem creditais o estabelecimento de vossos códigos de leis? A um deus ou a um homem?) (Saunders, T., 1970, p.45). A opção por *gentlemen* retira qualquer implicação de rivalidade ao acrescentar polidez e respeito mútuos, ausentes tanto em *xenoi* como em *strangers*. Além de estabelecer um tom ou modo de falar, a versão de Saunders retrata o diálogo de Platão como uma democrática troca de ideias, mesmo que seja comedidamente formal, uma "conversa cordial" (Saunders, T., 1987a, p.155).

O que se questiona em relação a esse efeito não é tanto a perda sofrida pelo texto grego – certa perda é inevitável na tradução –, mas que a perda não é suprida por qualquer diferença compensatória na cultura doméstica: a de Saunders é uma representação deferencial da filosofia platônica, deferente tanto ao uso corrente do inglês como à moderna canonização da obra de Platão. Saunders sabia muito bem que qualquer tradução insere uma variação doméstica de referências no texto traduzido. Porém, como ele cultivava essa referência apenas com o objetivo de incrementar a legibilidade, não se preocupou em imaginar seu impacto sobre o nível temático do texto, sua criação de novas possibilidades de interpretação.

A filosofia continental tem inspirado principalmente tradutores de língua inglesa a desafiar o regime discursivo de transparência e a fazer experiências com o resíduo. Essas experiências têm frequentemente sido bem-sucedidas na preservação da diferença linguística e cultural dessa filosofia no cenário anglo-americano. Os tradutores dos textos de Martin Heidegger têm obtido sucesso no desenvolvimento de novas estratégias de tradução, não somente porque seus neologismos e etimologias, trocadilhos e mudanças gramaticais exigem uma criatividade equivalente, mas também porque os textos tratam a tradução como um problema filosófico, explorando seu papel decisivo na construção do sentido dos conceitos. Apesar das raras exceções, esses tradutores têm sido filósofos acadêmicos que permitiram à filosofia de Heidegger incrementar a autoconsciência tradutória deles, bem como fundamentar sua própria pesquisa filosófica. Mesmo nesses casos, no entanto, a tendência à domesticação não diminuiu, apenas assumiu formas diferentes. A tradução de *Ser e tempo* feita por John Macquarrie e Edward Robinson foi mais que satisfatória na reprodução das peculiaridades estilísticas de Heidegger, em parte ao criar um inglês que é igualmente peculiar e em parte ao empregar bom número de convenções acadêmicas, como um glossário de termos-chave e detalhadas notas de rodapé que explicam as limitações de determinadas escolhas tradutórias. Ainda assim, os tradutores admitiram ter feito "numerosas concessões ao leitor" que se adequam aos usos atuais da língua inglesa e alteram a densidade conceitual do alemão – por exemplo, inserindo "construções pessoais onde Heidegger as evitou" (Heidegger, 1962, p.15), e assim complicando seu conceito anti-individualista da subjetividade humana.

Em 1962, esses desvios em nada resultaram, ínfimos demais para tornar a filosofia de Heidegger algo mais acessível aos leitores de língua inglesa. O pragmático americano Sidney Hook escreveu uma resenha ambígua onde reconhecia a enorme influência de Heidegger na Europa, mas concluía que "poucos filósofos encontrarão as recompensas da descoberta equivalente à dor de mergulhar e vasculhar nas profundezas pantanosas [de seu livro]" (Hook, 1962, p.6). O primeiro passo para se preservar a estrangeirização do texto de Heidegger foi, obviamente, a decisão de Macquarrie e Robinson de traduzi-lo: os ensaios de Heidegger foram traduzidos durante a década de 1950, em meio às popularizações do existencialismo por filósofos acadêmicos (por exemplo, Barrett, 1947), mas o estilo de seu pensamento era tão diferente da análise lógica predominante na filosofia anglo-americana que ele permaneceu uma figura estranha à língua inglesa até boa parte da década de 1970. Hoje, quando as tradições filosóficas continentais já conquistaram maior aceitação nas universidades britânicas e americanas e importantes filósofos americanos, como Richard Rorty, consideram importante o trabalho de Heidegger (por exemplo, Rorty, 1979), torna-se claro que seus tradutores tiveram um papel crucial na reforma do cânone das filosofias estrangeiras em inglês.

O experimentalismo foi o fator mais importante no desenvolvimento da tradução da filosofia. Os tradutores de Heidegger criaram uma equivalência que interferiu no uso comum, processo que lhes permitiu não apenas comunicar seus complicados conceitos, mas colocá-los em prática por meio de várias estratégias discursivas. A versão de "The Anaximander Fragment", por David Farrell Krell, é uma extraordinária prática da teoria da tradução que o próprio Heidegger expôs e ao mesmo tempo pôs em prática ao traduzir o texto grego de Anaximandro.

Seguindo a noção de Schleiermacher de tradução, para quem o leitor doméstico deve ser levado até o texto em língua estrangeira, Heidegger argumentou que "nosso pensamento deve primeiramente, antes de traduzir, ser traduzido para o que está dito em grego", abandonando modernas "pressuposições" anacrônicas e antitéticas à experiência antiga do "Ser" (Heidegger, 1975, p.19, 22). Visto que Anaximandro pôde conceber o "Ser" como a "presencialidade" das coisas, devemos evitar assimilar o fragmento a tradições metafísicas posteriores, quer positivistas ou idealistas, que seguem Aristóteles ou Platão em seu objetivo de analisar ou transcender a existência, o que Heidegger chamou de o "colapso do pensamento nas ciências e na fé" (ibid., p.40). Essas tradições penetraram a "tradução-padrão" do texto grego, em que o pensamento de Anaximandro é representado como uma cosmologia moral, uma "filosofia da natureza" na qual "moralismos e legalismos inadequados estão entrelaçados" (ibid., p.22). Heidegger citou a versão bastante literal do classicista Hermann Diels, escrita em alemão moderno pleno de abstrações morais e filosóficas:

> es on de e genesis esti tois ousi kai ten phthoran eis tauta ginesthai kata to chreon. didonai gar auta diken kai tisin allelois tes adikias kata ten tou chronou taxin.

> Woraus aber die Dinge das Enststehen haben, dahin geht auch ihr Vergehen nach der Notwendigkeit; denn sie zahlen

einander Strafe und Buβe für ihre Ruchlosigkeit nach der festgesetzten Zeit.

But where things have their origin, there too their passing away occurs according to necessity; for they pay recompense and penalty to one another for their recklessness, according to firmly established time. (Heidegger, 1972, p.296; 1975, p.13) [Mas onde as coisas têm sua origem, lá também seu desaparecimento ocorre conforme a necessidade; pois pagam recompensa e penalidade umas às outras por sua irresponsabilidade, de acordo com um tempo rigidamente determinado.]

Para Heidegger, a tradução que melhor reproduz o pensamento grego primitivo é a "poetizadora": ela produz "violência" na linguagem diária ao empregar arcaísmos alemães, cujo parentesco com palavras gregas foi por ele demonstrado em elaboradas interpretações etimológicas (Heidegger, 1975, p.19). O ensaio terminava com sua versão parcial do fragmento, uma reescritura livre que até envolve uma inclusão parentética:

... entlang dem Brauch; gehören nämlich lassen sie Fug somit auch Ruch eines dem anderen (im Verwinden) des Un-Fugs.

... along the lines of usage; for they let order and thereby also reck belong to one another (in the surmounting) of disorder. (Heidegger, 1972, p.342; 1975, p.57) [... junto às linhas do uso; pois elas permitem que a ordem, assim como a prudência, se juntem (para sobrepujar) a desordem.]

Krell seguiu de perto o alemão de Heidegger e conseguiu encontrar um equivalente em inglês para pelo menos um dos arcaísmos-chave. Enquanto Heidegger empregou duas palavras do alto-alemão médio, *Fug* e *Ruch*, que ele redefiniu como *order* (ordem) e *care* (cuidado) com base em variações posteriores, *Un-Fugs* (*nonsense, disorder* [bobagem, desordem]), e *Ruchlos* (*reckless* [imprudente]), Krell usou *reck*, um termo anglo-saxônico que caiu em desuso no início da época moderna, foi recuperado pela poesia no século XIX, e atualmente é obsoleto (*OED*). A repetição do estranho *reck* em toda a versão de Krell exerce um efeito poderoso sobre o leitor de língua inglesa: ele reforça a densidade conceitual que Heidegger atribui à palavra alemã *Ruch*, o valor ontológico arcaico do termo, ao chamar a atenção para a estrangeiridade de seu pensamento em relação à filosofia anglo-americana contemporânea. A tradução deixou claro aos resenhistas que eles estavam lendo uma tradução, e uma tradução bastante elaborada, que não deveria ser confundida com o texto escrito por Heidegger. Assim, eles não apenas julgaram o texto de Krell como bem-sucedido porque foi "fiel", mas o elogiaram por esclarecer os termos alemães (Collins, 1975, p.2056; Caputo, 1979, p.759). "O que mais pode ser dito a respeito de uma tradução", escreveu John Caputo, "a não ser o fato de que ela ajuda a pessoa a compreender o original?".

A imprevisibilidade do resíduo, entretanto, volta a importunar as traduções, tanto a de Heidegger como a de Krell. O arcaísmo é, sem dúvida, uma boa escolha para traduzir um ensaio cujo tema é o pensamento antigo e cujo método é a etimologia. Krell temperou sua tradução com outros arcaísmos em inglês para traduzir palavras alemãs que não são obsoletas, mas de uso corrente. Ele traduziu *Graben* (*trench, ditch* [trincheira, fosso]) como *abyss* (abismo); *in ihrem täglichen niederen und hohen Gebrauch* (*in its daily low and high use* [em seu uso diário alto e baixo]) como *in common everyday parlance as well as in its learned employ* (no linguajar diário comum bem como no seu emprego culto); *Beständigen* (*standing, fixed, enduring* [estável, fixo, duradouro]) como *perduring* (perdurável); e *mächtiger* (*powerful, potent, mighty* [poderoso, potente]) como *puissant* (forçoso) (Heidegger, 1972, p.303, 313, 328, 341; 1975, p.19, 28, 42, 55). Ao fazer essas escolhas, Krell estava claramente respondendo ao apelo de Heidegger por uma tradução poetizadora de textos filosóficos, embora os poeticismos tendam a ser ligados ao início da literatura inglesa moderna, à obra de Sidney, Shakespeare e Milton, entre outros. Isso fica totalmente óbvio na tradução que Krell faz de *aus den Fugen* como *out of joint* (fora dos eixos), na qual a preocupação de Heidegger com o desaparecimento do Ser sofre refração pela ansiedade de Hamlet sobre o caos moral da corte dinamarquesa: *The time is out of joint* (O tempo está deslocado), diz Hamlet, *O cursed spite/ That ever I was born to set it right!* (Oh, ódio maldito/ Tivera eu nunca nascido para pô-lo em ordem!) (Heidegger, 1972, p.327; 1975, p.41). A tradução de Krell faz uma ligação sutil entre a filosofia de Heidegger, os textos canônicos e as tradições em inglês, ajudando, de forma restrita, a situá-lo no cânone das filosofias estrangeiras em língua inglesa. Contudo, essa alusão literária questiona a crença de Heidegger de que a tradução poetizadora é, de alguma maneira, mais "fiel" à filosofia grega primitiva porque "seus termos são palavras que falam a partir da linguagem da própria matéria" (Heidegger, 1975, p.14).

Ao contrário, a versão de Krell mostra que a tradução, mesmo quando se força a preservar a diferença linguística e cultural do texto estrangeiro, provavelmente abrigará anacronismos, desvios e excessos, porque libera um resíduo doméstico. Os arcaísmos de Krell comunicam o tema filosófico de Heidegger e imitam seu estilo peculiar, no entanto sugerem que a experiência dos gregos antigos sobre o Ser não fica desvendada, mas deslocada na tradução, que ela nunca pode ser mais do que as variações históricas da língua de chegada, e estas somente podem ser vislumbradas quando ocorre uma ruptura nas práticas linguísticas contemporâneas (cf. Benjamim, 1989, p.31-8).

A tradução de textos filosóficos pode ser melhorada e o tema da tradução ser introduzido com proveito no campo das interpretações filosóficas se os tradutores adotarem uma postura de trabalho mais experimental. As atuais práticas da tradução mostram que os prefácios, glossários e anotações dos tradutores colaboram para esclarecer a densidade conceitual de termos-chave e ressaltar sua estrangeiridade em meio às correntes filosóficas domésticas. Mas qualquer aparato como esse pode apenas apontar para os efeitos do resíduo, suas ressonâncias literárias e históricas na língua-alvo e o metacomentário que tornam possível. Isso quer dizer que a tradução filosófica deve se tornar mais literária para poder liberar um resíduo doméstico adequado para conceitos e discursos estrangeiros. Por mais imprevisível que o resíduo possa ser, ele, ainda assim, exige que os tradutores respondam criativamente às pressões estilísticas exercidas pelo projeto filosófico da formação de conceitos.

Deleuze e Guattari, ao comentarem o "elemento de estilo" na escrita filosófica, afirmam que:

> determinados conceitos devem ser indicados por alguma palavra extraordinária e às vezes até mesmo bárbara ou chocante, enquanto outros funcionam com uma palavra comum de uso diário, cheia de uma harmonia tão distante que corre o risco de ser imperceptível a um ouvido não filosófico. Alguns conceitos exigem arcaísmos; outros, neologismos, impregnados de exercícios etimológicos que parecem loucura [...] O batismo do conceito exige um *gosto* filosófico específico que procede com violência ou insinuação, e constitui uma linguagem filosófica dentro da língua – não apenas um vocabulário, mas uma sintaxe que alcança o sublime ou grande beleza. (Deleuze; Guattari, 1994, p.7-8)

Ao desenvolver uma linguagem filosófica, portanto, o filósofo depara-se com a possibilidade de manter ou variar a língua maior – isto é, o dialeto-padrão, o cânone filosófico, os conceitos e discursos dominantes. O gosto que o filósofo impõe não é simplesmente literário, mas social, tendo alguma relação com os limites institucionais: um estilo de escrita filosófica pode insinuar-se entre as filosofias ou violar aquelas que atualmente controlam a disciplina, aderindo à língua maior ou admitindo formas linguísticas menores que esta exclui (por exemplo, "palavra chocante", arcaísmos, neologismos), criando assim o que Deleuze e Guattari, em outro lugar, chamam de literatura menor (ver Deleuze; Guattari, 1987, especialmente o cap.4). Uma inovação estilística num texto filosófico pode de fato ser esotérica, atrelada demais à disciplina, difícil para o "ouvido não filosófico". Contudo, se for extraída das formas menores, das tradições linguísticas e literárias divergentes dos discursos filosóficos dominantes, então ela poderá realmente alcançar o leitor não especializado. Se a Filosofia for praticada como literatura menor, ela marcará e ultrapassará os atuais limites da instituição acadêmica.

Para o tradutor, uma abordagem mais literária transforma a tradução filosófica numa literatura menor dentro da literatura da Filosofia. A tradução experimental é minorizante: ela cria uma linguagem filosófica que desafia a hierarquia doméstica das linguagens filosóficas. A tradução que, em contraste, evita inovações estilísticas, exercerá um impacto insinuante na disciplina doméstica, assimilando o texto estrangeiro ao dialeto-padrão, às filosofias dominantes, às interpretações predominantes. Apenas a tradução experimental pode ressaltar a diferença linguística e cultural do texto estrangeiro ao desterritorializar a língua maior e abrir a instituição a novos conceitos e discursos. Ao levar em conta a tradução, a Filosofia não acaba, não se transforma em poesia ou História, mas abre-se para outros tipos de pensamento e escrita.

7
O best-seller

Entre as principais causas da atual condição de marginalidade da tradução está seu fraco valor econômico. Isso quer dizer que os editores publicam poucas traduções porque elas representam um risco financeiro: o custo de produção é muito alto, exigindo uma aplicação significativa de recursos com a compra de direitos de tradução, o pagamento do tradutor, o *marketing*, o que as editoras encaram como perdas inevitáveis, de valor apenas cultural, úteis como meio de "incrementar a variedade e o apelo de seus catálogos" (Purdy, 1971, p.10). Além disso, desde a década de 1970, a tendência de investir em *best-sellers* tem-se tornado predominante a ponto de granjear a atenção das editoras para textos estrangeiros que obtiveram sucesso comercial em sua cultura original, fazendo que o processo editorial e de tradução passasse a ser orientado pela esperança de um desempenho semelhante numa cultura e língua diferentes. Contudo, as traduções que compensam o investimento, especialmente as que se tornam *best-sellers*, arriscam-se a sofrer o estigma dos eruditos e críticos, detentores de uma autoridade cultural formadora de opinião e capaz de influenciar as vendas a longo prazo. O apelo das traduções a uma leitura de massa convida a elite cultural a qualificá-las de "populares" ou "para a classe média", "como tentativas infrutíferas de aproximar-se do desempenho alcançado pelos melhores livros", conforme o julgamento da imprensa literária e das instituições acadêmicas (Radway, 1989, p.260). A tradução fica assim espremida entre o duplo vínculo, comercial e cultural, que ameaça restringir o acesso a literaturas estrangeiras e reduzi-las ao *status* de publicações domésticas efêmeras, que mudam conforme os interesses do grande público, deixando de ser publicadas assim que se constata um declínio nas vendas.

É essa difícil situação, naturalmente, que possibilita à tradução expor as escandalosas condições que presidem as decisões de edição e os pareceres literários que são emitidos sobre os textos estrangeiros. Como os *"best-sellers* têm sido livros que tratam das grandes preocupações de uma população" (Dudovitz, 1990, p.25), publicar uma tradução pode ser altamente vantajoso apenas quando ela corresponde às expectativas atuais da cultura doméstica. O critério da editora em relação ao texto estrangeiro, portanto, é principalmente comercial, até mesmo imperialista, uma exploração conduzida pela análise do mercado nacional, enquanto o critério do leitor doméstico é principalmente autorreferencial, até mesmo narcisista, na medida em que se espera que a tradução reforce valores literários, morais, religiosos ou políticos já defendidos pelo leitor (com certeza algumas editoras nutrem a mesma expectativa). A tradução de um *best-seller* tende a revelar muito mais sobre a cultura doméstica para a qual foi produzida do que sobre a cultura estrangeira que ela hipoteticamente representa. Essas revelações incluem o fato dúbio, mas inevitável, de que o texto estrangeiro foi criado para servir a interesses domésticos e, portanto, nem as projeções de vendas nem as resenhas podem ser consideradas como uma análise real e objetiva de seu valor.

Ao contrário, o texto estrangeiro que chega a ser um *best-seller* traduzido torna-se fonte de súbita proliferação de valores. As traduções exemplificam a categoria que Pierre Nora chamava de *"best-seller inattendu"*, um livro de sucesso inesperado (Ozouf; Ferney, 1985, p.67). Entre seus exemplos estão o romance *Bom dia, tristeza*, de Françoise Sagan, de 1955, que se tornou *best-seller* em francês e em muitas outras línguas. A "regra" que define esse tipo de *best-seller*, diz Nora,

> é a transgressão, a violação de seu espaço sociológico natural, sua explosão em meio a públicos para os quais não estava destinado. O *prof* ("professor") do Collège de France que começa a ser lido em cabanas com telhado de sapê. O livro esquerdista [...] cujo anti-intelectualismo fragmenta a direita; ou o livro de direita que começa a ser lido por uma esquerda que acordou de seu culto maoísta. (Ibid.)

O conceito que Nora tem do *best-seller* baseia-se obviamente no diagnóstico de uma situação cultural e política francesa. No entanto, ele descreve implicitamente as condições culturais nas quais qualquer livro, traduzido ou não, torna-se um *best-seller*. Nora presume que o público leitor é constituído por diferentes comunidades, cada qual caracterizada por valores específicos. Como um *best-seller*, por definição, é um livro de leitura de massa, ele deve apelar para várias comunidades diferentes e assim, inevitavelmente, ultrapassa as fronteiras culturais entre as mesmas. Quando o *best-seller* é também uma tradução, o cruzamento entre fronteiras intensifica-se. Uma tradução chega à lista de *best-sellers* quando é capaz de confirmar valores e desempenhar funções para as quais nem o texto estrangeiro nem a própria tradução estavam destinados. A transferência da cultura estrangeira para a cultura doméstica desprende o texto estrangeiro das tradições linguísticas e literárias que lhe conferem significado, garantindo que ele será interpretado e avaliado de modo diferente na tradução. E à medida que a tradução circula dentro da cultura doméstica, ela terá diferentes vidas dentre os diversos grupos sociais. Como os *best-sellers* tratam de assuntos que são do interesse e preocupação da maior parte do público leitor, o tratamento oferecido por uma tradução de *best-seller* deve ser inteligível para códigos e ideologias diferentes e potencialmente conflitantes que caracterizam determinado público. Assim, a tradução colocará em ação estratégias discursivas que facilitam seu apelo a um público leitor de massa.

O *best-seller* é uma forma cultural que se atém à estética popular. Aqui, cada elemento é

> baseado na afirmação de continuidade entre arte e vida, que implica a subordinação da forma à função, [...] uma recusa da recusa, que é o ponto de partida da estética alta, ou seja, a clara separação entre disposições comuns e disposições estéticas específicas. (Bourdieu, 1984, p.32)

Os *best-sellers* confundem a distinção entre arte e vida ao compartilhar um discurso específico: embora determinados por vários gêneros – ficção e não ficção, romance e história, aventuras amorosas e memória, terror e autoajuda –, eles favorecem o realismo melodramático que solicita a participação indireta do leitor (Cawelti, 1976; Radway, 1984; Dudovitz, 1990). Isso talvez fique mais claro no caso do *best-seller* de ficção, cujo sucesso depende da identificação do leitor com os personagens que se confrontam com problemas sociais atuais. Para Resa Dudovitz, que elaborou uma anatomia dos romances destinados ao público feminino,

> a estratégia da narrativa é dupla: por um lado, se o texto deseja tratar de assuntos da atualidade, o escritor deve criar um mundo que possa ser reconhecido pelo leitor. Por outro lado, a natureza escapista da ficção supõe um certo grau de fantasia. A simplicidade de linguagem, recurso a imagens estereotipadas e banais, ausência de sutilezas psicológicas e personagens imediatamente reconhecíveis permitem fácil acesso ao mundo da imaginação, porque os valores representados por esses personagens são óbvios e bem familiares ao leitor. (Dudovitz, 1990, p.47-8)

Como a identificação é a experiência característica produzida pelos romances *best-sellers*, o prazer por eles proporcionado pode ser compensatório: uma narrativa realista a respeito de problemas atuais sugere soluções imaginárias em termos de valores culturais e políticos dominantes. Para proporcionar esse prazer, ademais, a narrativa deve ser imediatamente compreensível e, portanto, a língua deve fixar sentidos precisos numa sintaxe simples e fluida e um vocabulário conhecido. A ênfase sobre a função, a comunicação e a referência, em vez da apreciação da forma altamente estética, torna a linguagem à primeira vista transparente, produzindo assim a ilusão de realidade que provoca a identificação do leitor.

O realismo típico da estética popular determina estratégias paralelas para a tradução de *best-sellers*. As editoras não estão apenas mais inclinadas a escolher textos estrangeiros realistas para tradução, deixando de lado literaturas estrangeiras caracterizadas por experiências formais que frustram a "demanda de participação profundamente enraizada" (Bourdieu, 1984, p.32), mas também insistem em traduções fluentes que produzem o ilusório efeito de transparência, como se fosse algo não traduzido. As estratégias de fluência buscam a sintaxe linear, o sentido unívoco, a linguagem contemporânea, a consistência lexical; evitam construções não idiomáticas, polissemias, arcaísmos, jargões, efeitos linguísticos que chamem a atenção para as palavras enquanto palavras, que assim ganham destaque ou interrompem a identificação do leitor. Na tradução fluente, a ênfase é posta na familiaridade, a ponto de tornar a linguagem praticamente invisível. Isso garante que o texto estrangeiro não somente atingirá o maior público doméstico possível, mas que o texto sofrerá um vasto processo de domesticação, uma inscrição com valores culturais e políticos predominantes na situação doméstica – incluindo aqueles valores com base nos quais a cultura estrangeira é representada. Para que o texto atinja um público de massa, a tradução do *best-seller* deve ser inteligível para as várias identidades domésticas que foram construídas para a cultura estrangeira, frequentemente estereótipos de fácil reconhecimento. No espelho da tradução do *best-seller*, leitores domésticos que adotam uma posição popular podem tomar uma representação realista modulada conforme seus próprios códigos e ideologias por uma experiência direta com o texto e a cultura estrangeiros.

Para documentar e desenvolver essas observações, pretendo fazer uma apreciação das traduções em inglês da obra de Giovanni Guareschi, escritor italiano de *best-sellers* internacionais por mais de duas décadas após a Segunda Guerra Mundial. Guareschi (1908-1968) foi um escritor satírico-cômico. Seus livros mais populares mostravam don Camilo, sacerdote de um vilarejo do norte da Itália que se envolve em escaramuças ideológicas com o prefeito comunista, Peppone, das quais sempre sai vencedor. Guareschi foi traduzido durante a Guerra Fria, embate econômico-político entre as democracias ocidentais e o bloco comunista, de modo que sua popularidade universal deve-se em grande parte ao tema recorrente do anticomunismo. Contudo, com a finalidade de alcançar o *status* de *best-seller* em tradução, os livros de Guareschi deveriam corresponder a expectativas culturais necessariamente diversas, de comunidades domésticas diferentes, as quais necessariamente se desviavam das existentes na Itália.

O sucesso de Guareschi em inglês lança uma luz sobre o lugar do *best-seller* traduzido na política econômica da cultura anglo-americana no pós-guerra. Pode-se observar como a escolha do texto estrangeiro, o desenvolvimento de uma estratégia discursiva para sua tradução e a recepção da tradução estão todos inscritos com códigos e ideologias que alimentam as agendas políticas na cultura doméstica, ao mesmo tempo que constroem uma identidade cultural para o país estrangeiro. Com Guareschi, bem como com a maioria dos *best-sellers* traduzidos, a estética popular forja um amplo consenso cultural que oculta as contradições que existem nas preferências e nos interesses domésticos, mas também entre estes e os progressos contemporâneos na cultura estrangeira.

A recepção

Entre 1950 e 1970, publicaram-se nos Estados Unidos doze traduções em inglês das obras de Guareschi, a maioria delas tornando-se enorme sucesso de vendagem. A primeira, *The Little World of Don Camillo* (1950), foi um sucesso imediato, aparecendo nas listas de *best-sellers* de diversas revistas e jornais, inclusive o *Chicago Tribune* e o *New York Times*, com distribuição nacional por correio garantida por clubes do livro como o Book-of-the-Month Club e o Catholic Digest Book Club. Em dois anos foram vendidas aproximadamente 250 mil cópias, imagem do que iria acontecer nas subsequentes traduções de Guareschi. A segunda, *Don Camillo and his Flock* (1952), vendeu 185 mil cópias em semelhante espaço de tempo. A terceira, uma coletânea de histórias autobiográficas intitulada *The House that Nino Built* (1953), a quarta, *Don Camillo's Dilemma* (1954), e a quinta, *Don Camillo Takes the Devil by the Tail* (1957), venderam mais de 25 mil cópias já nos primeiros meses de publicação. Os livros de Guareschi não foram sucesso de vendagem apenas no início, mas continuaram sendo republicados durante duas décadas, em sucessivas reimpressões e edições em brochura.

Os livros também foram um sucesso em muitos outros países. Cada tradução de Guareschi publicada nos Estados Unidos tornava-se mais tarde sucesso editorial na Inglaterra, e muitas foram também distribuídas por clubes do livro. Em

1955, uma coletânea dos primeiros três livros de don Camilo foi comercializada pelo Companion Book Club, da Grã--Bretanha, que tinha aproximadamente 250 mil sócios. Ao mesmo tempo, os livros de Guareschi eram traduzidos em 27 línguas diferentes, conquistando sucesso semelhante em outras nações europeias ocidentais (o primeiro don Camilo vendeu 800 mil cópias na França), mas também chegou a países do bloco comunista ou sob o domínio comunista, como a Tchecoslováquia, a Hungria, a Polônia, a Coreia e o Vietnã. Estima-se que o total geral das vendas de Guareschi no mundo tenha chegado a 20 milhões de livros em 1957, quando o autor ainda tinha uma década pela frente para escrever.[1]

O anticomunismo de Guareschi foi, sem dúvida, um fator--chave de sua popularidade. Nos Estados Unidos, os livros de don Camilo colocaram o dedo numa ferida do público leitor — o medo nacional do comunismo — e o deixou entorpecido. *The Little World of Don Camillo* foi publicado em agosto de 1950, quando esse medo atingira um alto grau. O envolvimento

---

[1] A história editorial é extraída da correspondência de Donald Demarest a Van Allen Bradley, 5 set. 1950; PW Forescasts, Publishers Weekly, 19 jul. 1952, p.261; Roger W. Straus Jr. a Herbert Alexander, 19 nov. 1959; Victor Gollancz a Roger W. Straus Jr., 4 dez. 1953; Hilary Rubenstein a Roger W. Straus Jr., 11 jan. 1955; Sheila Cudahy a Silvio Senigallia, 20 jan. 1958; Sheila Cudahy a Victor Gollancz, 6 maio 1957; Seção de Óbitos, Giovanni Guareschi, *New York Times*, 23 jul. 1968, p.39. Minhas observações a respeito dos livros de Guareschi em traduções em língua inglesa baseiam-se em documentos inéditos e em correspondência editorial com o Arquivo Farrar, Straus and Giroux, Rare Books and Manuscripts Division, New York Public Library.

americano na Guerra da Coreia estava entrando no segundo mês em meio a ameaças de intervenção da China comunista. As campanhas para as eleições de outono para o Congresso estiveram repletas de "inusitadas quantidades de insultos, mentiras e acusações de radicalismo", em que os candidatos procuravam provar que seus concorrentes eram simpatizantes do comunismo (Fried, 1974, p.219). O Congresso estava debatendo o Ato de Segurança Interna, legislação que iria identificar "organizações comunistas" e declará-las conspirações políticas, e a imprensa uniu-se aos políticos na invenção de uma rede subterrânea de subversão comunista, que pareceu se confirmar pela prisão dos Rosenberg por espionagem em julho e agosto (Caute, 1978, p.38-9, 446-9).

Muitos dos resenhistas de Guareschi contemplaram essa situação tensa e maníaca e receberam de braços abertos o alívio ilusório das vitórias engraçadas de don Camilo sobre o prefeito comunista. No *Saturday Review of Literature*, o primeiro volume de don Camilo foi apresentado na capa, e um dos editores escreveu um artigo tornando explícitos os termos políticos da recepção de Guareschi:

> Este livro foi escrito para ajudar você a superar seus males. Se você está sofrendo por causa do calor, ou de queimadura do sol, ou de *overdose* de manchetes sobre a Coreia, não importa: o brilhante e encantador livrinho de Guareschi será um alívio. E isso é muito mais importante porque, embora *The Little World of Don Camillo* aparentemente relate apenas uma série de discussões entre o pároco e o prefeito de uma cidadezinha italiana, ele na verdade tem coisas sábias a dizer a respeito do enorme e

sinistro problema que assusta a todos nós hoje: a luta do mundo livre contra o comunismo. (Walters Jr., 1950)[2]

Embora Guareschi tenha escrito um prefácio à edição em inglês que descrevia o "pano de fundo dessas histórias [como] minha casa, em Parma, a planície da Emília junto ao rio Pó" (Guareschi, 1950, p.8), o resenhista leu-as como uma alegoria da política internacional da época. E o código para essa leitura alegórica era a Doutrina Truman, a política externa dos Estados Unidos visando conter a expansão soviética por meio de ajuda aos países supostamente ameaçados. O resenhista estava fazendo eco à mensagem de Truman ao Congresso em 1947, na qual ele argumentava que "regimes totalitários impostos aos povos livres, por agressão direta ou indireta, solapam os fundamentos da paz internacional e, portanto, colocam em risco a segurança dos Estados Unidos" (Truman, 1963, p.176). A obra de Guareschi articulava uma preocupação mundial com o comunismo na década de 1950, mas nos Estados Unidos a resposta predominante foi a assimilação do texto italiano a códigos e ideologias nitidamente americanos, em resposta a uma situação cultural e política tipicamente americana.

A domesticação indica a importância da estética popular para entender o sucesso de Guareschi. Os editores americanos tendiam a tratar seus escritos como uma alegoria local, porque presumiam uma continuidade entre arte e vida. Eles

---

2 Esse artigo não foi publicado. O *Saturday Review of Literature* publicou uma crítica de *The Little World of Don Camillo* por outro escritor que igualmente fazia referências políticas e até repetia o palavreado de um artigo não publicado: ver Sugrue, 1950, p.10.

deram voz à demanda popular por participação indireta numa narrativa que oferece alguma implicação moral (Bourdieu, 1984, p.4-5). Os livros de don Camilo foram tão calorosamente recebidos porque envolviam o leitor na divertida solução para o mais alarmante "problema" americano. Isto também fica claro no artigo do *Saturday Review*:

> Com toda certeza, ao ler o agradável livro de Guareschi você começará a identificar-se com don Camilo em sua batalha em nome do mundo livre contra o comunismo. Se nós, do mundo livre, lutarmos com a mesma coragem, força e fé – e, por que não, com o humor! – de don Camilo, certamente as suas vitórias serão também as nossas. (Walters Jr., 1950)

Um certo resenhista achou que a solução de Guareschi não era inteiramente aceitável por ser utópica demais, de um "romantismo" implausível em sua descrição dos comunistas (Paulding, 1952, p.6). Mas mesmo esses céticos adotaram os mesmos critérios da maioria embevecida ao pedir que esse escritor italiano assumisse um papel ético na cultura americana, estabelecendo um ideal de conduta, mesmo que inatingível: "No pequeno mundo de don Camilo só existem pessoas boas e é uma pena que exista pouca chance de fazer o nosso mundo parecido com o dele" (ibid.).

Os livros de Guareschi sobre don Camilo atingiram sucesso de vendas nos Estados Unidos não simplesmente porque eram anticomunistas, mas porque, sob a égide da estética popular, sua versão do anticomunismo encaixava-se nos padrões familiares e domésticos. Esses valores incluíam estereótipos étnicos sobre a Itália. Uma série de resenhistas elogiou Guareschi por seu ponto de vista peculiarmente "italiano", uma etnicidade definida como antitética ao comunismo por vários motivos: biológicos, psicológicos, morais, religiosos. "Em seus livros", escreveu o resenhista da revista católica *Commonweal*, "os comunistas, apesar de todo seu alarido, não são monstros. Sob aquela conversa toda, eles são emocionalmente italianos, para os quais o primeiro amor é a Igreja" (Gable, 1952, p.492). A *Life*, num longo esboço biográfico de Guareschi, também equacionou "italiano" com emoção e catolicismo. A revista procedeu a uma redução popular de uma forma cultural (no caso, a ópera) à "vida" italiana, criando uma psicologia étnica para explicar o conflito entre don Camilo e Peppone: "Tal é a natureza operística do temperamento italiano que as claras divisões dos conflitos ideológicos ficam apagadas por intrigas, acordos, teatro, confusão e emoção" (Sargeant, 1952, p.125). O Book-of-the-Month Club, seguindo a linha de sua visão popular de ficção como "um instrumento de capacitação do leitor para mover-se com maior desenvoltura no mundo" (Radway, 1989, p.278), via Guareschi expressando "aquela mistura de aceitação trágica do destino e riso filosófico que vemos como algo tipicamente latino" (*Book-of-the-Month Club News*, 1950, p.8). Contudo, "essa conhecida característica nacional", embora fosse atribuída à Itália, era comparável aos "modos de Charlie Chaplin", cultura essa que não era italiana, mas reconhecível a americanos, se não reconhecida como americana (ibid., p.6).

A obra de Guareschi também coincidia com o estereótipo americano profundamente masculinista da Itália. Na abertura de sua resenha de *The Little World of Don Camillo*, *Commonweal* afirma que

> o livro de Guareschi corrobora a ideia que comumente se tem da Itália, terra de homens troncudos com tez cor de oliva, bigodes pretos e gestos impetuosos. O povo é pobre, come tremendas quantidades de *pasta* e bebe vinho tinto de qualidade razoável. As famílias são grandes, as esposas submissas e as crianças impertinentes. São boa gente, *brava gente*. (Hughes, 1950, p.540)

Enquanto os escritos de Guareschi confirmavam o estereótipo italiano vigente entre os americanos, também confirmavam um valor que dominava a cultura americana durante a década de 1950, a família patriarcal, na qual o ideal masculino era representado como força física e moral (May, E., 1988). O ideal apresentava implicações políticas: definia o cidadão americano leal, ao passo que os simpatizantes subversivos do comunismo eram caracterizados como fracos, efeminados e homossexuais (Edelman, 1993; Savran, 1992). Em *The Vital Center*: The Politics of Freedom (1949), o historiador Arthur Schlesinger Jr. descreveu o "companheiro de viagem" americano como uma pessoa "flexível, não irredutível" e argumentou que o comunismo "perverte a política tornando-a algo secreto, pegajoso e furtivo como, na expressão de um sábio observador da Rússia moderna, os homossexuais numa escola para meninos" (Schlesinger, 1949, p.36, 151). O que os leitores americanos viam em Guareschi era um escritor que tornava palpável a ligação ideológica entre o poder da heterossexualidade masculina e o anticomunismo.

O próprio Guareschi, sua aparência física, facilitava essa identificação. Um entrevistador do *New York Times Book Review* observou que ele tinha uma aparência "formidável":

> Um homem de aproximadamente 40 anos, estatura média e corpo de lutador, com enormes bigodes pretos, uma verdadeira mata virgem de negros cabelos, aparentando ter dormido com as roupas que veste. Por trás desse exterior formidável, há um espírito educado e sensível, um senso de humor loucamente perverso e uma integridade pessoal que já lhe causou problemas muitas vezes. O senso de humor, politicamente aplicado, valeu-lhe em 1948 a honra da denúncia pública pelo presidente do Partido Comunista Italiano. (Clark, 1950, p.13)

O anticomunismo de Guareschi expressava uma virilidade que era ao mesmo tempo física e moral, um rude individualismo ("integridade pessoal"), que iria mostrar-se especialmente conveniente aos leitores americanos que absorviam as representações que a Guerra Fria fornecia a respeito do comunismo como algo totalitário, uma ameaça à autonomia do indivíduo. O entrevistador, no entanto, foi mais longe ao assumir uma postura popular em relação à imagem masculina de Guareschi: ele foi associado a conhecidos atores e personagens de filmes de Hollywood ("o astuto repórter policial numa produção italiana de *A primeira página*"; "o durão do cinema", Humphrey Bogart), e a ênfase em sua aparência desgrenhada colocava-o nas classes trabalhadoras, onde o "refinamento estético, particularmente em relação a roupas ou cosméticos, é privilégio das mulheres devido a uma representação, mais rígida do que em qualquer outra classe, da divisão sexual do trabalho e de moral sexual" (Bourdieu, 1984, p.382). O descuido de Guareschi com seus cabelos e roupas recebeu um significado político: "Guareschi", escreveu um entrevistador, "simplesmente não liga a mínima para sua aparência. De fato, ele não consegue ligar muito para nada, a não ser para o Partido Comunista, que ele abomina" (Clark, 1950, p.13).

Foi essa configuração ideológica, modelando um gênero, classe e identidade nacional particulares, que caracterizou a recepção americana da obra de Guareschi. Suas histórias autobiográficas sobre a família encantaram leitores americanos, entre os quais "maridos, especialmente pais, portavam a etiqueta de 'homem de família', como sinal de virilidade e patriotismo" (May, E., 1988, p.98). *The House that Nino Built* (1953) representava Guareschi como o trabalhador humilde cuja autoridade patriarcal era divertidamente desafiada por sua esposa, Margherita, e seus dois filhos, desafios esses que, embora nunca fossem decisivos, eram ocasionalmente formulados em termos políticos. "Se eu não tivesse tanto respeito por Margherita", suspira o representante de Guareschi, Giovannino, "eu diria que ela adota táticas tipicamente comunistas" (Guareschi, 1953a, p.85). Os livros de don Camilo falavam diretamente à ligação americana entre masculinidade e anticomunismo, porque os conflitos sempre envolvem personagens extremamente masculinos e por vezes assumem formas violentas. Quando don Camilo ouve a propaganda comunista de Peppone, "as veias no [seu] pescoço ficam grossas como cabos de alta tensão" (Guareschi, 1950, p.89). Don Camilo tende a intimidar seus opositores políticos esmurrando-os ou chutando-os. Em uma história intitulada

"The Avenger" ele até se fantasia de lutador de boxe para poder derrotar o campeão comunista local por nocaute.

O sucesso dos livros de don Camilo dependia de sua assimilação a valores americanos altamente carregados, e os valores que eles defendiam eram diversificados, até mesmo contraditórios. Um dos paradoxos na recepção de Guareschi é que o estereótipo étnico coincidia com um humanismo que apagava todas as diferenças étnicas, religiosas, políticas e nacionais. A estética popular que busca alguma aplicação moral na narrativa transformou seu anticomunismo de característica nitidamente italiana em verdade universal sobre a "humanidade". O resenhista da *New Republic* repetiu o estereótipo italiano familiar: "Embora Peppone e sua 'gangue' preguem os clichês stalinistas usuais, eles são basicamente demasiado italianos e demasiado católicos para se sentirem moralmente protegidos sem a presença da Igreja" (Cooperman, 1952, p.23). Mas, para explicar o sucesso de vendas de Guareschi, o resenhista pôs de lado essas distinções:

> O segredo do sucesso de Guareschi, naturalmente, é a completa e irresponsável humanidade de seus personagens. Don Camilo pode ser um sacerdote, mas não deixa de ter punho grande, peito largo e ser um homem deliciosamente imprevisível. E Peppone, o prefeito comunista do vilarejo e principal adversário de don Camilo, é igualmente humano – algo muito distante das caricaturas políticas diabólicas que parecem estar sendo amplamente disseminadas. (Ibid.)

Os livros de Guareschi conseguiram afastar a ameaça que os americanos percebiam numa ideologia oposta – o comunismo – ao sugerir que na verdade não havia oposição alguma. Peppone e don Camilo são a mesma coisa: "seres humanos". Contudo, o conceito de humanidade adotado pelo resenhista indica que a solução em si era ideológica. O humano foi definido como individual e irrepetível: Don Camilo e Peppone possuem cada qual uma personalidade complexa não coincidente com os papéis fixados para cada um pelas instituições sociais (a Igreja Católica e o Partido Comunista) e por abstrações ideológicas ("caricaturas políticas"). O humanismo do crítico era, portanto, liberal e democrático, baseado num conceito de autonomia pessoal partilhado por todos ("igualmente humano"). Era também, naturalmente, anticomunista: nas palavras do resenhista do *Baltimore Sun*, "à medida que revela o lado humano desses homens e mulheres, Guareschi assinala a incompatibilidade da ideologia vermelha com o sentimento italiano básico de humanidade" (Gallagher, 1952, p.30). Nos Estados Unidos, a recepção dos livros de don Camilo foi marcada por um humanismo liberal que simultaneamente ocultava seu próprio *status* ideológico e excluía adversários políticos de sua definição de humanidade.

Para dar maior destaque à natureza distintamente americana dessa recepção, bastará uma breve consideração do impacto muito diferente de Guareschi na Itália. Ele começou a publicar suas histórias em 1946 na revista por ele editada, *Candido*, de ampla vendagem semanal (400 mil exemplares), consagrada ao humor e à sátira política. A ideologia dessa revista era ferrenhamente anticomunista, com clara conotação monarquista, de forma que Guareschi estava lidando com um público leitor dividido: por meio de referendo popular, uma estreita margem havia escolhido a República à monarquia dos

Escândalos da tradução

Savoia como forma de governo na Itália para o período do pós-guerra (Vené, 1977, p.43-4). A revista agitou a opinião pública, particularmente pelos quadrinhos de Guareschi: seus quadrinhos mais acidamente satíricos descreviam os comunistas como não humanos, como gorilas de três narinas (*trinariciuti*); suas ilustrações para as divertidas histórias de don Camilo reduziram o conflito ideológico ao transformá-lo numa briga de duas crianças, comparando o democrata-cristão a um lindo anjinho e o comunista a um diabo travesso. O partido que mais se beneficiou da popularidade de Guareschi não foi o monarquista, mas o Democrata-Cristão: ele contribuiu para sua vitória sobre os comunistas nas eleições de 1948 e foi publicamente denunciado pelo presidente do Partido Comunista (Guareschi, 1950, p.7). Contudo, Guareschi não pode ser considerado propagandista ou mesmo membro do Partido Democrata-Cristão. Em 1954, após um julgamento que recebeu atenção internacional, ele foi condenado por difamação de um democrata-cristão que fora primeiro-ministro pouco antes.

Como ideologias políticas e partidos opostos estavam profundamente imbricados na vida social italiana, apoiados numa rede de organizações culturais muito ativas, a obra de Guareschi não se deparou, na Itália, com o mesmo medo paranoico do comunismo nos Estados Unidos e o estigma imposto a qualquer partido de esquerda. Ao contrário, algumas municipalidades no norte da Itália, como Bolonha, estavam sob o controle de comunistas que conquistaram a reputação de melhorar a máquina administrativa e estimular a economia regional (Ginsborg, 1990, p.184, 296). Para a política cultural da Itália, a tendência humanista das obras de don Camilo terminara contribuindo para a ascensão ao poder da esquerda em governos de coalizão nacional (Vené, 1977, p.8). *Mondo Piccolo*: Don Camillo, publicado pela primeira vez em 1948, atingiu a 52ª edição em 1975, quando o Partido Comunista firmou um "compromisso histórico" com os democratas-cristãos, arrebanhando 34% dos votos (Ginsborg, 1990, p.354-8). O próprio Guareschi já havia previsto, em 1952, esse ulterior desenvolvimento quando disse aos entrevistadores da *Life*, com sua típica ironia, que "o que eu estou fazendo é algo excepcional, um verdadeiro prodígio, algo que nenhum outro escritor jamais fez: consegui transformar um comunista numa pessoa simpática" (Sargeant, 1952, p.125). Na Itália, a maioria dos leitores de classe média de Guareschi enxergou as semelhanças entre don Camilo e Peppone, especialmente seu catolicismo, como sinal de uma possível colaboração entre os democratas-cristãos e os comunistas, ao passo que, nos Estados Unidos, a "humanidade" dos personagens indicava a "incompatibilidade" entre a democracia liberal e o comunismo.

Os diversos códigos e ideologias identificáveis na recepção americana de Guareschi foram partilhados por uma vasta gama de leitores de diferentes formações culturais. O maior segmento de seu público pode ser descrito como de classe média, instruído, mas não intelectualizado, interessado na leitura de ficção e em filmes de entretenimento, mas não disposto a "ganhar a vida produzindo, analisando e classificando produtos culturais" (Radway, 1989, p.261). Esses eram os leitores do Book-of-the-Month Club, que comercializou cinco dos livros de Guareschi: em 1958, uma pesquisa feita pelo clube mostrou que a maioria de seus membros frequentava a universidade, mas apenas 13% eram professores (Lee, C., 1958, p.149).

Os livros de don Camilo foram particularmente apreciados pelos estudantes universitários, inclusive das faculdades particulares. Em 1953, o Cornell Drama Club promoveu sessões de leitura de *The Little World of Don Camillo* (Pat MacLaughlin a Laura Lee Rilander, 30 nov. 1953). E logo que *Don Camillo's Dilemma* chegou às prateleiras da biblioteca do Barnard College, começou a ser retirado sem interrupção de outubro de 1954 a dezembro de 1955. Essas histórias também foram frequentemente incluídas em antologias adotadas como livros escolares em faculdades e estabelecimentos de ensino médio.[3] Em 1962, Herman Ward, professor de Língua Inglesa no Trenton State College e consultor do Departamento de Inglês na Princeton High School, chegou a recomendar que o currículo do ensino médio incluísse Guareschi, em vez de Dickens e Eliot. Em artigo para o *New York Times Magazine*, Ward argumentou que os "clássicos fossilizados" não incentivavam o hábito da leitura entre estudantes, ao contrário do que acontecia com "as centenas de livros menos brilhantes que os empolgam agora", porque "estes são os livros da atualidade" (Ward, 1962, p.79). É interessante observar que essa visão gerou a pedagogia da estética popular, transformando estudantes em leitores que procuram estabelecer uma continuidade

---

3 Publicações de livros-textos e antologias estão documentadas por correspondência relativa a direitos autorais: Joseph Bellafiore a Pellegrini e Cudahy, 7 fev. 1953; Harcourt Brace a Farrar, Straus e Young, 19 nov. 1954; Beverly Jane Loo ao reverendíssimo Vincent J. Flynn, 13 mar. 1956; Kathy Connors a Scott, Foresman, 2 jan. 1957.

entre arte e vida ao concentrar-se sobre o contemporâneo, o local, o imediatamente identificável.

Ward, de fato, não desejava abandonar os "clássicos", mas preparar os estudantes para uma leitura substitutiva dos mesmos formando "uma infância e uma juventude nas quais os livros fossem tão interessantes quanto a própria vida" (ibid.). Ward é a prova de que o público americano de Guareschi incluía uma elite intelectual, leitores cujo meio de vida incluía o ensino e a avaliação dos produtos culturais. Enquanto, na Itália, Guareschi foi ignorado pelos intelectuais da época, ficando ausente das histórias literárias e dos currículos, nos Estados Unidos era lido nas escolas, resenhado por escritores e acadêmicos respeitáveis, incluído numa antologia abrangente e discutido numa monografia acadêmica (Vené, 1977, p.22-5; Slonim, 1954; Heiney, 1964, p.104-5). Nos Estados Unidos, as histórias de don Camilo foram incluídas no cânone da literatura italiana, ao lado das obras de Verga, Pirandello e Moravia, associadas ao movimento neorrealista na ficção (Slonim, 1954, p.230-1).

É importante frisar que os intelectuais americanos também adotaram uma abordagem popular em relação a Guareschi, deixando de lado a apreciação crítica da forma que distingue a alta estética cultural, assimilando seus escritos aos códigos e ideologias então em vigor na cultura americana. Para Donald Heiney, professor de Língua Inglesa na Universidade de Utah, "foi o talento peculiar [de Guareschi] que lhe permitiu apresentar Peppone, o prefeito comunista de *Don Camillo*, tanto como um ser plenamente humano como irremediavelmente cabeçudo" (Heiney, 1964, p.112). Eudora Welty, que na década de 1950 já era considerada grande ficcionista, escreveu uma resenha favorável de *Don Camillo and his Flock* para o *New York Times*, na qual suas observações indicavam o mesmo humanismo, estereótipo étnico e anticomunismo que, no geral, caracterizaram a recepção de Guareschi: "A diferença entre os adversários tão equivalentes – que realmente parecem inclinados a gostar um do outro daquele jeito quente, italiano – está no apoio que recebem. Stálin está longe demais para ajudar Peppone em alguma coisa" (Welty, 1952, p.4). Para um resenhista como William Barrett, professor de Filosofia na Universidade de Nova York e editor da sisuda revista *Partisan Review*, o livro autobiográfico de Guareschi, *The House that Nino Built*, foi um momento de afirmação da família patriarcal como parte do estereótipo familiar italiano:

> só um italiano, e certamente nenhum americano, poderia ter escrito um livro como esse. Quando histórias semelhantes da vida familiar aparecem aqui em revistas como *The New Yorker*, sempre há alguma neurose escondida por baixo dos panos ou certa ironia ou sofisticação. E quando a ficção em nossas revistas femininas trata da família, normalmente ocorre uma culpa constrangedora. O povo italiano consegue evitar esse estranho constrangimento porque para ele a família é algo óbvio como não o é para nós. (Barrett, 1953, p.49)

Barrett estava internalizando um conceito de família americana do tempo da Guerra Fria, na qual "o lar autossuficiente era uma promessa de segurança num mundo cheio de perigos" (May, E., 1988, p.3). Ele também não deixou claras as razões ideológicas por que para os americanos a família não poderia ser algo óbvio: sua estabilidade era vista como um meio importante de combater a infiltração e a subversão comunistas, uma forma doméstica da contenção global anunciada na Doutrina Truman. Barrett valorizava Guareschi porque sua obra proporcionava o prazer da literatura de classe média da identificação do leitor com o conceito de família, em contraste com o desligamento cético provocado por outros tratamentos, seja a doentia "ironia" do *New Yorker* ou o melodramático "constrangimento" das "revistas femininas". A crítica de Barrett divergia dos debates contemporâneos conduzidos por intelectuais como Leslie Fiedler e Dwight MacDonald, que procuravam reforçar sua autoridade cultural atacando a "cultura média" por anular distinções de gosto de classe (Ross, 1989, p.56-61). Ao contrário, Barrett colocou *The House that Nino Built* acima da cultura de elite e de massa (aqui exemplificadas, respectivamente, por *The New Yorker* e as "revistas femininas"), e revelou uma valorização dos termos característicos da recepção de classe média de Guareschi: sua representação de família foi definida como tipicamente italiana, masculina, mas, ainda assim, de certa forma universal, "humanidade pura e simples" (Barrett, 1953, p.49).

O grande apelo da obra de Guareschi, sua capacidade de cruzar as fronteiras entre as comunidades culturais americanas e provocar uma resposta popular da elite intelectual foram planejadas, até certo ponto, por seus editores, o casal Pellegrini e Cudahy. Essa pequena empresa familiar elaborou uma campanha promocional para apresentar os dois primeiros livros de don Camilo a um público nacional diversificado. Eles publicaram trechos e fizeram propaganda em vários periódicos, jornais e revistas, tanto da elite como do público de massa, inclusive *Chicago Tribune, Colliers, Harper's, New York Times, New Yorker, San Francisco Chronicle* e *Saturday Review of Literature*. Sheila Cudahy, a editora que adquiriu os direitos e supervisionou a publicação dos livros de Guareschi durante cerca de quinze anos, escreveu a carta de apresentação que acompanhava as cópias para análise de *The Little World of Don Camillo*, fazendo uma descrição que antecipava e definia as respostas dos críticos: "O padre e o prefeito", dizia a carta, "encontram-se frente a frente numa série de dificuldades divertidas e tipicamente humanas" (11 jul. 1950).

Sheila Cudahy cuidou especialmente do mercado católico por meio de clubes de livros religiosos e periódicos. Publicou trechos e propagandas em revistas como *Books on Trial, Our Sunday Visitor* e *The Sign*, mas também enviou o primeiro livro de don Camilo, antes que fosse publicado, a editores católicos para avaliar sua reação. Em 1949, o manuscrito da tradução foi enviado a Harold C. Gardiner, padre jesuíta, editor literário do semanário católico nacional *America*, que o classificou como "leitura muito agradável" e fez uma "advertência":

> Como fazer isso não sei, mas acredito que uma explicação sobre os antecedentes italianos do livro, além de alguma advertência de que, embora muitas pessoas simples tenham sido ingenuamente enganadas pela propaganda comunista, os instigadores da propaganda não eram e continuam não sendo ingênuos, seria útil para dissipar qualquer impressão de que o comunismo está sendo tratado como assunto risível. (Gardiner a Cudahy, 15 ago. 1949)

Cudahy levou em consideração o conselho de Gardiner. "O autor", respondeu ela em 31 de agosto, "está escrevendo uma nova introdução conforme as sugestões do senhor", e Guareschi produziu um texto autobiográfico que deixou clara sua oposição ao Partido Comunista Italiano, compensando a não familiaridade do leitor americano a respeito de seu impacto cultural e político na Itália (Guareschi, 1950, p.7).

A promoção que Cudahy fez dos livros de don Camilo implicitamente convidava os leitores a domesticar a tradução ao assimilá-la aos valores americanos predominantes. Contudo, ela não poderia controlar inteiramente o processo domesticador porque era impossível prever as formas que ele iria assumir: comunidades culturais diferentes determinam usos diferentes para o livro; e mesmo dentro de um público particular os usos eram variados e conflitantes. Embora a resenha literária de Welty a respeito de *Don Camillo and his Flock* realmente contenha as apreciações críticas da forma literária que se pode esperar de uma escritora sofisticada – não hesitando em indicar que "as histórias são breves, de aproximadamente seis páginas, e prazerosamente semelhantes em quase todos os outros aspectos também" –, ela finalmente pôs de lado a estética cultural de elite para articular a resposta popular: "o prazer para o leitor comum vem do calor que emana de sua leitura" (Welty, 1952, p.4). O *New Yorker*, no entanto, adotou uma posição caracteristicamente elitista, cheia de uma espirituosidade contundente, ridicularizando a qualidade formulaica da obra de Guareschi e questionando sua posição ideológica. Aqui o humanismo foi visto como algo repressor.

Escândalos da tradução

O senhor Guareschi novamente apresenta seu palhaço de estimação, don Camilo, numa série de incidentes estapafúrdios criados para provar que as pessoas que não concordam conosco estão erradas, mas mesmo assim são humanas, e se as tratarmos com bondade podem mudar de opinião, e assim tudo ficará bem. (*New Yorker*, 1952, p.89)

A recepção a Guareschi não operou de modo uniforme entre os membros da elite cultural, variando da pura rejeição, à sátira e à aprovação moderada. O mesmo aconteceu entre os católicos, cuja análise dos livros foi parcialmente intelectual, do ponto de vista da ortodoxia doutrinal, e parcialmente popular, um engajamento emocional com as narrativas e uma avaliação de seu valor como fonte de critérios morais. Em 3 de outubro de 1950, um pastor do Cortland College, em Nova York, escreveu a Pellegrini e Cudahy, solicitando permissão para utilizar as ilustrações de Guareschi numa brochura, acrescentando que "suas ideias básicas [de *The Little World of Don Camillo*] são saudáveis, sendo apresentadas de modo agradável e elaborado". O Thomas More Book Club de Chicago pensava de modo diferente: os editores ficaram escandalizados. Rejeitaram o livro como "objetável" e quando Sheila Cudahy procurou uma explicação, o vice-presidente do clube reclamou que "o padre age de modo indigno de um sacerdote" e, mais grave ainda, "sua conversa com Cristo beirava a irreverência" (Dan Herr a Cudahy, 19 e 27 jun. 1950). O humanismo de Guareschi, além disso, foi julgado moralmente questionável em relação ao comunismo:

Nós nos preocupamos com o tema subjacente ao livro – pelo menos em nossa opinião – de que não existe muita diferença entre bons cristãos e bons comunistas, e de que os comunistas são ridículos e não podem ser levados a sério. Eu sei que se trata de uma sátira, mas, quando a Igreja sofre tragicamente em todo o mundo, o comunismo perde seu lado engraçado.

Os aspectos da obra de Guareschi que atraíram as críticas de alguns segmentos conservadores do público católico encontraram eco em outros mais liberais, particularmente aqueles que adotaram uma abordagem cultural mais de elite ao situar os livros de don Camilo na história da arte religiosa. Prevendo a reação de leitores que "talvez se sintam ofendidos por esses bate-papos centralizados em Cristo", o resenhista do *Catholic World* observou que "por vezes, de fato, eles se revestem da mesma candura das antigas canções e peças teatrais da Idade Média" (Sandrock, 1950, p.472).

Os editores americanos de Guareschi não poderiam ter controlado a heterogeneidade de sua recepção, principalmente porque ela excedia em muito seus próprios conceitos relativos à obra. George Pellegrini, um italiano que imigrou para os Estados Unidos em 1940, e Sheila Cudahy, filha de um importante dono de frigorífico de Chicago, foram editores que tiveram acesso à educação superior e à pós-graduação: ele estudou nas universidades de Florença e Oxford, ela em Barnard, e depois ambos fizeram pós-graduação em Literatura na Columbia University. Suas atividades enquanto editores eram inspiradas por interesses culturais de elite, mas na sua maior parte o interesse era comercial e de classe média. Entre 1946, quando publicaram seus primeiros livros, e

1952, quando a morte prematura de George precipitou a fusão com a Farrar, Straus, sua lista incluía livros como as memórias do pintor britânico Augustus John, um romance do escritor italiano Ennio Flaiano e *The Complete Canasta*, pelo colunista Charles Goren, especialista no jogo de *bridge*. Pellegrini e Cudahy lançaram o livro de Goren em 1949, unindo-se a pelo menos três outras editoras desejosas de explorar o interesse nacional pelos jogos de cartas (Goulden, 1976, p.195-6).

O interesse de Cudahy em Guareschi era um indicador do espírito empresarial da companhia. Atenta ao sucesso comercial do primeiro don Camilo na Itália, ela localizou um tradutor que, sabia-se, tinha feito uma tradução completa para o inglês (conversa telefônica em 3 de março de 1995). Ela e Pellegrini trataram o caso como uma fonte de lucros: ela comprou os direitos mundiais para a língua inglesa e deu início a agressivas campanhas promocionais e de *marketing*.

Não apenas investiram em propaganda o que poderia parecer um excesso de dinheiro, 10 mil dólares, como também venderam rapidamente uma vasta gama de direitos subsidiários de tradução.[4] Eles a licenciaram para o editor britânico Victor Gollancz por um modesto adiantamento (175 libras

---

4 A atitude empresarial dos editores em relação à obra de Guareschi está documentada por contratos, cartas e calendário de pagamentos: contrato entre Giovanni Guareschi e Pellegrini e Cudahy, 24 jun. 1949 e 14 ago. 1951; Donald Demarest a Chandler Grannis, 3 ago. 1950; George Pellegrini a Giangerolamo Carraro, Rizzoli, 20 nov. 1950; Sheila Cudahy a Sheila Hodges, Victor Gollancz Ltd., 4 jun. 1952; Victor Gollancz a Pellegrini e Cudahy, 27 ago. 1952; Cudahy a Herbert Alexander, Pocket Books, 22 abr. 1953; Robert Freier e Arnold Leslie Lazarus a Farrar, Straus e Young,

esterlinas para o primeiro livro, 500 para o segundo), por uma grande porcentagem em *royalties* (15%), numa previsão sagaz da enorme vendagem de Guareschi no Reino Unido. E como a demanda americana era tão grande, publicaram sua própria edição de capa dura em tiragens consideráveis (55 mil cópias em dois anos), além de venderem licenças para edições em capa dura tanto para o Book-of-the-Month Club (tiragem inicial de 100 mil cópias) e para Grosset e Dunlap (que imprimiram 40 mil cópias dos dois primeiros livros de don Camilo). Em 1953, a Pocket Books comprou os direitos para a brochura com um adiantamento de 10 mil dólares. Ao mesmo tempo, a popularidade de Guareschi garantia que os editores de antologias e livros escolares iriam comprar os direitos para reimpressões, cujo preço poderia variar conforme a natureza da publicação, educacional ou comercial, e a tiragem. O preço médio variava de 35 a 150 dólares por história, embora uma revista para um público de massa, *Colliers*, tenha pago 750 dólares por um trecho. Não existe relatório algum que registre os retornos do investimento de Pellegrini e Cudahy, mas pode-se ter uma ideia com base na renda de Guareschi: entre 1950 e 1954; por exemplo, *The Little World of Don Camillo* rendeu ao autor mais de 17.600 dólares em vendas de direitos (que ele dividiu meio a meio com os editores), e mais de 29.400 dólares em *royalties* (6% do preço de varejo de 2,75 dólares sobre os primeiros 5 mil exemplares, 7,5% sobre os 5 mil exemplares seguintes, e 10% sobre os demais).

---

19 nov. 1954; Royalty and Subsidiary Rights Income Schedule de Guareschi, ago. 1950 a jun. 1954.

Escândalos da tradução

Para as editoras americanas de Guareschi, no entanto, o capital gerado por sua obra não era simplesmente econômico, mas também cultural. Pellegrini e Cudahy, sem dúvida, eram guiados pela busca de lucro, embora aparentemente partilhassem a mesma abordagem de literatura de classe média em relação aos livros de don Camilo que o mais amplo segmento de seus leitores. Isso fica claro na carta que Cudahy escreveu para o vice-presidente do Thomas More Book Club, na qual ela descreve sua reação:

> Gostaria de saber se o senhor poderia me informar em que sentido achou *The Little World of Don Camillo* inadequado. O motivo que me leva a perguntar é porque, como católica, sinto-me naturalmente responsável pelas publicações e não gostaria que esse livro fosse visto como desrespeitoso ou de alguma maneira simpatizante demais do comunismo. Se alguns de seus leitores apresentaram objeções nesse sentido gostaria de saber, porque na verdade o autor é católico devoto e fez possivelmente mais do que qualquer jornalista na Itália, colocando mesmo sua vida em risco, para lutar contra o comunismo. Portanto, seria lastimável ocorrer um desentendimento e creio que podemos fazer algo em nossa apresentação do livro para evitar quaisquer possíveis confusões. (Cudahy a Dan Herr, 21 jun. 1950)

A resposta de Cudahy dissolveu a distinção entre a obra de Guareschi e os valores então dominantes na cultura americana. Mais do que isso, ela concebeu seu papel de editora em termos morais, pelo qual procurava servir os leitores ao assumir uma posição clara e decidida nos assuntos mais urgentes da atualidade. Isso exigia uma adesão à estética popular, explicitando o trabalho do autor e do editor em relação às suas vidas e à edição do livro para enfatizar seu conteúdo ético e político. O conteúdo era naturalmente uma inscrição doméstica: Cudahy leu as histórias de don Camilo dentro das mesmas configurações ideológicas que moldaram a recepção de Guareschi nos Estados Unidos como um todo – anticomunista e humanista, embora aqui o humanismo tenha assumido uma forma explicitamente religiosa.

Guareschi alcançou tanto sucesso nos Estados Unidos porque sua obra abrigava os mesmos sentidos para leitores de diferentes grupos sociais. Don Camilo consolidou códigos e ideologias de amplitude verdadeiramente nacional, sem porém minimizar os usos diversificados que as diferentes comunidades culturais poderiam fazer dos mesmos: religioso, pedagógico, comercial, político, propagandístico. Os direitos de radiodifusão, por exemplo, foram avidamente disputados por produtores de cinema e televisão, bem como pelo Departamento de Estado, que solicitou o uso internacional no rádio na Voz da América (Evelyn Eisenstadt a Pellegrini e Cudahy, 16 fev. 1951). Começou a criar-se um público leitor de massa, porque esses diversos usos partilhavam uma concepção específica de cultura, a estética popular, de modo que don Camilo transformou-se numa agradável fantasia coletiva, uma resolução imaginária para uma situação social tensa. E essa fantasia funcionou tanto para os produtores como para os consumidores dos livros de Guareschi. Aproximadamente cinquenta anos depois, Sheila Cudahy lembrava-se apenas do prazer: ela recusava-se a ligar *The Little World of Don Camillo* a um dos períodos mais inflamados da Guerra Fria e acreditava que se sentira atraída pelo livro por ele ser muito divertido, com ilustrações charmosas e objetivas (entrevista em 3 mar. 1995).

O escândalo da recepção americana de Guareschi não é que ela se apoiou na estética popular (o que seria escandaloso apenas de um ponto de vista cultural mais elitista), mas que ela fomentou valores domésticos questionáveis. Os livros de don Camilo ao mesmo tempo controlaram e sustentaram uma paranoia americana do comunismo, juntamente com outros estereótipos étnicos e de gênero com que estava mesclada, enquanto distorciam a situação cultural e política na Itália.

Edição e tradução

O fator-chave do sucesso de Guareschi foi a produção das traduções, processo complexo que incluiu diversas decisões editoriais e encontra-se parcialmente documentado no arquivo da editora.[5] Os textos italianos foram deliberadamente editados e traduzidos para que pudessem ultrapassar fronteiras

---

5 Vários documentos oferecem indicações do processo de produção das traduções de Guareschi: "Io sono così" e uma versão em inglês de autor desconhecido, "This is the Way I Am", ambos datilografados; quinze folhas datilografadas não consecutivas da tradução de Una Vincenzo Troudridge de *The Little World of Don Camillo* (citado como "Troubridge, 1949" em meu texto); Mary Ryan, memorando interno, Pellegrini e Cudahy, 2 ago. 1949; Sheila Cudahy a Giovanni Guareschi, 18 mar. 1954, Cudahy a Frances Frenaye (senhora A. C. Lanza), 23 nov. 1959; Harold Vursell a W. J. Taylor-Whitehead, MacDonald and Co., Ltd., 3 maio 1966; Vursell a Gordon Sager, 10 mar. 1966 e 23 jan. 1967; Andrée Conrad a Livia Gollancz, 17 set. 1969.

linguísticas e culturais, não apenas entre a Itália e os Estados Unidos, mas entre diversas comunidades de língua inglesa, tanto britânicas como americanas.

O processo de produção de *The Little World of Don Camillo* iniciou-se no verão de 1949, logo que Cudahy recebeu a tradução em inglês preparada a partir da primeira coletânea das histórias de Guareschi, *Mondo Piccolo*: Don Camillo (1948). A tradução era uma versão completa do texto italiano, mas Cudahy procedeu a cortes, omitindo dezesseis histórias e um elaborado prefácio autobiográfico, aproximadamente 180 páginas da edição italiana. Essa foi, sem dúvida, uma atitude domesticadora: os cortes facilitaram a assimilação do livro para a maioria dos leitores americanos, pois o material omitido continha sátiras de personagens locais da política italiana de então e outros acontecimentos, incluindo uma lei parlamentar específica. Seguindo o conselho do editor católico de literatura a quem ela havia pedido um parecer da tradução, Cudahy solicitou a Guareschi que escrevesse um prefácio muito mais breve (sete páginas) que, embora fosse igualmente autobiográfico, fornecia também informações básicas sobre a vida e a obra do autor para o leitor americano. Esse novo prefácio continha detalhes que já eram conhecidos pelo considerável público leitor italiano de Guareschi, mas suprimiu outros que seriam igualmente familiares na Itália: ele se apresentava como fortemente anticomunista, embora sem qualquer referência às simpatias pela monarquia, evidentes em sua revista.

A tradução do novo prefácio, além disso, era dirigida a um público americano. A linguagem empregada no geral aderia ao inglês corrente, ao mesmo tempo que cultivava um estilo de coloquialismos imediatamente reconhecíveis para um vasto segmento de leitores americanos, ou então simplesmente identificados como um dialeto americano do inglês. Isso é consequência da escolha do título. O título italiano, "Io sono così" (numa tradução literal "I Am Like this" [Eu sou assim]), foi inicialmente traduzido por *This is the Way I Am* (É assim que sou), mas no final optou-se *por How I Got this Way* (Como fiquei assim) (Guareschi, 1950, p.3). A primeira tradução é correta, embora a sintaxe, apesar de informal, seja um pouco desajeitada; a revisão é uma interpretação muito mais livre e claramente mais fluente, até mesmo coloquial no uso do "got", o que lhe confere um toque desviante.

A versão em inglês do prefácio também revela a pressão dos valores americanos contemporâneos, principalmente a alta estima pela família patriarcal típica do período posterior à Segunda Guerra Mundial. No texto italiano, Guareschi se descrevia como um filho, marido e pai, membro de uma família maior que exercera profunda influência em sua vida. Ele tratou dessas relações de uma maneira carinhosamente divertida. Numa passagem, porém, enquanto tentava manter o tipo *non sequitur* que caracteriza o humor do texto, ele aparentemente ofereceu uma representação da família que Cudahy considerou inaceitável, pois ela a apagou da tradução. A versão em inglês diz: *I have a motorcycle with four cylinders, an automobile with six cylinders and a wife and with two children* (Tenho uma motocicleta de quatro cilindros, um automóvel de seis cilindros e uma mulher com dois filhos) (Guareschi, 1950, p.4). E o texto italiano continuava:

una moglie e due figli dei quali non sono in grado di precisare la cilindrata, ma che mi sono assai utili in quanto io li uso come personaggi in molte delle storie.

a wife and two children whose cylinders I am not in a position to describe precisely, but who are very useful to me inasmuch as I use them as characters in many of my stories. [uma mulher e dois filhos com cilindradas que não posso precisar, mas que me são bastante úteis, pois eu os utilizo como personagens em minhas histórias.]

A descrição da família como mais uma entre as propriedades mecânicas do patriarca – a tradução editada de Cudahy – poderia ter sido divertida para os leitores americanos, uma reviravolta inesperada nos valores culturais dominantes, não apenas a família nuclear, mas ideologias mais fundamentais como o individualismo possessivo, especialmente em sua forma materializada de veículos automotivos, sinais de estabilidade econômica que trazem a promessa de independência móvel. Contudo, como o texto italiano desenvolveu uma metáfora muito diferente, reduzindo a esposa e os filhos de Guareschi a meros objetos da exploração paterna, puramente utilitários, mecânicos ou literários, a passagem foi suprimida: ela corria o risco de parecer irreverente aos leitores para quem a família era também símbolo de realização emocional e segurança. A supressão preveniu tais reações; quer tenha sido uma intenção consciente de Cudahy ou não, o efeito de sua revisão correspondeu aos valores em voga na cultura americana do pós-guerra.

Ela também revisou o final do prefácio para adequá-lo aos papéis convencionais dos gêneros. O texto italiano conclui com outro exemplo do humor burlesco de Guareschi: *Oltre a una statura ho anche un peso. Spero di poter avere anche una cane* (*In addition to height, I have weight. I hope to be able to have a dog too*) (Além de altura, tenho peso. Espero conseguir ter um cachorro também). A versão em inglês retirou *weight* (peso) e *dog* (cachorro) e reescreveu a passagem para relacioná-la à figura mais exponencial da aparência masculina de Guareschi: *In addition to 5'10" I have all my hair* (Além dos meus 1,65m, tenho meus cabelos) (Guareschi, 1950, p.9).

Como essas opções sugerem, o discurso tradutório incluiu uma extensa domesticação guiada pela estética popular. O objetivo foi produzir uma fluência extrema que propiciasse a participação do leitor na ilusão realista da narrativa, e também inscrevesse ideologias e códigos americanos no texto italiano. Esse propósito torna-se claro numa comparação do texto italiano com duas traduções em inglês, a versão publicada por Pellegrini e Cudahy e a primeira versão preparada pela tradutora britânica Una Vincenzo Troubridge. Existem apenas quinze páginas desse texto, mas elas indicam que Cudahy procedeu a uma pesada revisão do trabalho de Troubridge, retirando a maioria dos traços britânicos e inserindo coloquialismos americanos. O dialeto britânico estava presente no léxico, na sintaxe e na ortografia de Troubridge em todos os níveis. Todas as vezes que traduziu *canonica* por *presbytery* (casa paroquial), Cudahy mudou para *rectory* (residência do reitor). De modo semelhante, *half a metre* (meio metro) foi substituído por *two feet* (dois pés), *liberally daubed* (pincelado sem cuidado) por *plastered* (rebocado), *constables* (guardas) por *men* (homens), *parcels* (pacotes) por *baskets* (cestos), *a considerable weight* (peso considerável) por *pretty heavy* (bem pesado), e *tyre* (pneu) por *tire* (pneu) (Troubridge, 1949, p.77, 79-80, 222; Guareschi, 1950, p.67, 69-70, 187). Troubridge também empregou alguns coloquialismos, mas eram tipicamente britânicos e invariavelmente recebiam as canetadas de Cudahy, que providenciava substitutos americanos por ela considerados necessários para coincidir com o italiano de Guareschi. *I should have liked to box their ears* (Eu adoraria ter-lhes dado um pé de ouvido), uma tradução livre de *prenderei volentieri a sberle* (*I would have gladly slapped them*) (Gostaria de tê-los esbofeteado), foi mudado para *I would have preferred smacking them between the eyes* (Teria preferido dar-lhes um murro no meio da cara) (Troubridge, 1949, p.55; Guareschi, 1948, p.49; 1950, p.49). *I must have got up quite two hundred lotteries* (Devo ter preparado umas duzentas loterias) (traduzindo *avrò combinato* [*arranged*] *duecento lotterie*) foi reescrito como *I must have organized two hundred bazaars* (Devo ter organizado duzentos bazares) (ibid.).

Cudahy sentia a responsabilidade, na qualidade de editora da tradução, de ser o mais fiel possível ao texto de Guareschi (Cudahy a Timothy Gillen, Farrar, Straus and Giroux, maio de 1997). O resultado dessa concepção foi o direcionamento da linguagem no sentido do registro coloquial, evitando-se quaisquer efeitos retóricos ou literários sofisticados que pudessem comprometer a compreensão imediata. Cudahy chegou mesmo a revisar passagens da tradução de Troubridge que não eram exclusivamente britânicas, mas simplesmente formais e polidas, indicadoras de uma familiaridade com um amplo vocabulário inglês. Troubridge, às vezes, traduziu o italiano simples de Guareschi

> la crepa non si allargava, ma neppure si restringeva. E allora perdette la calma, e un giorno mandò il sagrestano in comune. (Guareschi, 1948, p.31)

com um inglês mais elevado, latinizado:

> The crack [in the church tower] had not increased in width, but neither had it diminished. Finally he lost his composure, and there came a day when he dispatched the sacristan to the headquarters of the Commune. (Troubridge, 1949, p.43) [A fenda [na torre da igreja] não havia aumentado, mas também não havia diminuído. Por fim ele perdeu a paciência, e chegou o dia em que ele despachou o sacristão para a sede da comuna.]

A versão americana recuperou a simplicidade de Guareschi, mas era também americanizadora:

> the crack got no wider but neither did it get smaller. Finally he lost his temper, and the day came when he sent the sacristan to the Town Hall. (Guareschi, 1950, p.37) [a fenda não aumentou, mas também não diminuiu. Por fim, ele perdeu a paciência e chegou o dia em que mandou o sacristão para a Prefeitura.]

Troubridge não traduziu *comune*, termo italiano para governo municipal, conhecido por leitores de língua inglesa que viajaram pela Europa, especialmente expatriados britânicos como a própria Troubridge. Cudahy, no entanto, substituiu o termo por outro mais familiar aos americanos: *Town Hall* (prefeitura).

A insistência editorial sobre o uso do inglês coloquial serviu de apoio à demanda popular de continuidade entre as representações artísticas e a vida cotidiana, e, portanto, de assimilação do texto italiano aos valores americanos comuns. Embora Cudahy tenha favorecido coloquialismos presentes tanto no inglês americano quanto no britânico na virada do século XX, ela incluiu muitos que eram específicos dos Estados Unidos durante o período do pós-guerra, quando os livros de don Camilo apareceram pela primeira vez. E, mais importante ainda para o *status* de *best-seller* de Guareschi, esses coloquialismos americanos eram inteligíveis a diferentes comunidades culturais (a seguinte análise lexical baseia-se em Partridge, 1984, no *Oxford English Dictionary* (*OED*), e em Wentworth; Flexner, 1975). *Campione federale (federal champion)* (campeão federal) foi traduzido como *champ* (campeão) (Guareschi, 1948, p.126; 1950, p.106), um termo originário do esporte americano, particularmente o boxe. *Bravo, bravo!* foi traduzido como *Swell!* (Excelente!) (Guareschi, 1948, p.320; 1950, p.198), uma expressão informal indicando aprovação ou satisfação no inglês britânico escrito anterior à guerra – por exemplo, as comédias amorosas de P. G. Wodehouse –, mas que mais tarde tornou-se principalmente de uso americano, aparecendo no jornalismo de agências nacionais de notícias como a Associated Press, bem como em formas literárias e dramáticas mais elitizadas: *We're eating at the lake* (Vamos comer à beira do lago), diz uma personagem da peça de Arthur Miller *All My Sons*, *we could have a swell time* (poderíamos passar horas excelentes) (Miller, A., 1947, p.62). *Uno importante (an important man)* (um homem importante) foi traduzido como *big shot* (Guareschi, 1948, p.55; 1950, p.57), termo para uma pessoa bem-sucedida e influente comum na ficção popular, como no romance de James M. Cain inspirado em Hollywood, *Mildred Pierce* (1941), mas também em pesquisas acadêmicas, como os interessantes artigos de H. L. Mencken para o periódico *American Speech* (1951). Tais coloquialismos imprimiram maior legibilidade a *The Little World of Don Camillo*, para uma vasta gama de americanos, apesar da diversidade de interesses, instrução e posição social que normalmente distinguiriam suas práticas culturais.

A edição padronizada pela estética popular possibilitou uma fácil legibilidade que provocaria uma reação participativa. A narrativa era feita de modo a desenvolver-se mais rapidamente, omitindo-se passagens do italiano que eram claramente repetitivas ou confusas; frases foram inseridas e trechos reordenados para aperfeiçoar a continuidade (por exemplo, Guareschi, 1948, p.58, 60, 78, 92, 96; 1950, p.61, 67, 70, 74). Às vezes a inserção era explicativa, tendo em vista especificamente o leitor de língua inglesa. Quando don Camilo acordou certa manhã e encontrou *Don Camalo* pichado na parede da residência do reitor, o texto italiano simplesmente relatava o evento, mas a versão em inglês acrescentava uma explicação que indicava que a escrita diferente do nome era um jogo de palavras, e a conectava à história anterior: "*Don Camalo*, que significa estivador e que, sem dúvida, se referia a uma proeza de força e ousadia de don Camilo, alguns dias antes" (Guareschi, 1948, p.78; 1950, p.66-7).

A concretude da linguagem intensificou-se pelo acréscimo de detalhes que nem avançam a trama nem carregam significado simbólico – "nenhum significado de personagem, ou de atmosfera, ou sapiencial" na expressão de Barthes (Barthes, 1986, p.145) –, mas ajudam somente a reforçar a ilusão realista. Portanto, Cudahy conservou as vívidas traduções de Troubridge de *una pedata fulminante* (*a violent kick*) (um violento chute) como a *terrific kick in the pants* (um tremendo chute nas calças); de *arrivò il treno* (*the train arrived*) (o trem chegou) como *the train steamed in* (o trem chegou fumegando); e *alle fine perdette la calm* (*finally he lost his calm*) (por fim ele perdeu a calma) como *by now [he] was almost frothing at the mouth* (agora [ele] estava quase espumando pela boca) (Guareschi, 1948, p.92, 152, 168; 1950, p.69, 136, 153). A narrativa também se tornou mais absorvente pelo emprego de expressões e clichês que aumentavam o suspense ou introduziam uma nota de exagero melodramático. *Pigiava sui pedali* (*pressing on the pedals*) (pressionando os pedais) como *pedaling away for all he was worth* (pedalando com todas as suas forças); *Ormai la voce si era sparsa* (*by now the word had spread*) (agora a notícia havia se espalhado) ficou *the story of Peppone's feat spread like wildfire* (a história de Peppone espalhou-se como fogo); *scalpitava come un cavallo* (*pawing the ground like a horse*) (escavando com a pata como um cavalo) ficou *like a restive horse* (feito um cavalo selvagem); um *pugno* (*fist*) (punho) era *clenched* (fechado); um *mormorìo* (*murmuring*) (murmúrio) transformou-se em *audible whisper* (sussurro audível); *Deve andar via come un cane!* (*He must leave like a dog!*) (Ele deve partir como um cachorro!) tornou-se *And we will let him slink away like a whipped cur* (E nós o deixaremos sair de fininho como um vira-lata surrado) (Guareschi, 1948, p.47, 56, 60-1, 94; 1950, p.48, 58, 63-4, 72).

Uma atitude que tornou possível a participação via empatia do leitor americano foi a revisão ou supressão das características discursivas que enfatizavam diferenças culturais, inclusive as especificamente italianas. As referências aos jornais italianos (*Milano Sera, Unità*) foram eliminadas, e nomes comerciais de produtos tornaram-se genéricos: *Wolsit* foi traduzido como *racing bike* (bicicleta de corrida), *cartucce Walstrode* como *cartridges* (cartuchos) (Guareschi, 1948, p.29, 33, 298; 1950, p.29, 40). Uma menção a *reticelle*, o porta-malas em rede acima dos assentos nos trens italianos, sofreu uma domesticação esclarecedora como *the baggage racks overhead* (o compartimento de bagagem acima do assento), e uma metáfora tipicamente italiana para o uso refinado da linguagem *appena vendemmiate nella vigna del vocabolario (scarcely harvested in the vineyard of the dictionary)* (recém-colhido no parreiral do dicionário) foi substituída pela expressão inglesa comum *newly minted* (recém-cunhado) (Guareschi, 1948, p.95, 97; 1950, p.73, 75). Cudahy cedeu à indiferença americana para com o futebol ao substituir o termo italiano para ele (*calcio*) por um termo inglês que identificava um esporte totalmente diferente, *race* (corrida); e em outra história na qual esse tipo de revisão mostrou-se impossível porque a trama baseava-se numa importante partida de futebol, ela, mesmo assim, suprimiu o nome de um conhecido goleiro italiano (Guareschi, 1948, p.112, 180; 1950, p.91, 167). Em um esforço notável para minimizar a confusão potencial dos leitores americanos com a língua italiana, Cudahy até simplificou os nomes dos personagens (ou permitiu as simplificações de Troubridge), substituindo três nomes (*Brusco, Gigotto, Sghembo*) por um mesmo nome em trechos diferentes: *Smilzo* (Guareschi, 1948, p.62, 92, 103-4, 144, 168; 1950, p.65, 70, 81-3, 127, 153).

A tendência generalizadora por detrás de algumas dessas escolhas tradutórias teria encorajado a reação humanista à obra de Guareschi que foi articulada na crítica literária, a percepção de que don Camilo e Peppone representam uma natureza humana essencial que transcende o tempo e o espaço. Não só a narrativa pareceu fornecer provas para sua semelhança fundamental, apesar de suas diferenças políticas, mas a eliminação das marcas culturais na tradução, aliada ao amplo uso de coloquialismos, fez os personagens aparentarem ser iguais ao leitor americano, apesar das origens italianas. Contudo, as escolhas também mostram que o processo de edição e tradução nunca escapou às restrições culturais do momento: o texto italiano foi traduzido para um humanismo fortemente anticomunista que então predominava.

Isto talvez fique evidente na influência que a terminologia política da Guerra Fria exerceu sobre o vocabulário utilizado na tradução. Guareschi referia-se aos comunistas italianos dos vilarejos vizinhos como *frazioni* (*fractions, sections*) (frações, partes) do Partido, mas na versão em inglês eles foram chamados *cells* (células), termo que, a partir da década de 1920, foi empregado para designar uma pequena unidade de um grupo comunista engajado em atividades subversivas (Guareschi, 1949, p.32, 55; 1950, p.38, 57). O termo *satellite* (satélite) também foi utilizado com finalidades semelhantes. Tanto no inglês americano como no britânico, ele passou a significar um país ou estado sob o domínio político ou econômico de outro, principalmente Alemanha e Itália durante a Segunda Guerra

Mundial, e posteriormente a União Soviética no pós-guerra. Contudo, em *The Little World of Don Camillo*, o termo *satellite* foi empregado na tradução de uma série de palavras e expressões italianas muito diferentes, todas fazendo referência a Peppone e outros membros do Partido Comunista: *gli uomini del suo stato maggiore* (*the men of his general staff*) (os homens de seu estado--maior), *la banda dei fedelissimi di Peppone* (*the group of men most loyal to Peppone*) (o grupo mais fiel a Peppone), mesmo um pejorativo, *mercanzia* ou *riff-raff* (ralé) (Guareschi, 1948, p.61, 157, 184; 1950, p.65, 141, 170). Nesses exemplos, *satellite* referia--se não somente a países ou estados, mas a personagens de ficção, transformando-as em personificações da situação geopolítica da época.

A inscrição do código político na tradução convidava, assim, o leitor americano a interpretar a rivalidade ideológica entre don Camilo e Peppone como uma alegoria da Guerra Fria. E como os termos ingleses carregavam conotações negativas de dominação e subversão, eles inevitavelmente conspiravam contra Peppone e o comunismo. A versão em inglês demonstra inegável esforço em estigmatizar o prefeito e seus afiliados políticos, caracterizando-os como criminosos ou ao menos socialmente indesejáveis. Onde Guareschi se referia à *banda* (*group*) (bando) de Peppone, ou *squadra* (*squad*) (esquadrão), Troubridge e/ou Cudahy usaram repetidamente *gang* (gangue); expressões como *gli altri capoccia rossi* (*the other red leaders*) (os outros líderes vermelhos) e *fedelissimi* (*the most loyal men*) (fidelíssimos) foram traduzidas como *henchmen* (capangas); e um demonstrativo aparentemente neutro como *quelli* (aqueles), quando aplicado aos afiliados de Peppone, tornou-se *those ruffians* (esses malfeitores) (Guareschi, 1948, p.32, 98, 146, 173; 1950, p.38, 76, 129, 159).

Ao mesmo tempo, algumas escolhas tradutórias indicam uma tendência a inocentar don Camilo, ao revisar ou suprimir detalhes que questionam a moralidade de suas ações. Com *Don Camillo rise perfidamente* (*Don Camillo laughed treacherously*) (Don Camilo gargalhou perfidamente), a palavra *perfidamente* foi traduzida por outra menos sinistra, *unpleasantly* (desagradavelmente); e o aviso de Cristo de que don Camilo se considere justo *fino a quando non farà qualche soperchia* (*only so long as he doesn't commit some outrage*) (somente enquanto não cometer algum ultraje) foi mitigado por uma paráfrase mais positiva: *just as long as he plays fair* (enquanto ele agir com justiça) (Guareschi, 1948, p.21, 143; 1950, p.29, 125). A tradução omitiu inteiramente muitas sentenças em que don Camilo mostra ter consciência de sua própria culpa ou faz algo antiético: por exemplo, *Gli dispiaceva di essersi dimostrato così maligno* (*He was sorry to have shown himself so evil*) (Ele lamentava ter-se mostrado tão mau); ou *di' al Bigio che se non mi ripulisce, e gratis, il muro, io attacco il vostro partito del giornale dei democristani* (*tell Bigio if he doesn't clean up my wall, gratis, I'll attack your party in the Christian Democratic newspaper*) (avise a Bigio que, se ele não limpar meu muro, e de graça, eu atacarei seu partido no jornal da Democracia Cristã) (Guareschi, 1948, p.27, 186). Mesmo quando Cudahy substituiu *lotteries* (loterias) por *bazaars* (bazares) numa das conversas entre don Camilo e Cristo, ela de fato discriminalizou o sacerdote aos olhos dos leitores americanos: as loterias eram instituições permitidas na Itália, mas nos Estados Unidos, na década de 1950, o termo poderia ter sido confundido com alguma atividade ilegal (ou seja, o *numbers racket* — um tipo de loteria clandestina); sua opção por *bazaars*, eventos destinados à coleta de fundos para obras de caridade, foi uma reescritura do texto italiano, ao mesmo tempo que o termo também carregava um significado inócuo, mais apropriado para um sacerdote.

O fato mais notável relativo à tradução, naturalmente, é que a inscrição de códigos e ideologias domésticos era invisível para os leitores americanos. Isso em parte porque o texto italiano foi editado e traduzido seguindo as leis da estética popular: o alto grau de fluência, reforçado pelo emprego do inglês americano contemporâneo e por uma rica veia de coloquialismos, resultando numa aparência de realidade, de que o texto é uma janela transparente para o mundo, uma verdadeira representação e, portanto, não uma tradução, uma imagem de segunda ordem. Não é surpreendente, portanto, que a tradução tenha sido raramente mencionada pelos resenhistas; mesmo quando a resenha literária partia de algum periódico mais elitizado como o *New York Times Book Review* ou o *Saturday Review of Literature*, não incluía nenhum comentário sobre a qualidade da tradução porque a estética popular valoriza mais a função informativa de qualquer texto do que a sutil apreciação de elementos formais como o discurso tradutório. Um dos únicos comentários foi o do *Catholic World*, e confirmou o efeito da transparência: "A tradução foi feita de tal maneira que o leitor nem percebe que se trata de uma tradução" (Sandrock, 1950, p.472).

Contudo, a inscrição doméstica que se realizou no processo de produção também ficou invisível porque era doméstica, familiar. Sob a égide da estética popular, os leitores americanos buscavam a si mesmos na tradução, seu próprio dialeto do inglês, os valores então em voga em seu país, e quaisquer soluções imaginárias que pudessem ser aplicadas a seus problemas políticos e culturais. A edição e a tradução corroboraram um narcisismo cultural profundamente arraigado ao mantê-lo. Isso ficou evidente na recepção geral de *The Little World of Don Camillo*, mas também, e talvez mais explicitamente, numa carta elogiosa enviada ao editor por um leitor do estado de Ohio. Embora admitindo "eu não leio italiano", ele elogiou o trabalho da tradutora: "Ela não somente conseguiu manter a alma do trabalho, mas, às vezes, refinou-o conforme o inglês americano atual com tanta competência que ele tem a mesma força que um dos murros de don Camilo" (Deac Martin a Pellegrini e Cudahy, 9 fev. 1951).

O processo de edição e tradução de *The Little World of Don Camillo* estabeleceu os padrões para todas as traduções posteriores de Guareschi. Cudahy compilou a maioria dos livros de don Camilo a partir de textos italianos que Guareschi havia publicado em sua revista, mas que não haviam sido coletados em italiano. Em alguns casos, ele enviou-lhe um texto datilografado com a extensão de um livro, em outras uma série de rascunhos parciais, e ela iria "começar a trabalhar avaliando o texto italiano", como certa vez descreveu o processo, "selecionando as histórias e arranjando-as como de costume" (Cudahy a Victor Gollancz, 6 nov. 1956). O propósito da edição era manter os livros adaptados ao país, evidentemente tirando proveito dos acontecimentos políticos internacionais. Enquanto trabalhava em *Don Camillo Takes the Devil by the Tail* (1957), Cudahy escreveu à tradutora Frances Frenaye: "acabei de receber e já estou colocando no correio uma história muito boa de Guareschi, sobre a Revolução

Húngara"; e acrescentava: "acho que ela deve ser incluída" (27 dez. 1956).

Em Frenaye, que cuidou de seis livros de Guareschi, Cudahy encontrou uma capacitada tradutora *americana* cujo trabalho não carecia de posterior revisão para eliminar os traços britânicos. Ao contrário, Frenaye traduziu com facilidade os textos italianos para um coloquialismo totalmente legível, por vezes vigoroso. Sua tradução era ousadamente livre, mas precisa. Ela traduziu *imbrigliarono* (*they harnessed*) (eles atrelaram) por *lassooed* (laçaram); *Perché mi avete fato fare questo?* (*Why did you make me do this?*) (Por que você me forçou a fazer isto?) como *Why did you rope me into this?* (Por que você me envolveu nessa história?) e *l'ha saputo* (*he learned of it*) (ele ficou sabendo) como [*he*] *got wind of it* (ele ouviu dizer) (Guareschi, 1953b, p.117-8; 1981, p.9; 1952, p.9, 32). Empregou um vocabulário que assimilou o texto italiano aos valores domésticos, culturais e políticos: *comune* foi traduzida como *town hall* (prefeitura), enquanto *henchmen* (capangas) e *gang* (gangue) tornaram-se epítetos frequentes para os companheiros comunistas de Peppone (Guareschi, 1981, p.39; 1952, p.165; 1957, p.11-2, 15-6). E a atividade domesticadora praticada nas versões em inglês continuava velada pelo discurso transparente, fluente de Frenaye. Harold Gardiner, editor literário de *America*, que apreciou o primeiro livro de don Camilo, ficou menos satisfeito com o segundo, porque os "bufões de ópera cômica" não levaram em consideração de forma adequada que o "comunismo é algo muito mais sinistro" (Gardiner, 1952). Contudo, Gardiner observa que "seria grosseiro deixar de dar especial atenção à tradução feita de forma fluente e imperceptível por Frances Frenaye".

Assim como o sucesso de Guareschi nos Estados Unidos deveu-se em grande parte à edição e tradução americanizadoras, ele vendeu igualmente bem na Grã-Bretanha porque a versão inglesa havia passado por um processo de britanização. Pellegrini e Cudahy, e posteriormente Farrar e Straus, traduziram os textos italianos nos Estados Unidos e depois venderam os direitos para a Grã-Bretanha para Gollancz, que editou as traduções para os leitores britânicos. Não só a ortografia foi alterada para refletir as diferenças entre as duas variantes do inglês, como a tradução foi substancialmente revisada com o objetivo de adaptá-la ao público britânico. Assim, em *The Little World of Don Camillo*, *big bruisers* (bravatas) foi substituído por *rodomontades*, *swimming pool* (piscina) por *bathing pool*, *soccer* (futebol) por *football*, *locker rooms* (vestiários) por *pavilion*, e *flashlight* (lanterna de bolso) por *electric torch* (Guareschi, 1950, p.83, 87, 92, 120; 1951, p.96, 99-100, 106, 138). Os coloquialismos americanos, tanto sintáticos quanto lexicais, foram substituídos por formas britânicas equivalentes ou simplesmente eliminados: *licking* (cintadas) tornou-se *drubbing* (surra), *champ* (campeão) foi substituído pelo mais literal *federal champion* (campeão federal), *it was me that did him in* (fui eu quem acabou com ele) ficou *it was I that did him in* (fui eu quem acabou com ele), *kick his backside to a pulp* (chutar seu traseiro até virar uma polpa) ficou *kick his backside to a jelly* (chutar seu traseiro até virar geleia) (Guareschi, 1950, p.88, 98, 106, 109; 1951, p.101, 113, 123, 126). A edição britânica preocupou-se com uma tradução mais precisa, recuperando passagens que haviam sido acidental ou intencionalmente excluídas da versão americana. Entre estas incluem-se os diversos nomes dos personagens italianos, bem como um longo parágrafo sobre bombas não detonadas, que teria significado especial entre os leitores britânicos que sofreram as *blitze* alemãs durante a Segunda Guerra Mundial (Guareschi, 1951, p.74-5).

O *marketing* foi igualmente direcionado para o público caracteristicamente britânico. Em 1962, a cópia com sobrecapa da primeira edição em brochura para o mercado de massa da Penguin elevou Guareschi ao panteão dos humoristas populares na Inglaterra e Europa, embora fossem virtualmente desconhecidos nos Estados Unidos – exceto talvez entre leitores de elite e frequentadores de cinema: Richard Gordon, Tony Hancock, Peter Sellers, Jacques Tati, Kingsley Amis (Guareschi, 1962). Essa edição com sobrecapa mostrou, no entanto, que o sucesso de Guareschi na Grã-Bretanha deveu-se aos mesmos antagonismos da Guerra Fria e ao mesmo ponto de vista ideológico existentes na recepção americana: o assunto do livro foi descrito como "a contínua luta entre o honesto cura de aldeia e seu adversário mortal, Peppone, o prefeito comunista".

Durante as duas décadas em que o italiano Guareschi se manteve como sucesso de vendas em inglês, o processo de produção jamais deixou de aderir à estética popular. Nenhum dos editores ou tradutores envolvidos encarou o texto italiano como literatura, no moderno sentido da palavra, como obra única de uma intenção autoral. Por conseguinte, traduziram com liberdade, conforme seu próprio senso de precisão. Estavam mais interessados nas funções do texto – informativa, didática, comercial – e, consequentemente, concentraram-se nos efeitos da tradução, desenvolvendo um discurso fluente que foi rapidamente assimilado aos valores domésticos predominantes e que era eminentemente vendável. E todos os editores e tradutores de Guareschi estavam conscientes de estarem modelando os textos italianos para consumo de massa.

Troubridge acreditava que uma escritora como Colette, que ela também traduziu, merecia ser tratada com literalismo intransigente, porque "Colette é uma grande artista, [...], a maior escritora francesa, talvez a maior escritora viva" (Troubridge a Cudahy, 17 set. 1950). Para a tradutora, isso significava um esforço especial para reproduzir as qualidades literárias peculiares do texto francês. "Durante muitos anos", Troubridge escreveu a Cudahy, "tenho nutrido a esperança de conseguir transmitir a verdadeira Colette ao público de língua inglesa", pois "ela *não* é fácil, possuindo um tremendo vocabulário e um estilo marcantemente pessoal". Quando Gollancz sugeriu que um de seus textos "sofresse alterações para ser tornado mais 'suave'", possivelmente em virtude do conteúdo sexual, Troubridge "recusou-se" a fazer a tradução. Entretanto, desde o princípio ela pretendia revisar o *The Little World of Don Camillo*, de Guareschi, porque "aqui e ali poderia haver coisas ofensivas ao sentimento religioso anglo-saxônico, e omiti um pequeno trecho que, para o nosso gosto, era um tanto insensível em relação à crueldade para com um animal" (Troubridge a Cudahy, 14 jun. 1949). Quando Troubridge vendeu os direitos de sua versão inglesa para Pellegrini e Cudahy, por meio de seu agente, ela concordou explicitamente com uma versão mais domesticadora, "tendo em vista o público americano" (M. G. Ridley a Cudahy, 26 jul. 1949).

Aproximadamente 25 anos depois, enquanto a Farrar, Straus and Giroux preparava a publicação das memórias de Guareschi, *My Home, Sweet Home* (1966), o editor Harold Vursell transmitiu instruções semelhantes a outro tradutor britânico, o romancista Gordon Sager (8 e 10 mar. 1966). Admitindo que "o sr. G. não é Dante, não", Vursell aconselhava Sager a

> não ter nenhuma condescendência para com o material; nem precisa traduzi-lo ao pé da letra. O que você precisará fazer é abandonar sua própria personalidade e assumir a dele, tornando o livro tão agradável ao leitor geral quanto seja humanamente possível.

O próprio Sager parece ter considerado a tradução como uma atividade de segunda categoria, literatura inferior, uma necessidade financeira que poderia prejudicar sua reputação como autor com ambições literárias: ele traduziu sob um pseudônimo, Joseph Green. Contudo, aparentemente acreditava que a tradução de um escritor popular como Guareschi poderia ser algo mais prejudicial ainda, pois traduziu um segundo livro, a extravagante fábula *A Husband in Boarding School* (1967), mas publicou a tradução anonimamente.

Se a edição e a tradução dos livros de Guareschi parecem hoje duvidosas, não é porque suas editoras americanas os tenham tratado como propriedades lucrativas, em vez de excelentes obras literárias. Como obras populares, esses livros resistiram ao gosto elitista, e como outras formas culturais populares resultaram efêmeros, por demais ligados a uma função social em seu momento histórico e, portanto, destinados ao esquecimento assim que as preocupações daquele momento desaparecessem. Na verdade, o escândalo está numa autocontradição, na qual os editores perdem crédito cultural: eles mesmos traçaram a distinção elitista entre o estético e o funcional, preferindo ser conhecidos pelo seu apoio ao valor literário, e não pela busca de interesses comerciais. Isso é particularmente claro no caso da Farrar, Straus and Giroux: ela conquistou considerável autoridade cultural como a editora de grandes escritores contemporâneos, inclusive de muitos laureados com o Prêmio Nobel (T. S. Eliot, Isaac Bashevis Singer, Joseph Brodsky, Derek Walcott, Seamus Heaney), e conquistou a fama de editora literária independente, uma das últimas que resistem à busca do lucro que orienta os catálogos das editoras agora transformadas em propriedades de corporações multinacionais (por exemplo, Simon and Schuster, HarperCollins). Em 1980, quando as fusões haviam alterado dramaticamente o mercado editorial americano, e Guareschi havia muito deixara de ser publicado, Roger Straus apresentava sua empresa nesses termos elitistas, frequentemente em meio a altercações com outras editoras mais comerciais, como o editor Richard Snyder da Simon and Schuster (Whiteside, 1981, p.119, 121-2). Straus, que pessoalmente detinha parte dos importantes direitos de venda das traduções de Guareschi, em momento posterior protestou contra a decisão da indústria nacional do livro de incluir na lista de premiações os gêneros populares, como o faroeste e o suspense: as novas categorias de premiações, pensava ele, eram "mais uma confirmação das listas de *best-sellers*", que "refletem uma ênfase no *marketing* e nas relações públicas da indústria, que ofendem as pessoas preocupadas com o reconhecimento desinteressado do mérito literário" (ibid., p.94).

A edição e a tradução de Guareschi são o esqueleto no arquivo da Farrar, Straus and Giroux, uma quebra em termos comerciais de sua promessa de fidelidade à estética de elite. O comercialismo representado por projetos como as traduções de Guareschi de fato financiou outros livros de maior valor literário que resultaram em menor lucro, como Straus sugeriu mais tarde, livros escritos por "autores de talento jovens ou em início de carreira", tanto americanos quanto estrangeiros (ibid., p.103). No entanto, isso exemplifica exatamente a redução da estética ao valor econômico, o que é negado pela autorrepresentação do editor e evitado na lista da Farrar, Straus and Giroux. Entre 1946 e 1996, ela publicou um número significativo de traduções literárias, incluindo aproximadamente sessenta da língua italiana; seu autor italiano mais publicado não foi Guareschi (que fica em segundo lugar, com doze livros), mas o romancista de elite Alberto Moravia, com 26 livros (cf. Williams, A., 1996, p.537-78). As traduções de Guareschi deixam clara não apenas a incapacidade do editor de honrar uma estética de elite e gerenciar um negócio rentável ao mesmo tempo, mas também a incapacidade de o conceito "literatura de elite" atrair um público de massa – a menos que, naturalmente, o autor seja um Prêmio Nobel.

O que realmente traz às claras um fator comprometedor, no entanto, é o fato de que o tradutor seja sistematicamente excluído dos lucros. A recepção americana de Guareschi coincide com a flagrante exploração dos tradutores que desempenharam um papel crucial nesse sucesso.[6] As editoras gozavam de vantagens contratuais nas negociações com os tradutores: Pellegrini e Cudahy e depois a Farrar, Straus possuíam os direitos mundiais exclusivos de produção e venda das traduções em língua inglesa das obras de Guareschi, e trataram os tradutores nos termos das leis de direitos autorais, não como autores de seus textos, mas como empregados contratados, escrevendo para seus empregadores. De modo habitual, as negociações estabeleciam uma quantia fixa para cada mil palavras em inglês, sem qualquer participação nos rendimentos dos *royalties* ou das vendas de direitos conexos. Como as traduções de Guareschi foram *best-sellers* internacionais, publicados nos Estados Unidos, mas licenciados para editoras do Canadá, Grã-Bretanha e Austrália, a enorme renda gerada torna a exclusão dos tradutores ainda mais chocante.

---

6 Detalhes referentes aos acordos entre os tradutores e os editores foram extraídos de correspondência e contratos: Sheila Cudahy a Cyrus Brooks, A. M. Heath and Company, 27 fev. 1950; Brooks a Cudahy, 10 mar. 1950; Cudahy a Una Vincenzo Troubridge, 12 abr. 1950; George Pellegrini a Brooks, 5 fev. 1951; Cudahy a Frances Frenaye (Lanza), 3 jun. 1952 e 27 abr. 1960; Cudahy a Victor Gollancz, 6 fev. 1957; Frenaye a Cudahy, 27 nov. 1959; contrato da Farrar, Straus and Giroux com Gordon Sager, 10 mar. 1966; Sager a Harold Vursell, 8 abr. 1966; Vursell a Sager, 11 abr. 1966. Detalhes relativos a *Comrade Don Camillo* (principalmente as edições, vendas de direitos, pagamento ao autor) foram extraídos da seguinte correspondência: Milo J. Sutcliff, Catholic Digest Book Club, a Roger Straus Jr., 9 dez. 1963; memorando interno, Farrar, Straus and Giroux, 10 dez. 1963; Straus a Herbert Alexander, Pocket Books, 13 dez. 1963; Lester Troob, Book-of-the-Month Club, a Straus, 23 dez. 1963; Robert Wohlforth a Giovanni Guareschi, 22 set. 1964.

O modelo de exploração começou com o primeiro livro de don Camilo. Una Troubridge (1887-1963) era uma tradutora experiente e morava em Florença: durante os vinte anos anteriores ao projeto Guareschi ela publicara seis traduções do francês e do italiano, histórias e biografias, bem como romances. O valor que ela pediu, proposto por seu agente a Pellegrini e Cudahy, era bem baixo se comparado às práticas usuais em Nova York, 30 *shillings* (1,50 libra esterlina) a cada mil palavras. Por *The Little World of Don Camillo*, de 37 mil palavras, ela recebeu 125,20 dólares. Tal quantia não representava apenas uma ínfima fração do valor agregado à tradução dela nos mercados americano e britânico – os valores dos *royalties* de Guareschi entre 1950 e 1954 foram 29.275,68 dólares –, mas os editores cobraram dela (30,20 dólares) para redatilografar um manuscrito que eles mesmos haviam amplamente revisado. Eles também hesitaram em atender ao pedido posterior de seu agente por um "pagamento adicional *ex gratia* em compensação pelo baixo preço por ela cobrado pela tradução de don Camilo, tendo em vista o grande sucesso do livro" (Cyrus Books, A. M. Heath and Company, a George Pellegrini, 21 nov. 1950). Por fim, George Pellegrini pagou a Troubridge outros 100 dólares, a taxa que ele recebeu como pagamento pela publicação numa revista de suas traduções de duas histórias que haviam sido omitidas.

Frances Frenaye (1908-1996) era também uma experiente tradutora, mas seu trabalho tinha maior peso literário que o de Troubridge. Numa carreira de aproximadamente cinquenta anos, ela produziu cerca de quarenta traduções de importantes autores italianos contemporâneos, incluindo *The Seed Beneath the Snow* (1942), de Ignazio Silone; *Christ Stopped at Eboli*

(1947), de Carlo Levi; *The Road to the City* (1952), de Natalia Ginzburg, e *The Bay is not Naples* (1955), de Anna Maria Ortese. Por sua primeira tradução de Guareschi, *Don Camillo and his Flock* (1952), ela recebeu conforme a tabela de Nova York, 10 dólares para cada mil palavras, num total de 808 dólares. Guareschi, por sua vez, havia ganho em dois anos 25.705,76 dólares em *royalties* e venda de direitos autorais. Como Frenaye traduziu vários livros de Guareschi, ela pôde gradualmente solicitar pagamentos mais significativos. No entanto, mesmo esses aumentos em nada alteraram a desigualdade fundamental dos acordos financeiros. Para *Comrade Don Camillo* (1964), por exemplo, ela ganhou 15 dólares para cada mil palavras, mas como o livro era mais curto, recebeu um total de 721,50 dólares. A Farrar, Straus, que dispunha de 50% dos direitos de venda, licenciou a tradução para o Book-of-the-Month Club por 30 mil dólares e para o Catholic Digest Book Club por outros 3 mil dólares, enquanto vendia sua própria edição de 50 mil cópias. Em seis meses de publicação, Guareschi recebeu 29.856,91 dólares. Considerados esses ganhos, o pagamento de Frenaye aparece como um custo de produção mínimo, tendo sido ainda mais reduzido nas negociações dos direitos conexos. Pellegrini e Cudahy e a Farrar, Straus criaram um acordo pouco usual com Gollancz: após o primeiro livro de don Camilo, o editor britânico se responsabilizava por metade do pagamento da tradutora, além de um adiantamento de *royalties*. A única parte que não se beneficiou do sucesso comercial de Guareschi em inglês foi a tradutora – exceto talvez por ter recebido uma série de pedidos de tradução.

O *best-seller* de literatura de elite

Desde a primeira publicação de Guareschi em inglês, há aproximadamente quatro décadas, mudanças culturais ocorridas nos Estados Unidos propiciaram o surgimento de condições para o aparecimento de um tipo diferente de *best-seller* traduzido, especialmente no caso da ficção. As fusões que imprimiram à indústria do livro uma busca maior de lucro certamente têm levado as editoras a prestar atenção a textos estrangeiros que se destacaram como *best-sellers* em seus países de origem, com resultados frequentemente mistos. Mas o comercialismo tem também procurado aproveitar os mercados domésticos, localizando textos estrangeiros que já possuem potencialmente um vasto público leitor em inglês, por terem sido recentemente adaptados para outras formas de cultura de massa, em especial filmes, peças de teatro e musicais. Essa estratégia de investimento em produtos vinculados tem seu resultado mais evidente na proliferação de edições de romances estrangeiros clássicos em edições baratas de brochura, como *As relações perigosas*, *Os miseráveis* e *O fantasma da ópera*. Nesses casos, um texto estrangeiro normalmente reservado para formas elitistas de apreciação, principalmente para pesquisa e estudos acadêmicos, fica disponibilizado para a estética popular, para uma reação participatória e moralista guiada pela prazerosa experiência com outra forma popular, a adaptação. A tradução, então, na assimetria entre sua produção comercial e suas variedades de recepção, torna-se um objeto híbrido, um *best-seller* de elite.

A mídia eletrônica tem sido bastante eficiente na criação de *best-sellers* de elite traduzidos. A emergência do cinema e da televisão como forças comerciais potentes tem possibilitado a criação de *best-sellers* antes da publicação, pelo uso de um elaborado esquema de promoção e *marketing* (Dudovitz, 1990, p.24-5), de forma que em alguns casos o texto estrangeiro não precisa tratar de assuntos públicos urgentes para estimular a venda da tradução. Nesses casos, os leitores ficam atraídos pela forma do texto estrangeiro, sua semelhança com os gêneros de ficção populares na cultura doméstica. A mídia eletrônica tem modelado tais práticas de leitura incutindo "uma fascinação pelo meio" em vez das "exigências críticas da mensagem" (Baudrillard, 1983, p.35), tornando as fórmulas populares instantaneamente reconhecíveis por meio da reprodução múltipla, enquanto produz a ilusão realista em seu mais alto grau hipnotizador.

Ao mesmo tempo, esses meios têm influenciado a ficção de elite ao incrementar a autoconsciência do autor sobre as formas de representação literária, encorajando um experimentalismo narrativo que inclui a imitação de gêneros populares. O fim da distinção entre cultura de elite e popular é a marca da tendência internacional na ficção contemporânea, conhecida como "pós-modernismo" (McHale, 1992). Assim, textos estrangeiros dotados de autoconsciência formal e que por isso poderiam parecer literariamente muito elevados para atrair diferentes comunidades culturais, mesmo em seus países de origem, têm conquistado sucesso comercial na forma traduzida porque seu experimentalismo permite-lhes serem assimilados à ficção popular corrente. Romances estrangeiros com sucesso de venda como *O nome da rosa*, de Umberto Eco, *O perfume* (1986), de Patrick Süskind, e *Miss Smilla e o sentido da neve* (1993), de Peter Höeg, distinguem-se por vários graus de complexidade formal somados a uma trama convencional de mistério e assassinato. Como resultado, podem proporcionar a satisfação de uma apreciação crítica isenta, ao mesmo tempo que convidam a uma identificação não reflexiva. Alguns textos estrangeiros de elite são, sem dúvida, mais convidativos que outros que se mostram muito impermeáveis à estética popular e deixam de ser lidos pelo público de massa. No entanto, a afiliação com a cultura popular doméstica, ressaltada por um trabalho de promoção e *marketing*, pode ser visível o bastante para garantir que tais traduções tenham bom escoamento, mesmo que não sejam lidas.

Essa tendência dos *best-sellers* de elite tem sido sustentada por traduções fortemente domesticadoras, que incrementam a fluidez da leitura do texto estrangeiro. O que tem permanecido inalterado desde a década de 1950 é a prevalência do discurso fluente e transparente na tradução para o inglês. Os *best-sellers* de elite são traduzidos para a forma mais familiar do inglês, a forma-padrão, embora com registros coloquiais e relativamente poucas expressões peculiares à Grã-Bretanha ou aos Estados Unidos. Mesmo quando um texto estrangeiro está ambientado num país estrangeiro durante um período histórico remoto, como a Itália medieval do romance de Umberto Eco ou a França do século XVIII de Süskind, a tradução adere ao uso corrente do inglês, evitando arcaísmos incompreensíveis ou muito estranhos para o maior segmento dos leitores do texto inglês. Os textos estrangeiros de literatura de elite, mesmo quando escritos com um senso refinado da forma literária e recebidos como tais pela elite doméstica, sofrem, no entanto, revisões que os compatibilizam melhor com a estética popular.

A versão em inglês de O *nome da rosa* de William Weaver omite mais de doze trechos do texto italiano, inclusive longas listas de termos medievais e passagens em latim (Chamosa; Santoyo, 1993, p.145-6). Tais revisões aparentemente pretendem aumentar a compreensão e a fluidez da narrativa para o leitor de língua inglesa, eliminando características discursivas que chamariam a atenção sobre si e, assim, comprometeriam a ilusão de realidade. Outras revisões transformam-se em domesticações mais decisivas pela remoção de diferenças linguísticas e culturais, incluindo passagens nas quais a diferença é explicada. O seguinte trecho não aparece na tradução de Weaver:

> E ai Fondamenti di santa Liperata uno gli disse: "Sciocco che sei, credi nel papa!" e lui rispose: "Ne avete fatto un dio di questo vostro papa" e aggiunse: "Questi vostri paperi v'hanno ben conci" (che era un gioco di parole, o arguzia, che faceva diventare i papi come animali, nel dialetto toscano, come mi spiegarono): e tutti si stupirono che andasse alla morte facendo scherzi. (Eco, 1980, p.241)

> And at the Convent of St Liperata, one man said to him: "Fool that you are, you believe in the Pope!" and he answered: "You've made a god of this your Pope" and added: "These geese [*paperi*] of yours are really cooked" (which was a play on words, or witticism, that likened the popes to animals, in the Tuscan dialect, as they explained to me): and they were all astonished that he would go to his death making jokes. [E no Convento de Santa Liperata um homem disse-lhe: "Tu és tolo, acreditas no papa!" e ele respondeu: "Tu fizeste desse papa um deus" e

acrescentou: "Estes teus gansos [*paperi*] estão bem cozidos" (que era um trocadilho, que igualava os papas a animais, no dialeto da Toscana, como eles me explicaram): e todos eles se admiravam que ele caminhasse para a morte fazendo piadas.]

Essa supressão, além de evitar a dificuldade de traduzir um trocadilho italiano (*papa/paperi*), simplifica a narrativa, poupando ao leitor de língua inglesa o esforço mental de decifrar a piada. Ao mesmo tempo, todavia, o leitor perde um vislumbre de uma diferença dentro da cultura italiana, o dialeto regional. Como a passagem critica o papado, também fica suprimida uma diferença mais sensível, de natureza religiosa, por parecer muito irreverente ao leitor católico. A tradução inglesa também tem sido descrita como "orientada para o leitor", pois algumas escolhas parecem envolver estereótipos étnicos: "os comentários traduzidos sobre a Itália coincidem com algumas ideias dos ingleses" (Katan, 1993, p.161-2).

Nenhuma tradução pode prever todas as reações possíveis, é claro, e isso parece tornar-se mais verdadeiro ainda a partir da década de 1970, quando o público leitor americano tornou-se mais heterogêneo, servido por uma gama maior de pequenas editoras de interesses diversificados e específicos. Consequentemente, o sucesso dos *best-sellers* de elite estrangeiros tem coincidido com um modelo de recepção mais fragmentado, mesmo tendo sido traduzidos para um público de massa de modo muito semelhante à maneira domesticadora das obras populares de Guareschi. As traduções de Guareschi consolidaram os valores políticos e culturais americanos em escala nacional, sustentando os mesmos sentidos para diferentes comunidades que adotaram a mesma abordagem popular. A tradução do romance de Eco, em contraste, preservou as divisões culturais e políticas ao apoiar diferentes sentidos para diferentes comunidades conforme diferentes abordagens, de elite e popular.

Essas divisões ficaram evidentes nas resenhas. *Harper's*, por exemplo, aplicou a estética de elite ao admirar as inteligentes complicações genéricas da narrativa de Umberto Eco, chamando-a de "uma história de detetive anti-história de detetive" e "um mistério de assassinato semiótico", ao passo que *Hattiesburg American* fez um julgamento tipicamente de classe média ao afirmar que "Eco conta uma boa história e tem muito a dizer sobre coisas como liberdade intelectual e verdade" (Schare, 1983, p.75; McMurtrey, 1983, p.2D). Ambas as reações eram domesticadoras até certo ponto, assimilando o texto estrangeiro a códigos e ideologias americanos, mas cada qual localizou uma fonte diferente de interesse doméstico. É evidente que o interesse pouco tinha a ver com a Itália ou a literatura italiana, mas muito com os recentes acontecimentos do mundo da cultura acadêmica americana, especialmente a importação de metodologias críticas estrangeiras (semiótica, pós-estruturalismo), e ainda mais com a tendência popular de fornecer alegorias domésticas para textos estrangeiros. "Ao terminarmos a leitura de *The Name of the Rose*", escreveu um resenhista, "ficamos enriquecidos ao ver questões contemporâneas esclarecidas por um período histórico paralelo, porém diverso" (Weigel, 1983).

O sucesso de um romance de literatura de elite em tradução, portanto, não deveria ser visto como nova sofisticação no gosto literário americano ou nas suas preferências de leitura, indicando maior abertura à diferença cultural, maior consciência em relação às literaturas estrangeiras contemporâneas. Ao contrário, o texto estrangeiro torna-se um *best-seller* traduzido porque não é tão estrangeiro a ponto de abalar o *status quo* doméstico: o processo de produção, da edição e tradução à publicidade e *marketing*, adapta o texto para o consumo de massa ao voltar-se para os valores dominantes da cultura doméstica. A globalização da cultura popular americana tem contribuído para esse processo, ao permitir às editoras americanas escolher textos estrangeiros que revelem infiltrações culturais americanas. A estética popular continua sendo um fator-chave na produção do *best-seller* traduzido hoje, mas não pode ser aplicada tão amplamente de modo que impeça os modos elitistas de apreciação. O *best-seller* traduzido deve ser agora todas as coisas para muitos leitores, permitindo que eles façam dele o uso doméstico que bem entenderem.

A questão a ser respondida é se a fragmentação do público leitor pode contribuir para mudar o regime de domesticação incentivado pelas atuais práticas editoriais. Um público fragmentado pode definitivamente ser utilizado para aumentar o número de textos estrangeiros de literatura de elite disponibilizados pela tradução, contanto que sejam "polivalentes ou para públicos variados" como um romance de Eco, sintetizando interesses populares e da elite (Rollin, 1988, p.164). E esse aumento de volume pode provocar uma revisão das expectativas domésticas quanto à cultura estrangeira, sem arriscar perda de inteligibilidade (e capital), contanto que a produção e a recepção estabeleçam um contexto onde o texto possa ser compreendido. Naturalmente outro risco surge aqui: será que o foco sobre a literatura de elite estrangeira acabará por tornar inflexíveis as expectativas domésticas? Ou será que uma série de *best-sellers* de elite criará as condições para outro *best-seller inattendu*, uma forma literária estrangeira diferente, em que justamente essa diferença venha a responder aos interesses domésticos contemporâneos?

8
Globalização

A tradução é particularmente reveladora das assimetrias que têm estruturado as relações internacionais durante séculos. Em muitos países "em desenvolvimento" (um termo que será usado aqui para indicar uma posição subordinada na economia capitalista global), ela tem sido compulsória, imposta primeiro pela introdução das línguas coloniais entre as regionais vernáculas e, mais tarde, depois da descolonização, pela necessidade de tráfego nas línguas francas para preservar a autonomia política e promover o crescimento econômico. Assim, a tradução é uma prática cultural que está profundamente implicada nas relações de dominação e dependência, igualmente capaz de mantê-las ou interrompê--las. A colonização das Américas, da Ásia e da África não poderia ter ocorrido sem intérpretes, tanto nativos quanto coloniais, tampouco sem a tradução de textos práticos, religiosos, legais, educacionais (ver Rafael, 1988; Cheyfitz, 1991; Niranjana, 1992). Os projetos neocoloniais recentes das corporações multinacionais, sua exploração da força de trabalho e dos mercados internacionais, também não podem avançar sem uma grande quantidade de traduções, variando desde contratos comerciais, manuais de instrução e cópia de propaganda até romances populares, livros infantis e trilhas sonoras de filmes.

A funcionalidade da tradução se verifica igualmente nas iniciativas produzidas a partir das posições subordinadas, algumas direcionadas contra o império, outras em cumplicidade com um capital globalizado. As traduções de textos estrangeiros contribuíram para o nacionalismo militante de movimentos anticoloniais. De acordo com as estatísticas da Unesco, o autor mais frequentemente traduzido no mundo, entre 1955 e 1980, foi Lênin. Em países em desenvolvimento, as traduções têm desempenhado um papel crucial no enriquecimento das línguas e literaturas autóctones, incentivando a leitura e a publicação. Para as culturas orais, as traduções representam os primeiros livros. Para as culturas letradas com meios de comunicação avançados ou se estabelecendo, as traduções acompanharam acordos lucrativos com editores multinacionais e companhias cinematográficas e televisivas, sustentando o desenvolvimento industrial ao construírem públicos leitores da língua nativa para os produtos culturais de países hegemônicos.

Uma vez que a tradução está sempre direcionada para públicos leitores específicos, ainda que definidos de modo vago ou otimista, seus possíveis motivos e efeitos são locais e contingentes, diferindo de acordo com posições de maior ou menor importância na economia global. Isso talvez fique mais claro em relação ao poder da tradução de formar identidades culturais, de criar a representação de uma cultura estrangeira que simultaneamente constrói uma subjetividade doméstica, fundamentada nos códigos e ideologias domésticos que tornam a representação inteligível e culturalmente funcional. Nos países hegemônicos, a tradução modela imagens de seus Outros subordinados, que podem variar entre os polos do narcisismo e da autocrítica, confirmando ou interrogando os valores domésticos dominantes, reforçando ou revendo os estereótipos étnicos, os cânones literários, os padrões de mercado e as políticas estrangeiras às quais uma outra cultura possa estar sujeita. Nos países em desenvolvimento, a tradução modela imagens de seus Outros hegemônicos e deles próprios que podem tanto clamar por submissão, colaboração, ou resistência, podem assimilar os valores estrangeiros dominantes com a aprovação ou aquiescência (livre empreendimento, devoção cristã) ou revê-los criticamente para criar autoimagens domésticas mais oposicionistas (nacionalismos, fundamentalismos).

A tradução pode produzir essa gama de efeitos possíveis em culturas subordinadas, porque a dominação cultural não acarreta necessariamente um processo de formação de identidade homogeneizador. Obviamente, a globalização da cultura não pode ocorrer sem "o uso de uma variedade de instrumentos de homogeneização", tais como "as técnicas de propaganda" e "as hegemonias de linguagem"; mas, "pelo menos à medida que as forças de várias metrópoles são trazidas para dentro de novas sociedades, elas tendem a tornar-se nativas de uma forma ou de outra", "absorvidas em economias políticas e culturais locais" (Appadurai, 1996, p.42, 32). Nas culturas multilíngues da África, Ásia e Caribe, a tradução forma identidades marcadas pela disjunção, formações híbridas que misturam tradições autóctones com tendências metropolitanas. Embora capaz de resultar em efeitos diversos e contraditórios, a hibridez cultural provocada pela tradução tem sido utilizada estrategicamente nos estilos e movimentos literários nacionais (alternando entre as línguas inglesa e africana no romance da África Ocidental), nas especulações comerciais (campanhas de propaganda multinacionais) e nas políticas governamentais (a legislação das línguas oficiais que geralmente não incluem os vernáculos regionais).

O *status* da tradução na economia global é particularmente constrangedor para os principais países de língua inglesa, os Estados Unidos e o Reino Unido. Tal *status* chama a atenção para as condições questionáveis de sua hegemonia, sua própria dependência da dominação do inglês, do intercâmbio cultural desigual que envolve a exploração do mercado editorial estrangeiro, da mídia eletrônica e a exclusão e estereotipagem domésticas de culturas estrangeiras. Ao mesmo tempo, a globalização da língua inglesa – a emergência de um mercado mundial para os produtos culturais de sua língua – garante que as traduções não se restrinjam apenas a comunicar os valores britânicos e norte-americanos, mas também os submetam a uma diferenciação local, a uma assimilação à heterogeneidade de uma posição menor. Os países em desenvolvimento têm abrigado estratégias de tradução e de identidades culturais que assimilam aquelas em voga nas culturas anglo-americanas, desviando-se delas, porém, de formas dignas de nota, algumas com maior impacto social que outras. A seguir, gostaria de considerar, primeiro, as assimetrias que têm amplamente caracterizado as relações da tradução na economia cultural global e, depois, as formas de resistência e de renovação que a tradução tomou sob o colonialismo e em nossa própria era pós-colonial, na qual o projeto imperialista não sumiu propriamente, mas, antes, assumiu a aparência do corporativismo multinacional (Miyoshi, 1993).

Assimetrias do comércio e da cultura

As estatísticas sobre tradução desde a Segunda Guerra Mundial indicam a dominação opressora das culturas de língua inglesa. A língua inglesa tem se tornado a mais traduzida mundialmente, mas, apesar do tamanho considerável, da capacidade tecnológica e da estabilidade financeira das indústrias editoriais inglesa e americana, é uma das línguas para a qual menos se traduz.

As estatísticas da Unesco, incompletas porque os países não relatam seus dados, e inconsistentes porque seguem definições diferentes do que constitui um livro, ainda assim podem ser úteis para indicar as tendências internacionais. Em 1987, o último ano em que os dados parecem abrangentes, a produção global de traduções foi de aproximadamente 65 mil títulos, mais de 32 mil dos quais eram do inglês. Esses dados provavelmente não mudaram muito com o passar da última década, porque as publicações internacionais não aumentaram dramaticamente, apesar do uso global de computadores, que já geram a composição de arte-final (Lofquist, 1996, p.557). O número de traduções do inglês é muito alto em comparação ao número de traduções feitas de línguas europeias: aproximadamente 6.700 do francês, 6.500 do russo, 5 mil do alemão, 1.700 do italiano. Na economia geopolítica da tradução, as línguas dos países em desenvolvimento encontram-se em extrema desvantagem: a Unesco aponta, em 1987,

479 traduções do árabe, 216 do chinês, 89 do bengali, 14 do coreano, 8 do indonésio. O inglês também prevalece em comparação a outras línguas traduzidas dentro desses países. No Brasil, onde 60% dos novos títulos são compostos por traduções (4.800 de 8 mil livros em 1994), 75% são do inglês (correspondência com Arthur Nestrovsky, 15 nov. 1995).

As editoras britânicas e americanas, em contrapartida, traduzem muito menos. Nos Estados Unidos, em 1994, publicaram-se 51.863 livros, 1.418 (2,74%) dos quais eram traduções. Esse quadro inclui 55 traduções do chinês e 17 do árabe, comparadas a 374 do francês e 362 do alemão (Ink, 1997, p.508). A tradução, sem dúvida, ocupa uma posição marginal nas culturas anglo-americanas. Contudo, entre os textos estrangeiros traduzidos para o inglês, os escritos nas línguas africanas, asiáticas e sul-americanas atraem relativamente pouco interesse entre as editoras (para uma situação semelhante na Alemanha, onde o número de traduções é maior, ver Ripken, 1991).

Esses padrões excessivamente desiguais apontam para um desequilíbrio de mercado significativo entre as indústrias de publicação britânica e americana e suas equivalentes estrangeiras. Em outras palavras, ganha-se muito dinheiro com a tradução da língua inglesa, mas se investe pouco na tradução para esta. Desde a década de 1980, as vendas de direitos estrangeiros para livros em língua inglesa têm se tornado altamente lucrativas, fazendo que suas editoras ganhem milhões de dólares anualmente e, em alguns casos, ganhando mais nos mercados estrangeiros do que no país de origem (Weyr, 1994; Tabor, 1995). Os direitos estrangeiros de uma obra de grande sucesso podem chegar a 500 mil dólares na América do Sul e de 10 mil a 200 mil dólares em países recém-industrializados do continente asiático como Taiwan, Coreia do Sul e Malásia (Weyr, 1994, p.33, 38). No Brasil, os direitos para a tradução de um livro de língua inglesa custam no mínimo 3 mil dólares (Hallewell, 1994, p.596). De acordo com a Unesco, em 1987 as editoras brasileiras publicaram mais de 1.500 traduções, incluindo não somente obras literárias de elite, ainda sob direitos autorais (Samuel Beckett, Margaret Atwood), mas também múltiplos títulos de romancistas de *best-sellers*, que são muito caros: 25 livros de Agatha Christie, 13 de Barbara Cartland, 9 de Sidney Sheldon, 7 de Harold Robbins, 5 de Robert Ludlum, 2 de Stephen King. No mesmo ano, as editoras britânicas e americanas conjuntamente publicaram somente 14 traduções da literatura brasileira (Barbosa, 1994, p.18). Os enormes ganhos sobre as vendas dos direitos estrangeiros não aumentam o número de traduções para o inglês porque as editoras britânicas e americanas preferem investir no sucesso dos *best-sellers* nacionais, uma tendência que se mantém inalterada desde a década de 1970 (ver Whiteside, 1981). Nas palavras de Alberto Vitale, o diretor executivo da Random House, "os direitos estrangeiros são o ganho necessário para compensar os altos adiantamentos que usualmente pagamos nos Estados Unidos" (Weyr, 1994, p.34).

A lei internacional de direitos autorais favorece as editoras britânicas e americanas nesse desequilíbrio do mercado, reservando para o autor (ou para a editora como procuradora do autor) o direito de licenciar traduções de uma obra. Embora a Convenção de Berna reconheça os direitos do tradutor na tradução, ela ainda protege a propriedade exclusiva do autor do trabalho original e dos derivados feitos a partir dele.

Na década de 1960, os países em desenvolvimento tentaram obter modificações legais para dar a eles próprios mais liberdade no uso dos trabalhos sob direitos autorais, especialmente nos casos em que a publicação nacional era obstruída por problemas persistentes: alto índice de analfabetismo, carência de papel, tecnologia gráfica obsoleta, distribuição mínima, controle governamental e a fragmentação do mercado livreiro potencial em numerosas comunidades linguísticas (para uma visão global desses problemas, ver Altbach, 1994). Começando com a Revisão de Estocolmo (1967), a Convenção de Berna incluiu um "Protocolo para os Países em Desenvolvimento" que permite – para a consternação de autores e editores ocidentais – a licença compulsória de seus trabalhos para publicação e tradução naqueles países.

Contudo, o protocolo é, na verdade, um acordo que não satisfaz nenhum lado do conflito. Não melhorou de forma significativa a publicação nacional nem afetou os modelos desiguais de intercâmbio cultural, porque várias condições restringem a licença compulsória. As traduções de livros ocidentais, ainda que licenciadas, não podem ser publicadas em países em desenvolvimento até três anos depois da publicação da obra original, e devem estar voltadas unicamente para fins didáticos, acadêmicos e de pesquisa – duas condições que impedem o editor de capitalizar a popularidade internacional de uma obra ou autor estrangeiro e de aumentar a dimensão do público leitor doméstico (Berna, Apêndice C: II (2)(a), (5)). Na verdade, as editoras ocidentais usualmente evitam licenças compulsórias de publicação, exportando uma edição própria de baixo custo ou vendendo os direitos de reimpressão ou tradução a uma editora local dentro do período de três anos (Gleason, 1994, p.193).

No caso da China, a lei internacional de direitos autorais não apenas sustenta um desequilíbrio no mercado, como impõe um conjunto de diferentes valores culturais e políticos. A China não possuía um código abrangente de direitos autorais até 1991, em parte porque o pensamento chinês sobre propriedade de trabalhos intelectuais tem sido desde há muito coletivista e não comercialista, quer por ser baseado na tradição patrilinear quer na ideologia socialista. Difere, portanto, radicalmente dos conceitos individualistas de propriedade privada que caracterizam a lei ocidental (Ploman; Hamilton, 1980, p.140-7). Para as editoras ocidentais, as traduções não autorizadas constituem uma infração dos direitos autorais, se não pura pirataria, ao passo que na China eram uma prática rotineira de publicação e somente nos dias de hoje tem sido tomada como ilegal (Altbach, 1987, p.103).

A assinatura da Convenção de Berna pela China em 1992 aproximou a indústria editorial chinesa do restante do mundo, pelo menos no referente à lei de direitos autorais. Contudo, esse fato, na verdade, diminuiu o volume de traduções chinesas, já que o governo agora é obrigado a exercer grande controle sobre as publicações e está em melhores condições de excluir trabalhos estrangeiros julgados como ameaça à ordem socialista (Wei Ze, 1994, p.459). As traduções têm também decaído porque as editoras chinesas não são capazes de pagar taxas altas em moeda forte pelos direitos estrangeiros. O tema do lucro das editoras ocidentais, especialmente da forma como é expresso no furor quanto às infrações de direitos autorais, acaba sobrepondo-se à preocupação ocidental com a violação dos direitos humanos na China.

Para os países em desenvolvimento, o desequilíbrio comercial na publicação de traduções traz consequências negativas, tanto culturais quanto econômicas. As editoras locais investem nos *best-sellers* britânicos e norte-americanos porque são muito mais rentáveis que os trabalhos literários domésticos, aos quais falta amplo reconhecimento e, portanto, requerem promoção e publicidade agressivas para alcançar um grande público. Como resultado, as obras domésticas são subfinanciadas e o desenvolvimento das línguas, literaturas e públicos leitores domésticos é limitado. Entre os países multilíngues, os modelos desiguais de tradução reforçam as hierarquias entre as comunidades culturais e linguísticas. Os textos estrangeiros são publicados em sua maioria nas línguas oficiais designadas pelos governos ou na língua nativa que domina a indústria livreira, prática que priva as línguas vernáculas do enriquecimento linguístico e literário que a tradução pode promover. Inevitavelmente, se a tradução de *best-sellers* de língua inglesa desvia investimentos das literaturas domésticas, esse investimento também barra a tradução entre línguas regionais que pode estimular "um compartilhamento maior de problemas e questões nacionais" (Singh, 1994, p.467).

Uma vez que os livros em língua inglesa selecionados para tradução tendem a fazer parte de gêneros populares como o romance e o policial, que convida aos prazeres da identificação imaginativa, em vez de incentivar o distanciamento crítico da estética de elite, as traduções permitem que os valores anglo-americanos cultivem uma elite de leitores ocidentalizados, não preocupados com as culturas domésticas. Em meados da década de 1970, por exemplo, as versões bengalis de "histórias de espionagem e policiais" de escritores britânicos como Edgar Wallace e Ian Fleming – narrativas que se desenvolvem em situações coloniais (oeste africano, o Caribe) – criaram "uma classe totalmente nova" de leitores indianos, um público popular para o qual os livros foram objetos de "puro entretenimento" em oposição à reflexão sobre sua situação pós-colonial (Mukherjee, 1976, p.68-9).

Na Índia e nos países africanos anglófonos, nos quais a língua colonial foi designada como oficial ou então se tornou a língua de publicação, as editoras multinacionais mantêm um controle neocolonial sobre as minorias locais de língua inglesa exportando traduções originalmente endereçadas aos públicos britânico e americano. Essas editoras também alcançam, além da elite minoritária, os leitores mais populares, porque elas (com suas equivalentes locais) exploram a tradução indireta do inglês: publicam traduções em língua autóctone das versões inglesas dos textos estrangeiros, de modo que os valores da língua inglesa medeiam a recepção das culturas estrangeiras (quanto à tradução "indireta" ou de "segunda mão", ver Toury, 1995, cap.7). No mercado editorial hindu, no qual as traduções dos textos literários estrangeiros representam a forma de tradução "mais comum e comercialmente mais viável", as obras europeias canônicas têm sido geralmente publicadas a partir das versões em inglês de originais não ingleses (Mukherjee, 1976, p.68-9). As traduções indianas são inevitavelmente moldadas pelos cânones anglo-americanos para literaturas estrangeiras, bem como por estratégias discursivas que predominam na tradução em língua inglesa.

Com os livros didáticos utilizados em escolas, a maior e mais rentável categoria de publicação nos países em desenvolvimento, as multinacionais têm publicado traduções ou reimpressões nas línguas oficiais sem se preocupar com o valor pedagógico ou adequação dessas obras à situação cultural doméstica. Durante décadas, depois da Segunda Guerra Mundial, editoras americanas que buscavam uma posição no mercado brasileiro traduziram livros didáticos que "tinham sido preparados para suas subsidiárias hispano-americanas" (Hallewell, 1994, p.599), assim como editoras britânicas na África importaram "ou os usados na Grã-Bretanha ou os desenvolvidos na Índia e no Extremo Oriente" (Rea, 1975, p.145). Mesmo quando um livro didático britânico foi escrito especificamente para um público africano, o autor poderia ignorar as diferenças culturais ao manter-se próximo demais dos valores britânicos. Em 1932, por exemplo, a Longman publicou um livro escolar sobre geografia elementar em duas versões, o original em inglês e uma tradução suaíli, ambas destinadas para uso na África Oriental. Contudo, um crítico contemporâneo que elogiou o autor britânico "por fornecer um valioso livro didático", condenou-o por complicar o processo de tradução: ele não "escreveu com certa simpatia pela metáfora bantu" (Rivers-Smith, 1931, p.208).

As traduções comerciais têm procurado criar mercados estrangeiros para empresas multinacionais tirando vantagem da hegemonia das línguas nas campanhas publicitárias. A Parker Pen norte-americana recentemente promoveu algumas propagandas de página inteira em várias revistas de ampla circulação em todo o mundo, incluindo versões em inglês (*Newsweek*, *New Yorker*), francês (*L'Express*), italiano (*L'Espresso*) e português brasileiro (*Veja*). O *layout* da página é uma justaposição notável de duas imagens verticais. O lado esquerdo contém uma foto em preto e branco de alguém em pé – geralmente uma bailarina ou um trompetista de jazz – perto da frase *Born to Perform*. O lado direito contém uma foto colorida de uma caneta-tinteiro bastante sofisticada (friso de ouro, laca e detalhes em pérola) apontando para a frase *Just like a Parker*. A propaganda funciona ao construir uma simples analogia, a qual transfere o prestígio que reveste certas formas culturais (balé, jazz) para um artigo de luxo (o "preço recomendado" para venda da caneta no varejo é de muitas centenas de dólares). A versão brasileira transforma essa analogia numa ferramenta de propaganda localmente eficaz ao traduzir as frases para uma linguagem mais heterogênea. A propaganda traz o músico de jazz e verte *Born to Perform* como "Nascido Para Performance" (*Veja*, 26 jul. 1995, p.6). Uma palavra inglesa aportuguesada de derivação recente, "performance" é amplamente utilizada no Brasil para descrever formas culturais ou apresentações, tais como quando um jornalista de esportes ou um fã de futebol avalia "a performance do time" (em que "time" representa outra formação aportuguesada do inglês).

Essa tradução, à primeira vista, explora o polilinguismo do português brasileiro e as divisões entre as comunidades culturais brasileiras. O inglês embutido na propaganda, tanto na forma aportuguesada de "performance" como no nome da marca ("Como uma Parker", diz a frase), faz um sutil apelo à elite anglofônica que compõe um segmento significativo do público leitor da revista que é relativamente cara (a propaganda da Parker é introduzida entre outras que trazem imagens brilhantemente coloridas dos *laptops* da IBM e dos automóveis da BMW). Embora o termo "performance" seja reconhecido como português pela maioria dos brasileiros e até já tenha passado para o uso coloquial, os leitores letrados da *Veja* estariam conscientes de sua derivação do inglês. Consequentemente, a propaganda não só se vale do prestígio que os produtos americanos têm adquirido no Brasil, mas, ao usar uma palavra do português brasileiro emprestada do inglês, também joga com o prestígio que a língua maior possui para a elite anglofônica. Para os leitores de elite, a tradução torna a caneta desejável ao mostrar uma hierarquia entre duas línguas (inglês como a origem da palavra do português brasileiro), para reforçar a hierarquia entre as comunidades brasileiras.

Se a tradução revela a dependência econômica e cultural dos países em desenvolvimento com relação aos Outros hegemônicos, suas muitas ramificações também deixam claro que essa dependência é mútua em muitos sentidos, mesmo que desigual. Os países da África, Ásia e América do Sul buscam nos países hegemônicos traduções e importações de textos científicos, técnicos e literários e mesmo de livros didáticos em todos os níveis educacionais. Os escritores nas culturas anglofônicas da África e da Índia buscam no Reino Unido e nos Estados Unidos sucesso crítico e comercial, procurando obter a aprovação dos intelectuais metropolitanos e preferindo publicar seus livros com multinacionais em vez das editoras locais que lutam para conseguir financiamento (Gedin, 1984, p.102; Singh, 1994, p.467). Em alguns casos, o valor dessa obra é julgado pela crítica local por sua potencialidade de ser traduzida para as línguas hegemônicas e assim ganhar reconhecimento internacional para a cultura subordinada (Barbosa, 1993, p.729; Dallal, 1998).

Ao mesmo tempo, as práticas das editoras britânicas e americanas, seus investimentos nos *best-sellers* em língua inglesa e suas vendas de direitos estrangeiros para mercados de exportação, fazem que elas cada vez mais dependam do dinheiro vindo dos países em desenvolvimento. No início dos anos 1970, a Longman "obteve 80% de seus resultados no exterior" (Mattelart, 1979, p.147-8). Algo semelhante ocorre na mídia eletrônica. Não só as agências de notícias ocidentais e as companhias cinematográficas e televisivas americanas dominam o fluxo global de informação e entretenimento, seja em inglês ou em versões traduzidas e dubladas, como suas margens de lucro não podem ser mantidas sem a continuidade desse domínio. Entre 1960 e 1980, de acordo com as estatísticas da Unesco, as produções de Walt Disney classificaram-se constantemente entre os cinco maiores "autores" mais traduzidos no mundo. Aqui, é óbvio, o termo "autor" designa as publicações da empresa extraídas de filmes. O multinacionalismo depende não somente dos mercados estrangeiros, mas da eficácia das traduções locais para competir naqueles mercados, uma dependência cultural que cria novas formas de autoria (a empresa) e de publicação (produtos derivados) para fortalecer os lucros.

Identidades multinacionais

As práticas tradutórias empregadas pelas empresas multinacionais, sejam editoras, fabricantes, ou agências de propaganda, funcionam nos mesmos moldes fundamentais que aquelas que endossaram o colonialismo europeu. A principal diferença é que a tradução agora serve a um capital corporativo, uma companhia comercial ou um programa evangélico, em vez de um Estado-nação. O que permanece intocado é o uso das práticas tradutórias que estabelecem uma relação hierárquica entre línguas maiores e menores, entre culturas hegemônicas e subalternas. As traduções desencadeiam um processo de formação de identidade no qual o colonizador e o colonizado, a empresa multinacional e o consumidor local, estão em posição desigual.

Embora a história do colonialismo varie significativamente de acordo com o lugar e o período, ela revela não apenas uma dependência constante, mas também inevitável, da tradução. Missionários cristãos e administradores coloniais, com a ajuda de educadores e antropólogos, sempre compuseram dicionários, gramáticas e ortografias para as línguas locais e, depois, deram início à tradução de textos religiosos e legais para estas. Nas Ilhas Filipinas, durante o século XVI, padres espanhóis faziam sermões em tagalog[1] para converter a população nacional. A tradução possibilitou a conversão e a colonização simultaneamente: o crente que reconhecia o Deus cristão também se submetia ao rei espanhol abençoado por Deus, especialmente porque os missionários ligavam a submissão política na terra à salvação no além (Rafael, 1988, p.168). Contudo, seus sermões também investiam as línguas coloniais de uma autoridade e carisma terríveis, porque eles deixavam termos-chave em latim e castelhano (*Doctrina Christina, Dios, Espíritu Sancto,*

---

[1] Tagalog: língua oficial da República das Ilhas Filipinas ou membro da sociedade filipina, os povos tagalogs ou filipinos. [N. T.]

Jesucristo), indicando a dependência doutrinária do tagalog com relação ao castelhano e ao latim, bem como a proximidade do castelhano com a linguagem bíblica e, portanto, com o logos (ibid., p.20-1, 28-9, 35).

De modo similar, no final do século XIX, os missionários britânicos na Nigéria publicaram a Bíblia e obras de devoção como *Pilgrim's Progress*, de John Bunyan, em línguas locais como o ioruba, o efik e o hausa (Babalolá, 1971, p.50-1, 55). Agências de tradução financiadas pelo governo foram subsequentemente estabelecidas para fornecer versões vernáculas de textos britânicos (*Oversea Education*, 1931, p.30-3; Adams, 1946, p.120). A prática do Hausa Bureau foi a de não traduzir nenhum "termo em inglês que ainda não tivesse passado para o uso coloquial", embora o diretor admitisse que, "para um africano que tivesse apenas aprendido a ler no vernáculo, o aparecimento repentino de uma palavra desconhecida ou impronunciável é muito desconcertante" (East, 1937, p.104). Contudo, o efeito provavelmente também era mistificador: as palavras desconhecidas implicitamente marcaram o inglês, não o hausa, como a fonte do conhecimento e, portanto, como a língua superior, particularmente tendo em vista que o texto era uma tradução do inglês.

Os governos coloniais fortaleceram sua hegemonia por intermédio de traduções que eram inscritas com a imagem que o colonizador tinha do colonizado, um estereótipo étnico ou racial que racionalizava a dominação. O sr. William Jones, acadêmico e juiz do século XVIII a serviço da Companhia das Índias Orientais, traduziu textos legais do sânscrito porque suspeitava da confiabilidade dos intérpretes indianos e procurou restaurar a lei indiana na sua pureza antiga – a qual, no fim, apoiou os empreendimentos comerciais da companhia (ver Said, 1978, p.77-9; Niranjana, 1992, p.12-20). Ele esperava que sua tradução dos *Institutes* de Manu fosse imposta como "o padrão de justiça" a "muitos milhões de indivíduos *hindus*, cujas indústrias bem dirigidas acrescentariam muito à riqueza *britânica*" (Jones, W., 1970, p.813, 927). A criação de estereótipos imperialistas por parte de Jones influenciou muitos acadêmicos e tradutores britânicos, de modo que, depois da introdução da educação inglesa na Índia, os indianos começaram a estudar traduções orientalistas de textos de língua indiana e entravam em contato tanto com a autoridade cultural dessas traduções como com suas imagens discriminatórias das culturas indianas. "Mesmo quando o indiano anglicizado falava uma outra língua que não o inglês, 'ele' preferia, em virtude do poder simbólico que caracterizava o inglês, ter acesso a seu próprio passado por meio de traduções e das histórias que circulavam no discurso colonial" (Niranjana, 1992, p.31).

Uma vez que a tradução pode influenciar o curso das tradições literárias, ela tem sido deliberadamente usada pelos governos coloniais para criar culturas literárias locais que favoreçam a dominação estrangeira. Nas primeiras décadas do século XX, os holandeses provocaram a submissão política dos indonésios letrados por meio de um programa de publicação competitivo que destacava as traduções. Em vez de censurar a ficção e o jornalismo dos nacionalistas radicais, a editora governamental Balai Pustaka publicou versões indonésias baratas de romances românticos europeus "desprovidos de conteúdo político", principalmente fantasias de aventura, crivados de estereótipos racistas e exotismo orientalista, incluindo obras de Rider Haggard, Júlio Verne e Pierre Loti (Watson, 1973, p.183-5). Os romances de Haggard, em particular, seriam úteis para essa estratégia de publicação: eles representam os africanos como crianças submissas ou como selvagens violentos e, portanto, carentes de orientação por parte dos brancos; as narrativas se desdobram em cenários do Império, mas omitem por completo qualquer representação do imperialismo britânico (David, 1995, p.188-92).

Ao diminuir a leitura de escritos radicais, tais traduções não somente ajudaram a minar o movimento nacionalista indonésio, como também encorajaram romancistas indonésios a produzirem imitações conservadoras de romances europeus. O romance de Abdoel Moeis de 1928, *Salah Asuhan (A Wrong Upbringing)*, insiste na inferioridade dos indonésios alertando-os no sentido de se distanciarem da educação holandesa e do casamento com europeus. Essa insistência está embutida no enredo melodramático que enfatiza as "incompatibilidades psicológicas" das personagens, em vez das divisões étnicas e políticas que vivenciam em suas relações (Watson, 1973, p.190-1).

As traduções e os romances nacionais da Balai Pustaka disseminaram valores literários e sociais que contribuíram para a supressão holandesa do radicalismo indonésio – assim como, hoje, os *best-sellers* traduzidos publicados por editoras britânicas e americanas criaram um público leitor global fascinado pelos valores hegemônicos, inclusive suas formas literárias (o romance, o policial), que usualmente glamorizam o consumismo metropolitano. As editoras multinacionais gozam de uma hegemonia que não é política, mas cultural e econômica, não é repressiva quanto à dissenção, mas constitutiva e exploradora de um mercado. Contudo, na medida em que não reinvestem os resultados das vendas dos direitos estrangeiros em traduções das literaturas africana, asiática, sul-americana, suas estratégias de publicação conservam-se claramente imperialistas.

Há mais de quarenta anos o interesse demonstrado pelas editoras britânicas e americanas nessas literaturas tem alcançado resultados híbridos, principalmente porque elas criaram cânones que oferecem uma representação limitada de seus escritos. O empreendimento multinacional que alcançou o maior sucesso de crítica, também em termos comerciais, foi, sem dúvida, a Série de Escritores Africanos da Heinemann, a qual publicou 270 textos literários entre 1962 e 1983 (Currey, 1985, p.11). A Heinemann teve grande lucro com essa série, que foi inicialmente dirigida a partir de Londres, mas acabou envolvendo filiais na Nigéria e no Quênia. Depois da independência, os países africanos adotaram os livros nas escolas, conferindo-lhes uma autoridade acadêmica que assegurou ampla circulação. Em 1976, quando a lei nigeriana restringiu a Heinemann a 60% da propriedade, as vendas da filial de Ibadan, sozinha, alcançaram 2,38 milhões de libras esterlinas; em 1982, quando a parte da Heinemann foi reduzida a 40%, essa filial ainda rendia à matriz de Londres um lucro de 60.800 libras esterlinas (St. John, 1990, p.477).

Os editores foram altamente seletivos, de modo que a série não pôde deixar de ser não representativa. Aproximadamente vinte títulos foram publicados por ano, escolhidos de um grupo de trezentos manuscritos (Currey, 1979, p.237). O primeiro *best-seller*, uma reimpressão do romance de Chinua Achebe Things Fall Apart (*O mundo se despedaça*) (1962), estabeleceu o padrão pelo qual os livros subsequentes seriam julgados, especialmente porque Achebe serviu como consultor na primeira década. Em 1980, porém, os leitores africanos consideraram a série muito "preocupada com o choque de culturas entre a África e o Ocidente", o principal tema do romance de Achebe (Chakava, 1988, p.240). Ao focalizar a literatura africana que manifestava essa preocupação, a Heinemann negligenciou os últimos desenvolvimentos na escritura urbana, romances populares que careciam do *imprimatur* acadêmico por meio da adoção curricular e almejavam, sobretudo, uma descrição realista da África depois da descolonização: "eles expressavam os sonhos e ambições de uma nova geração procurando sua sorte nas cidades e colocando a educação e o sucesso material acima da vida rural tradicional", evocando comparações com Dickens e Balzac (Gedin, 1984, p.104). Em um movimento que foi decisivo em reforçar as hegemonias linguísticas, a Heinemann excluiu as traduções de línguas africanas, dedicando a série a textos anglófonos e francófonos.

O cânone resultante refletiu uma imagem distintamente europeia do "Terceiro Mundo", corrente entre os intelectuais de esquerda durante a Guerra Fria — quando o conceito de Terceiro Mundo foi formulado pela primeira vez. Ao procurar um "terceiro caminho" nas relações internacionais, independente tanto do capitalismo americano como do comunismo soviético (o "Primeiro" e o "Segundo" Mundo), esses europeus viram seu desejo de não alinhamento concretizado no anticolonialismo dos nacionalistas da África, Ásia e América do Sul (Worsley, 1984, p.307). A Heinemann, de forma similar, criou uma imagem da literatura africana que era anticolonial, pois enfatizava o confronto cultural e nacionalista, questionando o impacto das culturas metropolitanas modernas nas tradições étnicas. A série definiu sua editora, seus leitores e professores ocidentais como intelectuais politicamente engajados e solidários com os escritores africanos militantes, cujo objetivo era uma autodeterminação nacional. Alan Hill, presidente da Heinemann que iniciou a série e criou as filiais africanas, considerou suas estratégias de publicação como uma contribuição ao processo de descolonização. Ao descrever sua motivação como "meu êthos radical, não conformista, missionário", ele criticou outras editoras britânicas por lucrarem com as vendas de livros didáticos ingleses na África sem "dar nada em troca" por meio de investimento em autores nativos (Hill, 1988, p.122-3). Lembrou também que "dei [aos diretores dos escritórios locais] *status* de soberania em vez da subordinação colonial preferida por alguns de nossos concorrentes" (apud St. John, 1990, p.477).

O caso da série da Heinemann mostra que os cânones ocidentais das literaturas menores não somente criaram representações especificamente ocidentais daquelas literaturas, mas possibilitaram a construção de identidades culturais para intelectuais metropolitanos. Os cânones resultaram de um processo de identificação com um ideal figurado no texto anglófono ou na tradução, um conjunto de valores tipicamente domésticos que estão ligados a projetos culturais e políticos, bem como ao mero comércio. Na Heinemann, Hill viu seu êthos missionário radical representado na independência que deu às filiais africanas – desde que, obviamente, suas publicações estivessem de acordo com a concorrência da Heinemann com as outras multinacionais.

Nos Estados Unidos, o assim chamado *boom* da literatura sul-americana durante as décadas de 1960 e 1970 foi alimentado pelos editores, romancistas e críticos que valorizavam seu experimentalismo fantástico em detrimento das narrativas realistas que sempre dominaram a ficção americana. O *boom* não foi um aumento repentino na produção literária sul-americana, mas principalmente uma criação norte-americana, um aumento repentino nas traduções em língua inglesa apoiadas por fundos privados (Barbosa, 1994, p.62-3; Rostagno, 1997). As editoras produziram uma onda de traduções de obras de autores como os argentinos Jorge Luis Borges e Julio Cortázar e o colombiano Gabriel García Márquez, formando um novo cânone de literatura estrangeira em inglês, bem como um público leitor mais sofisticado.

Essa tendência continuou em parte porque as traduções eram rentáveis, assim como a metáfora econômica (*boom*) sugere. A versão de Gregory Rabassa de 1970 do romance de García Márquez *Cem anos de solidão* foi um sucesso notável, um *best-seller* em brochura e, por fim, um livro didático adotado em faculdades e universidades (Castro-Klarén; Campos, 1983, p.326-7). Contudo, o influxo das escrituras sul-americanas estava também alterando a ficção contemporânea nos Estados Unidos, encorajando escritores como John Barth a desenvolverem experimentos narrativos semelhantes. Barth sentiu que escritores sul-americanos ofereciam uma solução para a "exaustão" das formas tradicionais de contar histórias, um "reabastecimento" na forma do "realismo mágico" e uma autoconsciência genérica maior

(Payne, 1993, cap.1). A ficção em língua inglesa recriou-se a partir de uma imagem particular da escritura sul-americana estabelecida com base num diagnóstico do cenário literário norte-americano.

O cânone resultante, porém, excluiu os escritos que evidentemente não ajudariam nessa recriação. O *boom* foi em grande parte um aumento nas traduções das literaturas hispânicas que negligenciou o desenvolvimento brasileiro contemporâneo: entre 1960 e 1979, as editoras britânicas e americanas publicaram 330 traduções do espanhol, mas somente 64 traduções do português brasileiro (Barbosa, 1994, p.17-9). O foco no espanhol refletiu a atenção internacional dada à América do Sul depois da Revolução Cubana em 1959, mas especialmente o interesse dos intelectuais norte-americanos que consideravam as culturas hispânicas "fontes de energia política dentro de uma luta generalizada por uma sociedade justa" (Payne, 1993, p.20; ver Fernández Retamar, 1989, p.7, 30-1).

Contudo, o *boom* também envolveu uma certa predileção por escritores do sexo masculino. Isso talvez respondesse a um conceito machista de autoria na cultura americana, uma equação de experimentação radical com masculinidade, de forma que o empreendimento comparável de uma escritora argentina como Silvina Ocampo permaneceu no anonimato. Sua ficção fantástica era tão implacavelmente inovadora como aquela de seus colaboradores, Borges e seu marido Adolfo Bioy Casares, mas só foi traduzida para o inglês no final da década de 1980 (ver Ocampo, 1988). Foi durante o mesmo período que o trabalho muito aclamado da brasileira Clarice Lispector começou a aparecer em inglês, com seis traduções publicadas num período de três anos (Barbosa, 1994, p.2). Sua escrita, que se desvia da fantasia em direção a uma evocação mais realista da subjetividade feminina, não atingiu o *status* canônico de que agora goza na cultura anglo-americana, especialmente na academia, até ter sido consagrada pela teórica feminista francesa Hélène Cixous (que teve seu primeiro contato com o trabalho de Clarice Lispector pela tradução francesa). A canonização de Lispector construiu uma identidade cultural diferente para os intelectuais metropolitanos que a estudaram, tanto feministas como pós-estruturalistas: eles encontraram em seu trabalho uma crítica aos valores patriarcais expressa por meio da textualidade descontínua que Cixous teorizou como *écriture féminine* (Arrojo, 1997).

Os intelectuais metropolitanos têm recorrido aos países em desenvolvimento como fontes de valores culturais e políticos que são úteis para o delineamento de projetos locais e, na verdade, para moldar questões domésticas, suas próprias identidades intelectuais, bem como as ideias e gostos de seus públicos leitores. Essas apropriações não podem simplesmente ser descartadas como autocentradas, porque os projetos incluíam desafios complicados aos valores domésticos dominantes (por exemplo: coloniais, machistas), e também porque voltaram a atenção internacional para as culturas subordinadas, acomodando certos textos literários e tradições num cânone amplamente reconhecido de literaturas universais. Contudo, ainda que de certo modo as razões dos intelectuais metropolitanos tenham sido determinadas pelos interesses e debates nacionais, mesmo quando expressos como um internacionalismo contra-hegemônico, eles inevitavelmente desenvolveram representações seletivas de culturas subordinadas nas quais fizeram seus investimentos, culturais e comerciais, políticos e psicológicos. Os modelos de tradução criaram e consolidaram os termos de reconhecimento cultural tanto para os países hegemônicos quanto para certos países em desenvolvimento, sem, no entanto, diminuir em nada as hierarquias culturais e linguísticas nas quais aqueles países continuam a ser colocados.

Tradução como resistência

Contudo, uma posição subordinada na economia global não deve ser vista como submissão passiva. Sob os regimes de colonização, as funções da tradução são extremamente diversas e de efeito imprevisível, sempre permitindo ao colonizado o espaço discursivo para evitar ou adulterar os estereótipos discriminatórios que lhe são impostos. As possibilidades de resistência são inerentes à ambivalência fundamental do discurso colonial: ele constrói uma identidade para o colonizado que requer deste a imitação de valores coloniais, mas é simultaneamente uma representação parcial, incompleta e preconceituosa, uma semelhança que é, no entanto, tratada como uma diferença imprópria, um híbrido necessitando de supervisão e disciplina, potencialmente ameaçador (Bhabha, 1994, p.86). A ambivalência desacredita a autoridade colonial, ao demonstrar que o programa evangelizador e a missão civilizatória constituem formas de dominação política, de modo que os símbolos religiosos e nacionais colocados diante do colonizado acabam sendo reduzidos a signos sem sentido, apreendidos como impuramente ideológicos (ibid., p.112). A tradução é altamente eficaz em exacerbar as tensões do discurso colonial porque o movimento entre as línguas coloniais e nativas pode reconfigurar as hierarquias culturais e políticas entre elas, desestabilizando o processo de formação de identidade, a imitação dos valores hegemônicos na qual a colonização se baseia.

Consequentemente, a tradução era uma preocupação recorrente no discurso do imperialismo britânico, no qual projetos monumentais (as versões de Jones dos textos legais hindus) e os debates centrais (sobre a língua da educação colonial) envolviam políticas e regulamentação. Quando em 1835, como membro do governo da Companhia das Índias Orientais, Thomas Macaulay argumentou que a introdução do currículo da escola pública inglesa era essencial para o domínio britânico na Índia, ele imaginou que isso criaria um corpo de elite de tradutores nativos, "uma classe que poderá servir de intérprete entre nós e os milhões que governamos" (Macaulay, 1952, p.729). E ele considerou esses tradutores como racialmente suspeitos mesmo tendo sido anglicizados, "uma classe de pessoas, indianas no sangue e na cor, mas inglesas no gosto, nas opiniões, na moral e no intelecto", que tinham de ser proibidas de estudar línguas nativas como o árabe e o sânscrito para evitar "a influência dos seus próprios preconceitos hereditários" (ibid., p.726).

Para Macaulay, os intérpretes educados em inglês acabariam por construir uma cultura nacional nativa. Seus conhecimentos e traduções dos livros ingleses iriam lhes possibilitar "refinar os dialetos vernáculos" e "enriquecer aqueles dialetos" tanto "com termos da ciência emprestados da nomenclatura ocidental", como com uma tradição literária nacional: "o que o grego e o latim foram para os contemporâneos de

More e Ascham", escreveu Macaulay, "nossa língua é para as pessoas da Índia. A literatura da Inglaterra é agora mais valiosa do que aquela da Antiguidade clássica" (ibid., p.729, 724). Obviamente, o nacionalismo alimentado por esse programa de tradução seria britânico, uma reverência às tradições literárias britânicas (pelo menos inicialmente, antes de inspirar as equivalentes indianas), de forma que mistificou a função imperial a que os tradutores de Macaulay serviam.

No projeto colonial, a tradução toma tantas formas e coloca em funcionamento tantas ferramentas (gramáticas, dicionários, livros didáticos), que bem poucos de seus efeitos podem ser previstos ou controlados. Os colonizados, além do mais, podem não ter apoio ou incentivos econômicos para aprender a língua colonial ou podem simplesmente se recusar a isso: podem também ensiná-la uns aos outros como um meio de superar ou lidar com a presença do colonizador. Em 1903, depois de quase quatro séculos de domínio espanhol, somente 10% da população filipina entendia castelhano (Rafael, 1988, p.56). O primeiro livro escrito por um filipino, o dono de uma gráfica no século XVII, Tomas Pinpin, foi na verdade um manual em tagalog para se aprender castelhano. Pinpin não pretendia ensinar fluência na língua colonial, mas, antes, seu uso voltado para o "prazer e proteção" contra a opressão espanhola – a qual, obviamente, não poderia nunca ser discutida num livro publicado pela editora dominicana (ibid., p.56-7, 65). Para seus leitores, Pinpin apresentava o estudo do castelhano como imitação colonial, reconhecendo implicitamente que a presença espanhola havia introduzido um processo alienígena de formação da identidade tagalog.

E, de modo inequívoco, apelou para a ansiedade deles em lidar com o colonizador:

> Di baquin ang ibang manga caasalan at caanyoan nang manga Castila ay inyong guinalologdan at ginagagad din ninyo sa pagdaramitan at sa nananandataman at paglacadam at madlaman ang magogol ay uala rin hinahinayang cayo dapouat macmochamocha cayo sa Castila. Ay aba itopang isang asal macatotohanan sapangongosap nang canila ding uica ang di sucat ibigang camtam? [...] Di con magcamomocha nang tayo nila nang pagdaramit ay con ang pangongosap ay iba, ay anong darating?
>
> No doubt you like and imitate the ways and appearance of the Spaniards in matters of clothing and the bearing of arms and even of gait, and you do not hesitate to spend a great deal so that you may resemble the Spaniards. Therefore would you not like to acquire as well this other trait which is their language? [...] if we look like them in our manner of dressing but speak differently, then where would things come to? (Rafael, 1988, p.57-8) [Sem dúvida, você gosta e imita os modos e a aparência dos espanhóis no que toca à vestimenta e aos gestos dos braços e mesmo ao modo de andar, e você não hesita em investir muito de modo que possa se assemelhar aos espanhóis. Portanto você não gostaria de adquirir também este outro traço que é a língua: [...] se nos parecemos com eles em nossa maneira de vestir, mas falamos de modo diferente, então onde as coisas vão parar?]

Pinpin não detalhou muitas dessas "coisas" desfavoráveis, as consequências de os tagalogs compreenderem e pronunciarem mal o castelhano. Mas deixou claro que isso poderia provocar risadas desdenhosas de um interlocutor espanhol ou até violência física (ibid., p.72-3). Falar castelhano de modo diferente era ressaltar a hibridez que escapa da força colonial, a diferença cultural que a imitação dos valores coloniais deveria apagar, mas apenas exagera, provocando repressão.

Na pedagogia de Pinpin, as diferenças entre tagalog e castelhano receberam a maior atenção, e talvez em parte alguma tenha tido um efeito maior que nas músicas macarrônicas que ele inseriu entre as lições. Aqui as linhas do tagalog são seguidas pelas versões em castelhano, de modo que o tagalog é representado como anterior ou língua "original", deslocada por uma tradução espanhola atrasada:

> Anong dico toua, Como no he de holgarme;
> Con hapot, omaga, la mañana y tarde;
> dili napahamac, que no salio en balde;
> itong gaua co, aqueste mi lance;
> madla ang naalman; y a mil cossas saben;
> nitong aquing alagad, los mios escolares;
> sucat magcatoua, justo es alegrarse;
> ang manga ama nila, sus padres y madres;
> at ang di camuc-ha, pues son de otro talle;
> na di ngani baliu, no brutos salvages.
> [...]
> O Ama con Dios, o gran Dios mi Padre;
> tolongan aco, quered ayudarme;
> amponin aco, sedme favorable;
> nang mayari ito, porque esto se acabe;
> at icao ang purihin, y a vos os alaben.

Escândalos da tradução

Oh, how happy I am, why shouldn't I make merry,
when afternoon and morning, morning and afternoon,
no danger occurs, it was not in vain,
this work of mine, this my transaction.
So much will be known, and a thousand things will be known
by my followers, those my students.
Such is their joy, they do right to rejoice,
their parents, their fathers and mothers,
and even those not like them, for they are of another kind
they are not crazy, not savage brutes.
[...]
O God my Father, O great God my Father;
help me, please help me;
adopt me, be favorable to me;
that this be accomplished, so that this can be finished;
and you will be praised, and you will be glorified. (Rafael, 1988, p.60-2) [Oh, como sou feliz, porque não deveria fazer-me alegre,/ quando a tarde e a manhã, a manhã e a tarde,/ nenhum perigo ocorre, não foi em vão,/ este meu trabalho, esta minha transação./ Muito será sabido, e mil coisas saberão/ os que me seguem, aqueles meus alunos./ Tal é a alegria deles, é justo que se alegrem,/ Seus pais, seus pais e mães,/ e mesmo aqueles que não são como eles, pois são de outro tipo/ não são loucos, não são brutos selvagens./ [...]/ Ó Deus, meu Pai. Ó grande Deus, meu Pai;/ ajude-me, ajude-me por favor;/ adote-me, seja bom comigo;/ que isso seja conseguido, de modo que isso possa ser terminado;/ e você será louvado, e você será glorificado.]

A prosódia da canção equaliza o tagalog e o castelhano submetendo ambos a um ritmo regular e a um esquema de rima assonante. Como resultado, a língua colonial perde a posição privilegiada que ocupava nos sermões em tagalog dados pelos padres espanhóis. A canção faz que as duas línguas "nem se refiram a uma grande língua tal como o latim nem a uma mensagem simples como a promessa de salvação, mas à persistência do ritmo e da rima" (ibid., p.62).

Há, além disso, um deslizamento de significado no movimento do tagalog para o castelhano que ameaça reduzir a canção que se assemelha a uma reza a uma estranha paródia de hinos cristãos. Em tagalog, o projeto de Pinpin pode encontrar "perigos" funestamente não especificados ao tentar atrair "seguidores", os quais ele defende como "não loucos" por estudarem a língua dos espanhóis, ao passo que na versão castelhana seu projeto poderia ser "em vão" se ele não atraísse "estudantes" cujo desejo de estudar a língua os distinguisse dos "brutos selvagens". Em tagalog, busca-se a proteção divina para a aprendizagem e o uso da língua que parecem sugestivamente agonísticos, possivelmente uma traição da autonomia do tagalog ou um meio de resistir ao colonizador espanhol, ao passo que em castelhano pede-se a Deus que abençoe uma submissão mais narcisista à autoridade colonial, uma identificação com sua língua civilizadora. O livro didático de Pinpin não oferece nenhum ataque explícito ao regime espanhol. Mas constantemente recorda aos leitores de tagalog as hierarquias — linguísticas, culturais e políticas — às quais estão subordinados.

A imposição das línguas coloniais levou finalmente à emergência de formas literárias híbridas, nas quais os autores nativos incorporam variedades subversivas de tradução. Na África Ocidental, os romances de línguas europeias têm por vezes se caracterizado por um "translinguismo", no qual traços da língua nativa transparecem no texto em inglês ou francês por meio de peculiaridades lexicais e sintáticas, além do uso de *pidgins* e da inserção pura e simples de palavras e frases nativas (Scott, 1990, p.75; ver também Ashcroft; Griffiths; Tiffin, 1989, p.59-77; Zabus, 1991, p.3-10). No início da década de 1950, o nigeriano Amos Tutuola começou a escrever narrativas em língua inglesa que sintetizaram o folclore e a literatura ioruba com muitos textos europeus canônicos, especialmente *The Pilgrim's Progress* e a nova narração que Edith Hamilton fez dos mitos gregos e romanos em 1940, *Mitologia* (Zell; Silver, 1971, p.195). Contudo, Tutuola molda suas narrativas numa prosa excêntrica que reflete um processo recorrente, mas não sistemático, de tradução do ioruba para o inglês. As excentricidades deviam-se parcialmente ao seu conhecimento limitado da língua inglesa, um nível escolar médio, e parcialmente por se fiar em versões inglesas quase literais das expressões em ioruba, em muitos casos decalques que deram ao inglês formas pouco usuais (Afolayan, 1971; Zabus, 1991, p.113). Nessa passagem típica do primeiro livro de Tutuola, *O bebedor de vinho de palma* (1952), a busca sobrenatural do "drinkard" por seu *barman* falecido leva a um encontro com a Morte, que o convida a passar a noite:

> when I entered the room, I met a bed which was made of bones of human-beings; but as this bed was terrible to look at or to sleep on it, I slept under it instead, because I knew his trick already. Even as this bed was very terrible, I was unable to sleep

under as I lied down there because of fear of the bones of human-beings, but I lied down there awoke. To my surprise was that when it was about two o'clock in the mid-night, there I saw somebody enter into the room cautiously with a heavy club in his hands, he came nearer to the bed on which he had told me to sleep, then he clubbed the bed with all his power, he clubbed the centre of the bed thrice and he returned cautiously, he thought that I slept on that bed and he thought also that he had killed me. (Tutuola, 1952, p.13-4) [quando entrei no cômodo, encontrei uma cama feita de ossos de seres humanos; mas como essa cama era horrível de se ver ou dormir, eu dormi embaixo dela, porque eu já sabia do seu truque. Mesmo sendo esta cama horrível, fui incapaz de dormir debaixo dela, assim que lá me deitei, porque senti medo dos ossos dos seres humanos, mas deitei-me lá acordei. Para minha surpresa foi que quando eram aproximadamente duas horas da meia-noite, eu vi alguém entrando no quarto cuidadosamente com um taco pesado nas mãos, ele veio mais perto da cama onde ele tinha me dito para dormir, aí ele bateu com o taco na cama com toda sua força, bateu no centro da cama três vezes e retornou cuidadosamente, ele pensou que eu dormia naquela cama e pensou também que havia me matado.]

Essa passagem contém usos não padronizados e erros que apontam para a escolarização imperfeita de Tutuola, seu domínio inseguro do inglês. Ao menos um erro – *I lied down there awoke* (deitei-me lá acordei) – mostra Tutuola lutando com as diferenças linguísticas, ultracompensando a falta de flexões morfológicas em ioruba ao marcá-las em inglês onde elas não existem: depois de *lied* (deitei), o verbo *awake* (acordar) torna-se *awoke* (acordei) (Afolayan, 1971, p.51). Muitas outras peculiaridades — *I met a bed* (encontrei uma cama), *two o'clock in the mid-night* (duas horas da meia-noite), *to my surprise was that* (para minha surpresa foi que) — são traduções diretas das palavras e frases em ioruba (ibid.). *I met a bed* verte *mo ba bêêdé*, em que o verbo *ba* pode tanto significar *to find* (achar), *to encounter* (encontrar), *to discover* (descobrir), *to overtake* (alcançar), assim como *to meet* (encontrar, ser apresentado a) (Zabus, 1991, p.113). De modo semelhante, Tutuola usou a estranha construção inglesa *we were travelling inside bush to bush* (estávamos viajando dentro de floresta em floresta), confundindo duas formas idiomáticas (*inside the bush* [dentro da floresta] e *from bush to bush* [de floresta em floresta]) porque ele estava fazendo uma tradução literal do ioruba, *láti inú igbo dé inú igbo*, literalmente "de dentro da floresta para dentro da floresta" (Tutuola, 1952, p.91; Zabus, 1991, p.114-5).

Esse decalque, às vezes, ocorre na aquisição da segunda língua, produzindo o tipo de "interlíngua" que é usada pelas minorias com pouca competência na língua maior ou no dialeto-padrão — por imigrantes, por exemplo (Ashcroft; Griffiths; Tiffin, 1989, p.67). Sob um regime colonial, a prática não pode deixar de assumir uma dimensão política. A tradução de Tutuola imprimiu o ioruba no inglês, forçando a língua colonial, em suas estruturas particulares, a registrar a presença de uma língua nativa, a qual, embora falada por uma população significativa (aproximadamente 13 milhões), foi reduzida a uma condição minoritária pelo imperialismo britânico.

Uma vez que o translinguismo da escritura colonial e pós-colonial redefine a autoria para incluir a tradução, ele produz um desafio implícito ao conceito de originalidade autoral, uma doutrina sagrada do romantismo europeu que continua a prevalecer independente da posição que a cultura ocupa na economia global. Não só as narrativas de Tutuola são fundamentalmente de segunda ordem, empregando materiais culturais europeus e africanos bem como versões inglesas a partir da língua africana, como o decalque não é intencional. Ele ocorreu inadvertidamente durante o processo de composição, devido à diglossia da situação colonial do autor; e os neologismos impressionantes e as construções em forma não padrão foram deixados virtualmente intactos pelo seu editor londrino Faber and Faber (uma página do manuscrito levemente editado é reproduzida em Tutuola, 1952, p.24).

A tradução envolvida nas narrativas de Tutuola as impede de serem descritas como trabalhos singulares de autoexpressão. Isso, portanto, questiona a pressuposição romântica de originalidade que alimentou os lados opostos em sua controversa recepção. Durante as décadas de 1950 e 1960, resenhistas anglo-americanos proclamaram Tutuola como o "gênio" autodidata, o "visionário" inovador cuja escritura provocou a comparação com "Anna Livia Plurabelle, Alice no País das Maravilhas e os poemas de Dylan Thomas" (Moore, G., 1962, p.39, 42; Rodman, 1953, p.5), ao passo que os críticos africanos o rejeitavam como um mercenário incompetente que meramente reescrevia contos folclóricos familiares. "Já é ruim tentar escrever uma narrativa africana em 'bom inglês'", reclamou um leitor africano, mas "é pior tentá-lo no linguajar estranho do sr. Tutuola" (Lindfors, 1975, p.31, 41; a controvérsia está resumida em Bishop, 1988, p.36-7). Tutuola alcançou e dividiu ao mesmo tempo um público leitor internacional:

seu trabalho constituiu uma forma de composição que foi estigmatizada em culturas hegemônicas, mas que, ainda assim, pôde ser assimilada a categorias estéticas e tradições literárias valorizadas naquelas culturas. A autoria de Tutuola não era auto-originada ou individualista, mas derivada e coletiva, caracterizada por uma elaboração das várias tradições orais e literárias à disposição de um escritor nigeriano não letrado sob o domínio britânico.

As traduções de Tutuola também impedem que suas narrativas sejam descritas como uma expressão de autenticidade cultural, seja do ponto de vista eurocêntrico que as glorifica por representarem a "verdadeira energia macabra da África" (Lindfors, 1975, p.30), seja de uma perspectiva afrocêntrica que as critica por se desviarem da "pureza popular" (Bishop, 1988, p.75). Apesar do compromisso de Tutuola com o folclore e a literatura em ioruba, os decalques nunca produziram um texto específico em ioruba; não existia nenhum original puramente nativo por trás do inglês excêntrico de Tutuola. Na verdade, as peculiaridades lexicais e sintáticas indicam que o ioruba *já era* uma língua heterogênea, contendo empréstimos ingleses. Assim, Tutuola usou o neologismo *reserve-bush* (floresta-reserva), uma versão do ioruba *igbo risafu*, no qual *risafu* é ele mesmo um neologismo feito a partir de um decalque, uma tradução por empréstimo do inglês *reserve* (Tutuola, 1952, p.95; Afolayan, 1971, p.53). As peculiaridades estilísticas produzidas pela tradução de Tutuola não são metáforas de essência racial ou étnica, mas metonímias de uma diferença intercultural. Elas significam que seu texto se encontra entre o inglês e o ioruba, e revelam um limite à imposição colonial do inglês, uma quebra no processo de formação de identidade pela imitação de valores britânicos.

O translinguismo, que é involuntário nas narrativas de Tutuola, é deliberadamente voltado para usos políticos em outras literaturas de minoria. Talvez isso ocorra de modo mais frequente entre os escritores árabes francófonos. Enquanto os educadores coloniais britânicos encorajaram a alfabetização no vernáculo (ver, por exemplo, East, 1936; Cosentino, 1978), a política francesa enfatizou a assimilação das elites nativas e "reprimiu a escritura e o ensino de línguas africanas" a tal ponto que hoje o francês permanece como uma língua literária forte no norte da África (Zabus, 1991, p.19). Ainda assim, trata-se de um francês que tem, com frequência, absorvido materiais culturais árabes por meio da tradução, materiais esses que sofreram transformação no processo. No romance *La Nuit sacrée* (*The Holy Night*, 1987), o escritor marroquino Tahar Ben Jelloun incorpora versões francesas de orações islâmicas, com o que "ele torna a língua francesa 'estrangeira' ao seu próprio falante nativo monolíngue e, simultaneamente, comete sacrilégio contra as próprias fórmulas que traduz, inserindo-as numa passagem muito próxima do humor negro" (Mehrez, 1992, p.130). A tradução para o francês de Ben Jelloun é transgressora, tanto da língua e da cultura ex-colonial quanto da ortodoxia religiosa local.

Na África Ocidental, o romance do nigeriano Gabriel Okara *The Voice* (1964) é único no seu modo de cultivar um experimento linguístico semelhante. Ao descrever a si próprio "como um escritor que acredita na utilização das ideias africanas, da filosofia africana e do folclore e imaginação africanos de forma tão extensa quanto possível", Okara declarou que "a única forma de usá-los com eficácia é traduzindo-os, quase literalmente, da língua africana nativa ao escritor para qualquer língua europeia que ele esteja utilizando como seu meio de expressão" (Okara, 1963, p.15). Na prática, isso significou um uso altamente seletivo da tradução em que as peculiaridades estilísticas do inglês de Okara reproduziam características lexicais e sintáticas da língua ijo.

Eis uma série de trechos representativos:

> Okolo had no chest, they said. His chest was not strong and he had no shadow. [Okolo não tinha peito, eles diziam. Seu peito não era forte e ele não tinha sombra.]

> Shuffling feet turned Okolo's head to the door. He saw three men standing silent, opening not their mouths. "Who are you people be?" Okolo asked. The people opened not their mouths. "If you are coming-in people be, then come in." The people opened not their mouths. "Who are you?" Okolo again asked, walking to the men. As Okolo closer to the men walked, the men quickly turned and ran out. [Arrastar de pés virou a cabeça de Okolo para a porta. Ele viu três homens de pé em silêncio, não abrindo suas bocas. "Quem são vocês pessoas ser?" perguntou Okolo. As pessoas não abriram suas bocas. "Se vocês são pessoas-entrando ser, então entrem." As pessoas não abriram suas bocas. "Quem são vocês?" Okolo novamente perguntou, caminhando em direção aos homens. Quando Okolo para mais perto dos homens andou, os homens rapidamente viraram e correram fora.]

He had himself in politics mixed and stood for election.
[Ele com a política se misturou e candidatou para eleição.]

The engine man Okolo's said things heard and started the engine and the canoe once more, like an old man up a slope walking, moved slowly forward until making-people-handsome day appeared. [O homem do motor de Okolo disse coisas ouvidas e deu partida no motor e a canoa mais uma vez, como um homem velho uma ladeira subindo, movia-se devagar para frente até o dia fazendo-as-pessoas-bonitas aparecer.]

He was lying on a cold floor, on a cold cold floor lying. He opened his eyes to see but nothing he saw, nothing he saw. (Okara, 1964, p.23, 26-7, 61, 70, 76) [Ele estava deitado num chão frio, num chão frio frio deitado. Ele abriu seus olhos para ver mas nada ele viu, nada ele viu.]

Okara não somente verteu literalmente as locuções idiomáticas ijo (*had no chest* [não tinha peito], *had no shadow* [não tinha sombra]), mas imitou sua inversão de palavras, suas frases verbais em série (*Who are you people be?* [Quem são vocês pessoas ser?]), seu recurso de repetição para intensificação (*cold cold floor* [chão frio frio]), e suas formações compostas (*coming-in people* [pessoas-entrando]) (Okara, 1963, p.15-6; Scott, 1990; Zabus, 1991, p.123-6). Ao mesmo tempo, algumas das escolhas de Okara, mesmo aquelas que reproduzem as características do ijo, ressoam dentro da tradição literária inglesa. As inversões sintáticas, ao lado de formas do início da era moderna como *changeth*, dão uma qualidade arcaica à prosa que sugere a Bíblia de King James: *Tell them how great things the Lord hath done* (Diga a eles as importantes coisas que o Senhor fez) (Okara, 1964, p.24-5; Marcos, 5,19). Os compostos fazem lembrar poetas modernos como Gerard Manley Hopkins e Dylan Thomas, que fascinaram Okara, ele próprio um poeta (Scott, 1990, p.80; Zabus, 1991, p.125).

Essa tradução foi muito mais planejada que a de Tutuola e, portanto, mais desestabilizadora da língua hegemônica. Ao aproximar-se do ijo, Okara desfamiliarizou o inglês ao ressituar as tradições literárias inglesas no contexto pós-colonial, inclusive tradições como o uso missionário de textos canônicos para promover a alfabetização da população local. O público leitor ideal de Okara pode ser visto como bilíngue, uma elite que fala ijo com uma instrução inglesa avançada. Mas, uma vez que o ijo é falado por uma minoria relativamente pequena, Okara estava se dirigindo principalmente aos leitores de língua inglesa sem qualquer conhecimento de ijo que poderiam, no entanto, apreciar a hibridez poética de sua prosa. Dirigindo-se a esse público, Okara explorou a hegemonia global do inglês para chamar atenção para uma questão local urgente: a ditadura política na Nigéria depois da independência. Em *The Voice*, Okolo desafia o líder de um lugarejo que domina incentivando um culto à personalidade e que segue o conselho de um ancião educado na Inglaterra, nos Estados Unidos e na Alemanha.

Traduzindo a modernidade

A hibridez liberada pela tradução nas situações coloniais e pós-coloniais de fato transgride os valores hegemônicos, submetendo-os a uma gama de variações locais. Mas os efeitos culturais e sociais de tais traduções são necessariamente limitados por outros fatores, em particular pelos gêneros dos textos traduzidos e pela sua recepção. O livro didático de Pinpin ofereceu ao leitor tagalog não tanto um incentivo para aprender castelhano por motivos anticoloniais, mas antes uma compensação imaginária para a repressão do governo espanhol, uma sutil manipulação da hegemonia da língua por "prazer e proteção". Tampouco a prosa translingual de Tutuola ou de Okara instauraram quaisquer tendências importantes no romance da África Ocidental; os romancistas que lançaram mão das tradições orais africanas ou simplesmente usaram línguas africanas têm em geral seguido o exemplo da alternância de código empregada por Chinua Achebe nas narrativas escritas, na maior parte, em inglês-padrão (ver Bandia, 1996).

A tradução que torna híbridos os valores hegemônicos somente pode estimular inovação e mudança cultural quando redireciona as tradições nativas e remodela identidades, não apenas dos intelectuais de elite, mas de outras comunidades também. O uso que Ben Jelloun faz dos materiais árabes em seus romances francófonos é exemplo típico de um movimento recente na ficção norte-africana; seu trabalho, em especial, foi aclamado pelos intelectuais franceses: *La Nuit sacrée* ganhou o Prêmio Goncourt em 1987. Contudo, ainda não está claro se esses desenvolvimentos constituem uma reforma do cânone literário francês, em oposição a uma contenção de mudança. O presidente François Mitterand considerou o prêmio de Ben Jelloun "uma homenagem à universalidade da língua francesa", não a restauração de uma literatura francófona excluída em virtude de sua heterogeneidade pós-colonial (Mehrez, 1992, p.128).

Nas culturas subordinadas, talvez as mudanças com as maiores consequências promovidas pelas traduções ocorram com a importação de novos conceitos e paradigmas, especialmente aqueles que deram início à transição das tradições antigas, tanto orais como literárias, para as noções modernas de tempo e espaço, do Eu e de nação. A China na virada para o século XX, quando a última dinastia imperial – a Qing[2] – estava chegando ao fim, apresenta um rico exemplo de tradutores decididos a construir uma cultura nacional com base na importação de literaturas estrangeiras. Os tradutores chineses desenvolveram um programa de modernização introduzindo numerosos livros ocidentais de ficção e filosofia.

Entre 1882 e 1913, a quantidade de ficção publicada pelas editoras chinesas aumentou de forma surpreendente: as traduções constituíam quase dois terços do total, 628 de mais de 1.170 títulos (Zhao, 1995, p.17, 228). O tradutor mais influente foi o prolífico Lin Shu (1852-1924), a quem se atribui a versão de mais de 180 textos literários ocidentais, inclusive os romances de Daniel Defoe, Victor Hugo, *Sir* Walter Scott, Robert Louis Stevenson e *Sir* Arthur Conan Doyle (Lee, L., 1973, p.44).

Lin não conhecia línguas ocidentais. Segundo o costume no meio editorial no fim da era Qing, ele trabalhou com colaboradores proficientes cujas versões orais rapidamente transformava em prosa chinesa clássica (*wenyan*) (Zhao, 1995, p.230, n.9). Sua prática tradutória era inteiramente domesticadora: ele escolhia textos estrangeiros que pudessem ser

---

2 A palavra qing significa, ao mesmo tempo, o nome do imperador da dinastia chinesa Qing Shihuagdi, como a língua qing. [N. T.]

facilmente adaptados ao chinês, assimilados aos valores chineses tradicionais, em particular à língua literária arcaica e à ética confucionista centrada na família. Lin leu *A velha loja de curiosidades*, de Dickens, como um exemplo da reverência confucionista pela piedade filial, portanto intitulou sua versão de 1908 *A história da devotada filha Nell* (Lee, L., 1973, p.47; Hu Ying, 1995, p.81-2; Zhao, 1995, p.231).

O texto estrangeiro que iniciou sua carreira em 1899 foi o romance sentimental de Dumas Filho *A dama das camélias*, que ele tanto apreciou por acreditar que tratasse do tema confucionista da lealdade com emoção extravagante. Lin delineou uma analogia surpreendente entre a heroína de Dumas, a cortesã Marguerite, e dois ministros chineses caracterizados por uma devoção legendária, revelando que os valores que ele inscreveu nos textos estrangeiros não eram simplesmente tradicionais, mas imperiais, expressando lealdade ao imperador Qing:

> Enquanto traduzia [...] três vezes atirei em cima da mesa meu pincel e derramei amargas lágrimas. Fortes são as mulheres deste mundo, mais que nossos eruditos oficiais, entre os quais somente aqueles extremamente devotados como Long Jiang e Bi Gan poderiam comparar-se a Marguerite, aqueles que morreriam uma centena de vezes antes de se desviarem de sua devoção. Porque a maneira como Marguerite serviu a Armant é a mesma como Long e Bi serviram a seus imperadores Jie e Zhou. Assim como Long e Bi não se lamentaram embora os imperadores os tenham matado, Marguerite não se lamentou quando Armant a matou. Portanto digo, neste mundo, somente as pessoas

semelhantes a Long e Bi poderiam se comparar a Marguerite. (Hu Ying, 1995, p.71)

A glorificação sentimental de Lin de uma prostituta, tão distante da misoginia de *Os Analectos*, foi, assim mesmo, sustentada pela passagem (18.1) na qual Master Kong menciona a morte de Bi Gan e o louva como um dos ministros "humanos" sob a tirania de Zhou, o último imperador da dinastia Yin (Confúcio, 1993, p.74).

A identidade de Lin Shu como um tradutor erudito foi formada por meio de uma simpatia confucionista pela personagem de Dumas que refletia seu próprio compromisso inabalável de servir ao imperador com maior eficiência que os oficiais eruditos de então. Esse foi um serviço que Lin escolheu fazer como escritor em vez de como ministro, já que seu fracasso em atingir o mais alto grau acadêmico o impediu de obter um cargo na corte (Lee, L., 1973, p.42, 57). O *wenyan* e o confucionismo de suas traduções mostram que pretendiam fortalecer a cultura imperial, no momento em que a autoridade desta estava sendo seriamente abalada por acontecimentos institucionais e políticos. Embora a China tenha estado sujeita à invasão militar e comercial ocidental desde o início do século XIX, as traduções de Lin começaram a aparecer logo depois que os chineses foram definitivamente derrotados na Primeira Guerra Sino-Japonesa (1894-1895) e a Revolta dos Boxers contra a presença estrangeira fora reprimida por uma força internacional (1898-1900). Talvez o mais importante seja que Lin continuou a traduzir muito depois de 1905, quando a abolição do exame do serviço civil eliminou o principal sustentáculo institucional para o uso do chinês clássico no discurso erudito e oficial (Gunn, 1991, p.32-3). Os tradutores qing mais tardios como Lin Shu e seu parceiro Yan Fu (1853-1921) consideravam seus papéis como "aquele de um guardião da língua em vez de um simples contribuinte para a linguagem clássica e, por extensão, portanto, de um guardião da civilização clássica" (Hu Ying, 1995, p.79).

De forma sintomática, a agenda cultural doméstica e política que guiou o trabalho daqueles tradutores não apagou inteiramente as diferenças dos textos estrangeiros. Ao contrário, a tendência para a domesticação também visava introduzir ideias e formas ocidentais bem diferentes na China, de modo que ela ficaria apta a competir internacionalmente e lutar contra os países hegemônicos. Como resultado, as analogias recorrentes entre a cultura chinesa clássica e os valores modernos ocidentais usualmente envolveram uma transformação de ambos.

Entre 1907 e 1921, por exemplo, Lin Shu traduziu 25 romances de Rider Haggard porque os achou compatíveis com a ética confucionista e com seu objetivo de reformar a nação chinesa. Lin reintitulou sua versão de *Montezuma's Daughter* como *A história da vingança de um devotado filho inglês sobre o vulcão*, já que ele a leu como outro exemplo de confucionismo, prova de que "aquele que sabe como cumprir as obrigações filiais vingando o assassinato de sua mãe, certamente sabe como ser leal e vingar a humilhação de sua pátria-mãe" (Lee, L., 1973, p.51). Lin estava muito consciente de que o colonialismo britânico fornecera o subtexto para as obras de aventura de Haggard, mas ele acreditava que as representações da agressão colonial poderiam mover os leitores chineses tanto a emular quanto a resistir a seus invasores estrangeiros. No prefácio de sua versão de *The Spirit of Bambatse*, de Haggard, ele adotou provocativamente o estereótipo racista em tais romances para explicar que

> eles encorajam o espírito de exploração do homem branco. O projeto já foi desenhado por Colombo e Robinson Crusoé. Com o intuito de conquistar ganhos materiais quase impossíveis nas regiões bárbaras, os homens brancos estão dispostos a enfrentar centenas de mortes. Mas nossa nação, ao contrário, desconsidera seus próprios interesses e os cede aos estrangeiros. Convidamos os hóspedes a humilhar os anfitriões e a sujeitar uma multidão de 400 milhões aos caprichos de uns poucos brancos. Que vergonha horrível! (ibid., p.54)

O racismo dessa passagem não somente reflete os estereótipos do discurso colonial embutidos na ficção de aventura britânica, mas também o darwinismo social que as traduções de Yan Fu das obras de T. H. Huxley e Herbert Spencer disseminaram na China para servir a um propósito igualmente nacionalista. Yan Fu racionalizou sua versão de 1898 de *Evolution and Ethics*, de Huxley, precisamente declarando sua relevância para o "autofortalecimento e a preservação da raça" (Schwartz, 1964, p.100). Contudo, o racismo no pensamento desses tradutores era contradito por sua própria dependência da tradução como meio de reforma nacional. Ambos admiravam a agressividade e o individualismo ocidentais, mas, ao recorrerem a uma prática literária para encorajar a imitação chinesa desses valores, eles na realidade presumiam que a assimetria entre o Ocidente e a China não era determinada biológica, mas culturalmente: ela derivava das diferenças em suas tradições éticas, as quais, ao contrário das diferenças raciais, poderiam ser revisadas.

Lin Shu parece, subsequentemente, ter compreendido isso. Afastando-se do biologismo subjacente ao seu conceito anterior de nação, ele instigou os chineses a abandonar a virtude confucionista de "rendição" ou deferência, agora metamorfoseada em "humilhação" pelo imperialismo:

> As noções dos ocidentais de vergonha e de defesa da força não se originam inteiramente de sua própria natureza, mas são também um costume acumulado. [...] Na China, isso não é bem assim. Sofrer humilhação é considerado como rendição; salvar sua própria vida é chamado de sabedoria. Portanto, depois de milhões de anos de abusos por raças estrangeiras, ainda não nos sentimos envergonhados. Poderia isso também ser chamado de nosso caráter nacional? (Lee, L., 1973, p.54)

A "sabedoria" tradicional evitou a ideia de "caráter nacional" ao desencorajar sentimentos patrióticos, tal como um senso coletivo de "vergonha". As traduções de Yan Fu, em contrapartida, revisaram o individualismo liberal articulado por escritores britânicos como John Stuart Mill e Adam Smith, de modo que se adequasse melhor à situação chinesa – o declínio do Estado imperial em meio à invasão estrangeira. Sua versão de 1903 de *Sobre a liberdade*, de Mill, direcionou o conceito de liberdade pessoal para um sentido muito mais coletivo e nacionalista. "Se a liberdade do indivíduo é frequentemente tratada em Mill como um fim em si mesmo, em Yan Fu ela torna-se um meio para o avanço da 'virtude e do intelecto das pessoas'; além disso serve aos propósitos do Estado" (Schwartz, 1964, p.141).

As práticas dos últimos tradutores qing como Lin Shu e Yan Fu demonstram que as estratégias domesticadoras, especialmente quando usadas em situações de subordinação cultural e política, podem ainda resultar numa hibridez forte que instaura mudanças não previstas. A tendência para a domesticação foi inexorável, dada a insularidade da cultura tradicional e seu entrincheiramento em instituições imperiais ao longo dos séculos. Consequentemente, Lin Shu e Yan Fu consideravam-se reformistas, não revolucionários: usaram a linguagem clássica literária para apelar à elite acadêmica e oficial e submeteram os textos estrangeiros à revisão, à condensação e interpolaram comentários de modo que os valores ocidentais e sua própria agenda nacionalista pudessem tornar-se aceitáveis para aquela elite. Em suas traduções, eles eram mais fiéis ao *wenyan* que às ideias e formas ocidentais.

Contudo, essa prática de assimilação dos textos estrangeiros ao estilo doméstico dominante era ao mesmo tempo doméstica e estrangeira, chinesa e ocidental. O critério de Yan Fu para uma boa tradução — fidelidade (*xin*), clareza ou compreensão (*da*) e elegância e fluência (*ya*) — aparece na antiga teoria da tradução chinesa, em traduções da escritura budista patrocinadas por monarcas durante o século III d.C. (Chen Fukang, 1992, p.14-7, 124; correspondência com Chang Nam Fung, 2 set. 1997). Yan, sem dúvida, ressuscitou esses antigos critérios porque os considerou compatíveis com seu uso da tradução visando acelerar uma política cultural imperial. Mas as práticas de "achinesamento" da tradução qing tardia também possuem uma impressionante semelhança com a domesticação feita pelos tradutores durante o Iluminismo francês e inglês, um período que Yan estudou durante sua viagem à Inglaterra na década de 1870 e que forneceu textos que iria mais tarde traduzir, não somente *A riqueza das nações*, de Smith (1901-1902), mas também *O espírito das leis*, de Montesquieu (1904-1909). Sugeriu-se que Yan foi influenciado pelo primeiro tratado de tradução sistemático em inglês, o *Essay on the Principles of Translation*, de Alexander Tytler (1789), que igualmente advogou uma certa liberdade para produzir versões eminentemente legíveis na língua-alvo (Gunn, 1991, p.33, n.5). As domesticações de Tytler também possuíam um significado ideológico similar. Sua tradução ideal era dotada com a "fluência da composição original", porque pareceria familiar também a seus leitores de elite, invisivelmente inscrita com os valores morais e estéticos da burguesia hanoveriana (Tytler, 1978, p.15; Venuti, 1995a, p.68-73).

A domesticação favorecida pelos últimos tradutores qing tornou seus trabalhos mais acessíveis do que eles haviam planejado e nem sempre nos termos que teriam aceitado. Lin Shu e Yan Fu não somente cultivaram estilos altamente elegantes, mas acrescentaram prefácios brilhantes, comentários marginais e, no caso de Lin, marcas de pontuação para esclarecer o *wenyan* (Link, 1981, p.136). Suas traduções de *La Dame aux camélias* e *Evolution and Ethics* foram enormemente populares até a década de 1930, alcançando um público leitor letrado que incluía funcionários públicos bem como acadêmicos, alunos de escolas secundárias bem como intelectuais independentes (Schwartz, 1964, p.259, n.14; Lee, L., 1973, p.34-5). As versões de Lin Shu de romances sentimentais não transformaram de modo regular a devoção filial em patriotismo: elas também alimentavam a onda de romances escapistas sobre amores trágicos, a assim chamada ficção da escola *Mandarin Ducks* e *Butterfly* que dominou a publicação chinesa no início do século XX, oferecendo um conforto compensatório aos leitores conservadores que se deparavam com acontecimentos culturais políticos avassaladores – a ocidentalização, a revolução de 1911 contra o imperador, a instituição do governo republicano (Link Jr., 1981, p.54, 196-235). As versões de Yan Fu dos textos científicos e sociológicos importaram teorias evolucionistas da história que foram contra o sincronismo do *I Ching* (*O livro das mutações*), estabelecendo o "discurso estrangeiro como mais forte que a tradição sinocêntrica" (Gunn, 1991, p.35). E a ampla circulação permitiu que as traduções, apesar da língua clássica, contribuíssem para a emergência de um discurso cultural no mandarim vernacular do norte (*baihua*). Inadvertidamente, o trabalho de Lin e Yan Fu questionou a autoridade do *wenyan*: "suas técnicas de reescrever e condensar os textos em língua estrangeira acabaram servindo para promover a ideia de que o chinês clássico que empregavam era inadequado para a tarefa de entender e absorver o conhecimento estrangeiro" (ibid., p.33).

Esses últimos tradutores qing também inspiraram os escritores chineses que vieram depois deles a incluir a tradução nas políticas culturais nacionalistas. O grande inovador modernista da ficção chinesa, Lu Xun (1881-1936), leu em sua juventude com entusiasmo suas versões de Haggard e Huxley e depois começou a traduzir literatura ocidental, inclusive dois romances de Júlio Verne. Escolheu a ficção científica porque não fazia parte dos gêneros ocidentais então disponíveis em chinês e porque acreditou que a popularização da ciência poderia ser útil "para desenvolver as massas chinesas" (Semanov, 1980, p.14). Lu Xun pensava o "caráter nacional" chinês nos termos evolucionários e orientalistas que circulavam nos textos científicos e missionários — Spencer juntado a *Chinese Characteristics*, de Arthur Smith (1894) –, o que lhe permitiu lançar questões tanto fisiológicas como humanistas: "quais foram as raízes da doença [da China]?", "qual foi o melhor ideal da natureza humana?" (Liu, 1995, p.60-1). Embora fosse proficiente em muitas línguas estrangeiras (inglês, alemão e japonês), sua visão de tradução como popularização levou-o a adotar estratégias qing tardias de domesticação: ele traduziu na língua clássica e editou o texto estrangeiro para torná-lo acessível. Em sua versão de 1903 de *De la Terre à la Lune*, de Verne, Lu Xun reduziu o número de capítulos, deu títulos resumidos e, como explicava, "quando a redação estava nebulosa ou não era compatível com a [experiência] do meu conterrâneo, fiz algumas mudanças e cortes" (Lyell Jr., 1975, p.65).

Contudo, a abordagem qing tardia logo revelou suas limitações. Uma vez que nem Lu Xun, nem seu irmão e colaborador Zhou Zuoren (1885-1967) compartilharam o investimento de seus predecessores na dinastia imperial, suas traduções logo assumiram o propósito revolucionário de desalojar a cultura tradicional chinesa. Eles queriam construir uma literatura vernácula que fosse moderna, não simplesmente ocidentalizada, merecendo a aceitação e estima dos escritores modernos nas literaturas ocidentais. Para criar essa nova tradição literária vieram a rejeitar o exemplo dado por tradutores como Lin Shu que, protestou Zhou, "não queriam aprender dos estrangeiros, de modo que se ocuparam em fazer os trabalhos estrangeiros se assemelharem aos chineses" (Zhao, 1995, p.231). Em 1909, Lu Xun e Zhou Zuoren publicaram uma antologia pioneira de traduções que procurava registrar, em vez de eliminar, as diferenças culturais e linguísticas da ficção estrangeira.

Eles o fizeram ao desviarem-se das práticas qing tardias na seleção de textos estrangeiros e no desenvolvimento de estratégias discursivas para traduzi-los. Em vez de romances sentimentais e de aventura, em vez de ficção governada pela estética popular de inteligibilidade imediata e identificação empática, optaram pelos experimentos narrativos mais afastados do romantismo, pela ficção governada pela estética de elite com significação oblíqua e distanciamento crítico. Uma vez que viam as traduções literárias como um meio de alterar a posição subordinada da China nas relações geopolíticas, gravitaram em direção aos países estrangeiros que ocupavam uma posição similar, mas cujas literaturas rejeitavam seu *status* de minoria para alcançar reconhecimento internacional (Eber, 1980, p.10; Lee, L., 1987, p.22-3). Suas antologias continham, em sua maioria, breves histórias russas e do Leste Europeu, inclusive muitas dos simbolistas russos Leonid Andreyev e Vsevolod Garshin e do romancista histórico polonês Henryk Sienkiewicz.

Em vez da fluência que caracterizava as estratégias de domesticação livre dos tradutores qing tardios, Lu Xun e Zhou Zuoren procuravam uma maior resistência estilística ao aderirem mais de perto aos textos estrangeiros, que eram, frequentemente, versões intermediárias em alemão ou japonês.

Consequentemente, criaram um discurso tradutório tão heterogêneo que, apesar de alguns suportes como as notas, a antologia "ainda impressionou os leitores como algo estrangeiro" (Semanov, 1980, p.23). Suas traduções foram escritas em *wenyan* combinado com características lexicais e sintáticas europeizadas, transliterações de nomes ocidentais e empréstimos de palavras japonesas (Lyell Jr., 1975, p.96; Gunn, 1991, p.36). Nesse caso, o estrangeiro consistia no que respondia à situação chinesa de então, ao passo que diferia das práticas tradutórias dominantes. Em oposição à confortável familiaridade do confucionismo oferecida por muitas traduções qing tardias, as estratégias de Lu Xun e Zhou Zuoren destinavam-se a transmitir a estranheza perturbadora das ideias e formas modernas.

Produziam esse efeito ao derivar seus discursos tradutórios de outra tradição literária ocidental, a qual, porém, revisavam de acordo com seu conceito um tanto diferente de identidade nacional. Em vez da domesticação favorecida por um teórico britânico como Tytler, Lu Xun e Zhou Zuoren seguiram as estratégias de estrangeirização de teóricos alemães como Goethe e Schleiermacher, cujos escritos encontraram quando estudaram no Japão. "Quanto mais de perto a tradução seguir os passos do original", argumentava Schleiermacher em sua palestra "Sobre os diferentes métodos de tradução" (1813), "mais estrangeira irá parecer ao leitor" (Lefevere, 1977, p.78).

Schleiermacher também queria que a tradução estrangeirizadora servisse a uma agenda nacionalista, a saber, fazer que a Prússia desafiasse a hegemonia política e cultural francesa durante as guerras napoleônicas ao contribuir para a criação de uma literatura alemã. Contudo, seu nacionalismo era fundamentado numa crença de superioridade racial, a qual em última análise desaguava numa visão de dominação global: ele afirmou que o povo alemão, "devido ao seu respeito para o que é estrangeiro e a sua natureza mediadora", estava "destinado" a preservar o cânone da literatura mundial em alemão, de modo que,

> com a ajuda de nossa língua, qualquer beleza que tenha vindo à tona em qualquer época pode ser usufruída por todas as pessoas, de forma tão pura e perfeita quanto é possível para um estrangeiro. (Lefevere, 1977, p.88)

Esse é o tipo de chauvinismo cultural ingênuo que Lu Xun questionou nos contemporâneos chineses que apoiavam a dinastia imperial. Sua conversão à tradução estrangeirizadora foi pensada no sentido de construir uma literatura moderna que questionasse a cultura chinesa tradicional expondo suas condições contraditórias. Em um ensaio-chave de 1907 sobre o potencial revolucionário da literatura romântica, ele revisou as canções autocongratulatórias nas quais os soldados chineses "repreende[ra]m a servidão da Índia e da Polônia", lendo essas "melodias marciais" como uma compensação para a opressão suportada por seu próprio país:

> A China, apesar de sua situação presente, está sempre ansiosa para aproveitar qualquer oportunidade de citar detalhadamente suas glórias passadas, contudo, agora ela se sente privada da capacidade de fazê-lo, e pode apenas recorrer a comparações dela própria com vizinhos prisioneiros que ou foram

submetidos à servidão ou deixaram de existir, esperando, assim, mostrar sua própria superioridade. (Traduzido [para o inglês] por Jon Kowallis apud Liu, 1995, p.31-2)

Fazendo uso da tradução para precipitar inovações estilísticas, Lu Xun pretendia revisar a autoimagem dos leitores chineses conservadores, forçando-os, um tanto a contragosto, a examinar sua postura submissa e a confrontar sua dependência em relação aos recursos culturais estrangeiros – ou seja, sua dependência de práticas translinguais (cf. Liu, 1995, p.32). Quando os críticos mais tarde ridicularizaram suas traduções porque a mistura da linguagem clássica com marcas europeizadas era difícil de ler, ele tornou seu objetivo claro: "em vez de traduzir para dar às pessoas 'prazer'", respondeu ele, "geralmente tento torná-las desconfortáveis, ou até mesmo exasperadas, furiosas e amargas" (Lu Xun, 1956, p.68).

As amplas consequências da antologia de 1909 indicaram que as estratégias de estrangeirização de Lu Xun e Zhou Zuoren fizeram uma diferença na literatura chinesa, mas não sem introduzir um novo grupo de contradições culturais. Inicialmente, o *wenyan* heterogêneo de suas traduções provou ser também alienante à elite dos leitores que constituíam seu público leitor primário, de modo que, embora a antologia tenha sido publicada numa edição de 1.500 exemplares, ela aparentemente vendeu pouco mais de 40 (Lyell Jr., 1975, p.95-6). No entanto, uma segunda edição foi publicada em 1920 e, naquela época, suas práticas tradutórias tinham se deslocado da margem para o centro da cultura chinesa, influenciando um número de jovens escritores a buscar as mesmas inovações estilísticas – embora *no vernáculo*.

Chamado o "Movimento de 4 de Maio", a partir do dia, no ano de 1919, em que milhares de estudantes protestaram contra a presença estrangeira, esses escritores associavam a *baihua* euroniponizada à "liberação do indivíduo de todos os tipos de instituições e convenções" (Gunn, 1991, p.107). Portanto, essa foi a língua usada para traduzir uma porção bem razoável de textos ocidentais, inclusive *O manifesto comunista* (1920), *Os sofrimentos do jovem Werther* (1922), *Assim falou Zaratustra* (1923) e *Fausto* (1928). O próprio Lu Xun iniciou a exploração de temas nacionalistas em narrativas no vernáculo, cuja invenção formal foi inspirada por escritores estrangeiros como Gógol e Sienkiewicz (Hanan, 1974). Uma vez que a tradução da literatura romântica importou um bom número de termos psicológicos, a maior parte por meio de empréstimos das versões japonesas, o primeiro romance chinês do realismo socialista, *Ni Huanzhi*, de Ye Shengtao (1928-1929), "retrata[va] o compromisso passional rigoroso com a mudança social em termos que, sem dúvida, remetem ao *Werther* de Goethe" (Gunn, 1991, p.107-8).

A antologia de 1909 começou como uma tradução dirigida a uma elite de leitores, a fim de mobilizá-los contra tendências conservadoras, como a autoridade residual da tradição confuciana e a fascinação popular oferecida pelos romances *Butterfly*. Lu Xun e Zhou Zuoren arriscaram não somente aprofundar as divisões entre as várias comunidades na cultura chinesa, mas também impor-lhes os valores de uma minoria. Contudo, a influência deles, por mais decisiva que tenha sido, não foi nem suficiente, nem total para promover mudanças. À antologia deles, na verdade, juntaram-se outros projetos de tradução, como a Union Version of the Bible (1919), para promover o desenvolvimento de um discurso literário em *baihua*, que subsequentemente evoluiu para a língua nacional da China (Wickeri, 1995).

A ética da localização

Os papéis desempenhados pela tradução nas culturas subordinadas, coloniais ou pós-coloniais, aprofundam o escândalo de sua marginalidade atual nos países hegemônicos de língua inglesa. A tradução tem sido, já há muito tempo, utilizada em diversos projetos imperialistas na África, Ásia, no Caribe, e na América do Sul, em que a própria subordinação tem obrigado pessoas desses países, por sua vez, a usá-la contra ou em nome das presenças estrangeiras. As assimetrias nessas relações internacionais são culturais, bem como políticas e econômicas, e projetam usos diferentes e competitivos da tradução.

Hoje, nos Estados Unidos e no Reino Unido, o enorme valor comercial atribuído aos livros leva as editoras a centrar-se na venda de direitos estrangeiros, e a limitar seus investimentos aos *best-sellers* estrangeiros, tentando repetir nacionalmente um desempenho rentável do exterior. Esse comercialismo inevitavelmente tolhe a reflexão sobre as funções e os efeitos culturais da tradução, que tendem a ser reduzidos ao vagamente definido livro *pro bono*, um objeto de apreciação estética que, na maioria das vezes, ratifica os cânones e identidades dominantes nas culturas de língua inglesa. Raro é o programa de publicação que objetiva criar tanto um público leitor quanto um mercado para literaturas estrangeiras, ao mesmo tempo que mantém uma postura crítica em relação à estereotipação que está potencialmente embutida na representação de qualquer cultura estrangeira.

O mesmo comercialismo certamente molda o interesse pela tradução manifestado por muitas editoras nos países em desenvolvimento. Os prósperos mercados editoriais na América do Sul, na costa do Pacífico e na Europa oriental sustentam traduções competitivas de obras canônicas das literaturas maiores (britânica, americana e da Europa ocidental). E os direitos de tradução de *best-sellers* internacionais são avidamente procurados, no geral em resposta ao sucesso de um livro em outro país estrangeiro.

Em momentos históricos decisivos, porém, especialmente durante o colapso de um regime imperial ou colonial, as culturas subordinadas têm tomado outra direção. Elas têm valorizado a tradução como uma prática, não de acúmulo de capital, mas de formação de identidade, com participação ativa na construção de autores e nações, leitores e cidadãos. Como resultado, os projetos de tradução têm sido promovidos por intelectuais e instituições acadêmicas de ponta. As indústrias livreiras, por sua vez, quer as estabelecidas ou as recentes, quer privadas ou de propriedade do governo, têm feito investimentos significativos na tradução.

Portanto, a autoridade cultural e o impacto da tradução variam de acordo com a posição de um determinado país na economia geopolítica. Nos países hegemônicos, os conceitos metafísicos de originalidade autoral e autenticidade cultural rebaixam a tradução a uma escritura de segunda ordem, derivada e adulterada, de modo que, especialmente nos Estados

Unidos e no Reino Unido, ela recebe uma atenção relativamente pequena da parte de escritores e críticos, eruditos e acadêmicos. Em países em desenvolvimento, a tradução gera capital cultural e econômico. A necessidade de se comunicar entre as línguas maiores e menores fez que as indústrias de tradução e programas de formação de tradutores proliferassem. A tradução é vista como uma intervenção significativa na hibridez polilinguística e cultural que caracteriza situações coloniais e pós-coloniais, uma fonte útil de inovação linguística na construção de literaturas nacionais e na resistência ao domínio de línguas e culturas hegemônicas.

Esses efeitos e funções diversos trazem uma nova complexidade à ética da tradução, que toma como seu ideal o reconhecimento das diferenças culturais. Se as estratégias de domesticação na escolha e tradução de textos estrangeiros são consideradas eticamente questionáveis – uma rejeição narcisista do que é estrangeiro em favor dos valores domésticos dominantes –, as situações de minoridade redefinem o que constitui o "doméstico" e o "estrangeiro". Essas duas categorias são variáveis, sempre reconstruídas no projeto de tradução em função do cenário local.

Em 1957, por exemplo, um ano depois da independência de Gana, a *Odisseia* foi traduzida para a língua nativa twi a fim de promover a alfabetização. Ela não somente recorreu a várias liberdades para alcançar a inteligibilidade numa ecologia diferente, mas suas estratégias domesticadoras foram modeladas de acordo com a versão em prosa de E. V. Rieu para a coleção Penguin Classics (Ofosu-Appiah, 1960). Tendo em vista uma massa leitora como a de Rieu, a tradução twi procurou ser imediatamente acessível, evitando notas eruditas e produzindo um discurso bastante fluente para criar a ilusão realista e provocar a identificação do leitor. "O trabalho deveria ser lido como um romance", escreveu o tradutor, "e o interesse do leitor não deveria ser desviado desnecessariamente da história" (ibid., p.45).

Os valores domésticos dominantes em Gana depois da descolonização eram britânicos e o inglês permanece como língua oficial do país. O tradutor twi escolheu um trabalho canônico numa literatura maior e o verteu de acordo com uma estratégia domesticadora que domina numa cultura hegemônica, numa língua maior. A *Odisseia* de Rieu pode, de fato, ser tomada como padrão de tradução na língua inglesa: ela inaugurou a série Penguin Classics em 1947 e já vendeu mais de dois milhões e meio de cópias (*Economist*, 1996, p.85). Contudo, a "penguinificação" twi de Homero não pode ser julgada como um exercício de narcisismo cultural, uma identidade formada no espelho da cultura imperial. A tradução só poderia ser assimilacionista: ela teve de reescrever os célebres epítetos homéricos, como "a aurora de róseos dedos", porque "não há uma palavra twi para rosa" (Ofosu-Appiah, 1960, p.42). Mas as diferenças culturais vencidas nesse projeto eram tão grandes que algumas revisões domesticadoras não deixaram de ser alienantes. A frase homérica "palavras aladas" foi expandida para o equivalente twi, "palavras que voavam no ar como pássaros", um símile que "impressionou um leitor como algo não usual" e com isso permitiu entrever uma cultura diferente (ibid., p.43).

Para uma ética da tradução baseada em tais diferenças, a questão-chave não é simplesmente a estratégia discursiva (fluente ou resistente), mas sempre sua intenção e seu efeito

– i.e., se a tradução tem como objetivo promover inovação e mudança cultural. A melhor forma de apontar a estrangeiridade de um texto estrangeiro é revisar a hierarquia dos discursos culturais que preexistem àquele texto na língua-alvo, cruzar as fronteiras entre as comunidades culturais domésticas e alterar a reprodução de valores e práticas institucionais. Uma ética tradutória da igualdade que se atém aos valores domésticos dominantes e consolida as instituições limita esses efeitos, geralmente para evitar qualquer perda de autoridade cultural e para acumular capital.

As situações coloniais e pós-coloniais complicam essa distinção entre igualdade e diferença. Nesses casos, a tradução move-se entre diferenças múltiplas, desigualdades não somente culturais, mas também econômicas e políticas, de modo que forma identidades domésticas que participam das culturas hegemônicas enquanto submetem aquelas culturas a uma heterogeneidade nativa. Uma indústria editorial que repetidamente produz traduções fluentes e domesticadoras dos mais recentes *best-sellers* americanos – escritos no dialeto-padrão da língua oficial – encoraja o consumo não crítico de valores hegemônicos e mantém assimetrias correntes no intercâmbio cultural. As editoras que lançam traduções amplamente domesticadas das literaturas hegemônicas, assimilando-as aos valores locais por meio de revisões (a *Odisseia* twi), podem facilitar a transição das tradições orais para as literaturas modernas, sem dúvida uma mudança cultural significativa. Contudo, nas culturas subordinadas com ricas tradições literárias, a tradução que busca uma localização extrema arrisca uma ênfase homogeneizadora que pode refletir e encorajar fundamentalismos étnicos e religiosos enquanto elimina as diferenças culturais dos textos estrangeiros.

Uma vez que o doméstico nos países em desenvolvimento tende a ser um híbrido das tendências globais e locais, a tradução pode revisar os valores hegemônicos mesmo quando pareça empregar as estratégias de domesticação mais conservadoras – estratégias, em outras palavras, destinadas a reforçar as tradições locais dominantes na cultura-alvo. Lembremos a marcante transposição de valores que Lin Shu operou nos subtextos imperialistas dos romances de Rider Haggard: as traduções que acentuavam a cultura chinesa em favor do imperador acabaram por corromper a autoridade da cultura imperial. Da mesma forma, os discursos tradutórios que são radicalmente estrangeirizadores, que buscam uma heterogeneidade linguística e literária para promover mudança cultural, podem alcançar para além de uma elite restrita, à qual se dirigiam originalmente, e exercer uma forte influência sobre as formas vernáculas e populares. Lembremos da ligação de Lu Xun e Zhou Zuoren com a tradição da tradução romântica alemã, a qual em última análise contribuiu para a emergência da literatura vernácula chinesa, que era tanto modernista quanto socialista.

Visto que os países em desenvolvimento são locais privilegiados do conflito entre a igualdade e a diferença cultural, podem ensinar a seus Outros hegemônicos uma lição importante sobre a funcionalidade da tradução. O valor de qualquer texto traduzido depende de efeitos e funções que não podem ser inteiramente previstos ou controlados. Contudo, esse elemento de incerteza aumenta em vez de diminuir a responsabilidade do tradutor em avaliar o impacto de um projeto reconstruindo a hierarquia dos valores domésticos que fundamentam a tradução e sua provável recepção. As situações coloniais e pós-coloniais demonstram que a tradução é mais bem empreendida com um aparato crítico sintonizado com as diferenças linguísticas e culturais que compõem o cenário local. Somente essas diferenças oferecem os meios de registrar a estrangeiridade das culturas estrangeiras na tradução.

Agradecimentos

Este livro foi escrito durante os últimos três anos, em grande parte como uma espécie de resposta aos muitos convites para falar em congressos e seminários na Inglaterra, no Canadá, no Brasil, na Irlanda, na Argentina e nos Estados Unidos. Em muitos dos eventos ingleses, meus anfitriões foram Peter Bush e Terry Hale, que subsequentemente recomendaram meu projeto à Routledge. Sem o encorajador apoio deles à polêmica que eu estava desenvolvendo, minha pesquisa teria levado muito mais tempo para se completar.

Marilyn Gaddis Rose escreveu uma avaliação de grande auxílio.

Muitas pessoas ofereceram oportunidades e apoio similares, e uma lista de nomes e afiliações não será suficiente para expressar minha gratidão pelo interesse generoso de todas elas pelo meu trabalho: Rosemary Arrojo (Universidade Estadual de Campinas); João Azenha Jr., Andrea Lombardi e John Milton (Universidade de São Paulo); Maria Isabel Badaracco (Colegio de Traductores Públicos de la Ciudad de Buenos Aires); Mona Baker (University of Manchester Institute of

Science and Technology); Heloisa Gonçalves Barbosa e Aurora Nieves (Universidade Federal do Rio de Janeiro); Susan Bassnett (University of Warwick); Charles Bernheimer (University of Pennsylvania); Maria Candida Bordenave, Paulo Henriques Britto, Maria Paula Frota, Márcia Martins e Lia Wyler (Pontifícia Universidade Católica do Rio de Janeiro); Robert Caserio (Temple University); Angela Chambers (University of Limerick); Deisa Chamahum Chaves e Edson J. Martins Lopes (Universidade Federal de Ouro Preto); Luiz Angélico da Costa (Universidade Federal da Bahia); Michael Cronin (Dublin City University); Sean Golden e Marisa Presas (Universitat Autonoma, Barcelona); Manuel Gomes da Torre e Rui Carvalho Homem (Instituto Superior de Assistentes e Intérpretes, Porto); Freeman Henry (University of South Carolina); Michael Hoey (University of Liverpool); Christine Klein-Lataud e Agnès Whitfield (York University); Edith McMorran (Oxford University); Jeffrey Mehlman (Boston University); Arthur Nestrovsky (Pontifícia Universidade Católica de São Paulo); Jonathan Rée (Middlesex University); Christina Schäffner (Aston University); Martha Tennent Hamilton (Universitat de Vic); Maria Tymoczko e Edwin Gentzler (University of Massachusetts em Amherst); Patrick Zabalbeascoa (Universitat Pompeu Fabra) e Juan Jesus Zaro (Universidad de Málaga). O público nesses lugares diversos foi tanto apreciativo quanto desafiador, e minhas revisões subsequentes formaram-se a partir de suas questões e observações.

 Cada capítulo individualmente se beneficiou dos comentários incisivos de vários leitores: Lionel Bently, Peter Clive, Steven Cole, Deirdre David, Basil Hatim, David Kornacker,

André Lefevere, Carol Maier, Ian Mason, Daniel O'Hara, Ewald Osers, Jeffrey Pence, Douglas Robinson, Richard Sieburth, Alan Singer, Susan Stewart, Robert Storey e William Van Wert. Vários capítulos foram rigorosamente perscrutados por Peter Hitchcock. Michael Henry Heim leu cuidadosamente o texto final, fazendo inúmeras sugestões valiosas – inclusive uma revisão no título.

Amy Dooling permitiu que eu recorresse ao seu grande conhecimento sobre a história da literatura chinesa. George Economou e Daniel Tompkins deram-me assistência indispensável no grego clássico, especialmente nas transcrições que aqui aparecem. Martin Reichert traduziu a resenha escrita por Ulrich von Wilamowitz sobre *Les Chansons de Bilitis*, de Pierre Louÿs, fornecendo a fonte das minhas citações em inglês. Outras informações úteis foram proporcionadas por Susan Bernofsky, Antonia Fusco (do Book-of-the-Month Club), Edward Gunn, Thomas McAuley, Candace Séguinot, Mary Wardle, Eliot Weinberger e Donald e Freda Wright. Hannah Hyam editou o texto digitado com sua costumeira precisão.

Seleções de Farrar, Straus and Giroux Archive. Copyright © 1998 por Farrar, Straus and Giroux, Inc. Reimpresso com permissão de Farrar, Straus and Giroux, Inc. Sou muito grato aos bibliotecários da Divisão de Livros Raros e Manuscritos da Biblioteca Pública de Nova York por facilitarem meu trabalho nesse arquivo; a Timothy Gillen, de Farrar, Straus and Giroux, por sua ajuda no processamento do meu pedido de permissão e a Sheila Cudahy, por seus bondosos comentários quanto ao uso que faço de citações de sua correspondência tratando das traduções de Guareschi.

Um agradecimento singelo também aos seguintes periódicos, nos quais um pouco deste material apareceu em versões preliminares e em línguas diferentes: *Il Cannochiale, Circuit, Comparative Literature, Current Issues in Language and Society* (Multilingual Matters Ltd), *French Literature Series* (Editions Rodopi), *Radical Philosophy, The Translator* (St. Jerome Publishing), *TradTerm, Trans, TTR Traduction, Terminologie, Rédaction: Études sur le texte et ses transformations, Vasos Comunicantes* e *Voces*. Uma versão do Capítulo 5 apareceu inicialmente no *College English*, © 1996, publicado pelo National Council of Teachers of English. Reimpresso com permissão. Meu trabalho foi apoiado pela Temple University por meio de uma Licença para Pesquisa e Estudo e uma Bolsa de Estudos para Pesquisa no semestre de verão.

O verso em italiano que aparece na dedicatória foi extraído do poema "Remo in gennaio conosciuto", de Milo De Angelis, do livro *Distante un padre* (Milano: Mondadori, 1989). A caligrafia é obra da professora Sadako Ohki, do Instituto de Estudos Japoneses Medievais, localizado na Columbia University. Chris Behnam e suas habilidades com o computador ajudaram-me a montar a página da dedicatória.

Todas as traduções não atribuídas no texto apresentado são minhas.

Lindsay Davis, que criou o espaço no qual eu escrevi este livro, é ao mesmo tempo a maior cúmplice e a menos responsável por isto.

L. V.
Nova York
Dezembro de 1997

Referências bibliográficas

ABRAMS, M. H. *The Mirror and the Lamp*: Romantic Theory and the Critical Tradition. New York; Oxford: Oxford University Press, 1953. [Ed. bras.: *O espelho e a lâmpada*. Trad. Alzira Vieira Allegro. São Paulo: Editora Unesp, 2010.]

ADAMS, R. Efik Translation Bureau. *Africa*, v.16, p.120, 1946.

AFOLAYAN, A. Language and Sources of Amos Tutuola. In: HEYWOOD, C. (Ed.). *Perspectives on African Literature*. London; Ibadan; Nairobi: Heinemann, 1971.

ALTBACH, P. G. *The Knowledge Context*: Comparative Perspectives on the Distribution of Knowledge. Albany: State University of New York Press, 1987.

_____. Publishing in the Third World: Issues and Trends for the Twenty-First Century. In: _____; HOSHINO, E. S. (Eds.). *International Book Publishing*: An Encyclopedia. New York: Garland, 1994.

ALTHUSSER, L. Ideology and Ideological State Apparatuses. In: *Lenin and Philosophy and other Essays*. Trad. B. Brewster. New York: Monthly Review Press, 1971. [Ed. bras.: *Aparelhos ideológicos de Estado*. Trad. Walter José Evangelista e Maria Laura Viveiros de Castro. 2.ed. Rio de Janeiro: Graal, 1985.]

AMBROSE, A. Review of L. Wittgenstein: *Philosophical Investigations*. *Philosophy and Phenomenological Research*, v.15, p.111-5, 1954.

ANDERSON, D. (Ed.). *Pounds's Cavalcanti*: An Edition of the Translations, Notes, and Essays. Princeton: Princeton University Press, 1983.

APPADURAI, A. *Modernity at Large*: Cultural Dimensions of Globalization. Minneapolis: University of Minnesota Press, 1996.

ARBER, E. *A Transcript of the Register of the Company of Stationers of London*: 1554-1640. v.3. London; Birmingham: Privately printed, 1875-1894.

ARNOLD, M. *On the Classical Tradition*. Ed. R. H. Super. Ann Arbor: University of Michigan Press, 1960.

ARROJO, R. *The Ambivalent Translation of an Apple into an Orange*: Love and Power in Hélène Cixous's and Clarice Lispector's Textual Affair. 1997. [Manusc. não publ.]

ASHCROFT, B.; GRIFFITHS, G.; TIFFIN, H. *The Empire Writes Back*: Theory and Practice in Postcolonial Literatures. London; New York: Routledge, 1989.

BABALOLÁ, A. A Survey of Modern Literature in the Yoruba, Efik and Hausa Languages. In: KING, B. (Ed.). *Introduction to Nigerian Literature*. Lagos: University of Lagos and Evans Brothers Ltd., 1971.

BACK to the Classics. *Economist*, 18 maio 1996. p.85-7.

BACON, H. Review of J. Jones: *On Aristotle and Greek Tragedy*. *Classical World*, v.57, p.56, 1963.

BAKER, G. P.; HACKER, P. M. S. *An Analytical Commentary on the Philosophical Investigations*: Wittgenstein, Understanding and Meaning. Chicago: University of Chicago Press, 1980.

BAKER, M. *In Other Words*: A Coursebook on Translation. London; New York: Routledge, 1992.

_____. Linguistics and Cultural Studies: Complementary or Competing Paradigms in Translation Studies? In: LAUER, A.

et al. (Eds.). Übersetzungswissenschaft im Umbrach. Festschrift für Wolfram Wilss. Tübingen: Gunter Narr, 1996.

BANDIA, P. Code-Switching and Code-Mixing in African Creative Writing: Some Insights for Translation Studies. *TTR Traduction, Terminologie, Rédaction: Études sur le texte et ses transformations*, v.9, n.1, p.139-54, 1996.

BARBOSA, H. G. Brazilian Literature in English Translation. In: PICKEN, C. (Ed.). *Translation*: The Vital Link. London: Institute of Translation and Interpreting, 1993.

_____. *The Virtual Image*: Brazilian Literature in English Translation. Coventry, 1994. Dissertação – University of Warwick.

BARRETT, W. *What is Existentialism?* New York: Partisan Review, 1947.

_____. Everyman's Family. *New York Times Book Review*, 25 out. 1953. p.3, 49.

BARTHES, R. The Reality Effect. In: *The Rustle of Language*. Trad. R. Howard. Berkeley; Los Angeles: University of California Press, 1986. [Ed. bras.: *O rumor da língua*. Trad. Mário Laranjeira; Leyla Perrone-Moysés; Andréa Stahel M. da Silva. 2.ed. São Paulo: Martins Fontes, 2004.]

BASSNETT, S. *Comparative Literature*: A Critical Introduction. Oxford: Blackwell, 1993.

_____; LEFEVERE, A. "General Editors" Preface. In: LEFEVERE, A. (Ed.). *Translation/History/Culture*: A Sourcebook. London; New York: Routledge, 1992.

BAUDRILLARD, J. *In the Shadow of the Silent Majorities*. Trad. P. Foss, P. Patton e J. Johnston. New York: Semiotext(e), 1983. [Ed. bras.: *À sombra das maiorias silenciosas*. Trad. Suely Bastos. São Paulo: Brasiliense, 2011.]

BEAUGRANDE, R. de; DRESSLER, W. U. *Introduction to Text Linguistics*. London; New York: Longman, 1981.

BENJAMIN, A. *Translation and the Nature of Philosophy*: A New Theory of Words. London; New York: Routledge, 1989.

BENNETT, W. To Reclaim a Legacy: Text of Report on Humanities in Education. *Chronicle of Higher Education*, 26 nov. 1984. p.16-21.

BENTLY, L. Copyright and Translations in the English-Speaking World. *Translatio*, v.12, p.491-559, 1993.

BERMAN, A. La Traduction et la lettre, or l'auberge du lointain. In: *Les Tours de Babel*: Essais sur la traduction. Mauvezin: Trans--Europ-Repress, 1985.

_____. *The Experience of the Foreign*: Culture and Translation in Romantic Germany. Trad. S. Heyvaert. Albany: State University of New York Press, 1992. [Ed. bras.: *A prova do estrangeiro*. Trad. Maria Emília Pereira Chanut. Bauru: Edusc, 2001.]

_____. *Pour une critique des traductions*: John Donne. Paris: Gallimard, 1995.

BERNHEIMER, C. (Ed.). *Comparative Literature in the Age of Multiculturalism*. Baltimore: Johns Hopkins University Press, 1995.

BHABHA, H. *The Location of Culture*. London; New York: Routledge, 1994. [Ed. bras.: *O local da cultura*. Trad. Myriam Ávila; Eliana Lourenço de Lima Reis; Gláucia Renate Gonçalves. Belo Horizonte: Editora da UFMG, 2005.]

BIRNBAUM, A. (Ed.). *Monkey Brain Sushi*: New Tastes in Japanese Fiction. Tokyo; New York: Kodansha International, 1991.

BISHOP, R. *African Literature, African Critics*: The Forming of Critical Standards, 1947-1966. Westport, Conn.: Greenwood, 1988.

BOOKS Briefly Noted. *New Yorker*, 2 nov. 1992. p.119.

BOURDIEU, P. *Distinction*: A Social Critique of the Judgement of Taste. Trad. R. Nice. Cambridge, MA: Harvard University Press, 1984. [Ed. bras.: *A distinção*. Trad. Daniela Kern; Guilherme J. F. Teixeira. São Paulo; Porto Alegre: Edusp; Zouk, 2008.]

BRAITHWAITE, W. Derivative Works in Canadian Copyright Law. *Osgoode Hall Law Journal*, v.20, p.192-231, 1982.

BRISSET, A. *Sociocritique de la traduction*: Théâtre et altérité au Québec (1968-1988). Longueuil, Canada: Le Préambule, 1990.

BUCK, T. Neither the Letter nor the Spirit: Why Most English Translations of Thomas Mann Are so Inadequate. *Times Literary Supplement*, 13 out. 1995. p.17.

BURNET, J. (Ed.). *Platonis Opera*. Oxford: Clarendon Press, 1903.

BURNETT, A. P. Review of J. Jones: *On Aristotle and Greek Tragedy*. Classical Philology, v.58, p.176-8, 1963.

BUXTON, R. G. A. *Sophocles, New Surveys in the Classics n.16*. Oxford: Clarendon Press, 1984.

BYWATER, I. (Ed. e trad.). *Aristotle on the Art of Poetry*. Oxford: Clarendon Press, 1909.

CALDER, W. M. Ecce Homo: The Autobiographical in Wilamowitz's Scholarly Writings. In: CALDER, W. M.; FLASHAR, H.; LINDKEN, T. (Eds.). *Wilamowitz Nach 50 Jahren*. Darmstadt, Germany: Wissenschaftliche Buchgesellschaft, 1985.

CAMINADE, M.; PYM, A. *Les Formations en traduction et interprétation*: Essai de recensement mondial. Paris: Société Française des Traducteurs, 1995.

CAPUTO, J. D. Review of M. Heidegger: *Early Greek Thinking*. Review of Metaphysics, v.32, p.759-60, 1979.

CASTRO-KLARÉN, S.; CAMPOS, H. Traducciones, tirajes, ventas y estrellas: El 'Boom'". *Ideologies and Literature*, v.4, p.319-38, 1983.

CAUTE, D. *The Great Fear*: The Anti-Communist Purge under Truman and Eisenhower. New York: Simon and Schuster, 1978.

CAWELTI, J. *Adventure, Mystery, and Romance*: Formula Stories as Art and Popular Culture. Chicago: University of Chicago Press, 1976.

CHAKAVA, H. A Decade of Publishing in Kenya: 1977-1987. One Man's Involvement. *African Book Publishing Record*, v.14, p.235-41, 1988.

CHAMOSA, J. L.; SANTOYO, J. C. Dall'italiano all'inglese: scelte motivate e immotivate di 100 soppressioni in *The Name of the Rose*.

In: AVIROVIC, L.; DODDS, J. (Eds.). *Umberto Eco, Claudio Magris, autori e traduttori a confronto*. Udine: Campanotto, 1993.

CHAPMAN, G. *Chapman's Homer*. Ed. A. Nicoll. Princeton: Princeton University Press, 1957.

CHEN FUKANG. *Zhongguo yixue lilun shigao* (A History of Chinese Translation Theory). Shanghai: Shanghai Foreign Languages Educational Press, 1992.

CHEYFITZ, E. *The Poetics of Imperialism*: Translation and Colonization from *The Tempest* to Tarzan. New York: Oxford University Press, 1991.

CHISUM, D. S.; JACOBS, M. A. *Understanding Intellectual Property Law*. New York; Oakland: Matthew Bender, 1992.

CLARK, H. M. Talk with Giovanni Guareschi. *New York Times Book Review*, 17 dez. 1950. p.13.

CLIVE, H. P. *Pierre Louÿs (1870-1925)*: A Biography. Oxford: Clarendon Press, 1978.

COLLINS, M. L. Review of M. Heidegger: *Early Greek Thinking*. *Library Journal*, v.100, p.2056, 1975.

CONFUCIUS. *The Analects*. Trad. R. Dawson. Oxford; New York: Oxford University Press, 1993. [Ed. bras.: *Os analectos*. Trad. Giorgio Sinedino. São Paulo: Editora Unesp, 2012.]

COOPERMAN, S. Catholic vs. Communist. *New Republic*, 15 set. 1952. p.22-3.

COSENTINO, D. J. An Experiment in Inducing the Novel among the Hausa. *Research in African Literatures*, v.9, p.19-30, 1978.

CRONIN, M. *Translating Ireland*: Translation, Languages, Cultures. Cork, Irlanda: Cork University Press, 1996.

CURREY, J. Interview. *African Book Publishing Record*, v.5, p.237-9, 1979.

_____. African Writers Series: 21 Years On. *African Book Publishing Record*, v.11, p.11, 1985.

DALLAL, J. The Perils of Occidentalism: How Arab Novelists Are Driven to Write for Western Readers. *Times Literary Supplement*, 24 abr. 1998. p.8-9.

DAVENPORT, G. Another Odyssey. *Arion*, v.7, n.1, p.135-53, primavera 1968.

DAVID, D. *Rule Britannia*: Women, Empire, and Victorian Writing. Ithaca, NY: Cornell University Press, 1995.

DEJEAN, J. *Fictions of Sappho 1546-1937*. Chicago: University of Chicago Press, 1989.

DELACAMPAGNE, C. *L'Invention de racisme*: Antiquité et Moyen Age. Paris: Fayard, 1983.

DELEUZE, G.; GUATTARI, F. *A Thousand Plateaus*: Capitalism and Schizophrenia. Trad. B. Massumi. Minneapolis: University of Minnesota Press, 1987. [Ed. bras. *Mil platôs*. Trad. Ana Lúcia de Oliveira; Aurélio Guerra Neto; Célia Pinto Costa. São Paulo: Editora 34, 2008-2009. 5v.]

_____. *What is Philosophy?* Trad. G. Burchell e H. Tomlinson. London; New York: Verso, 1994. [Ed. bras.: *O que é a filosofia?* Trad. Bento Prado Jr.; Alberto Alonso Muñoz. São Paulo: Editora 34, 2010.]

DERRIDA, J. Living On/ Border Lines. Trad. J. Hulbert. In: *Deconstruction and Criticism*. New York: Continuum, 1979.

_____. Des Tours de Babel. In: GRAHAM, J. (Ed.). *Difference in Translation*. Ithaca, NY: Cornell University Press, 1985.

DUDOVITZ, R. *The Myth of Superwoman*: Women's Bestsellers in France and the United States. London; New York: Routledge, 1990.

EAST, R. M. A First Essay in Imaginative African Literature. *Africa*, v.9, p.350-7, 1936.

_____. Modern Tendencies in the Languages of Northern Nigeria: The Problem of European Words. *Africa*, v.10, p.97-105, 1937.

EBER, I. *Voices from Afar*: Modern Chinese Writers on Oppressed Peoples and their Literature. Ann Arbor: University of Michigan Center for Chinese Studies, 1980.

ECO, U. *Il nome della rosa*. Milan: Bompiani, 1980. [Ed. bras.: *O nome da rosa*. Trad. Aurora Fornoni Bernardini; Homero Freitas Andrade. Rio de Janeiro: Nova Fronteira, 1983.]

_____. *The Name of the Rose*. Trad. William Weaver. San Diego: Harcourt Brace Jovanovich, 1983.

EDELMAN, L. Tearooms and Sympathy, or, The Epistemology of the Water Closet. In: ABELOVE, H.; BARALE, M. A.; HALPERIN, D. M. (Eds.). *The Lesbian and Gay Studies Reader*. New York; Londres: Routledge, 1993.

ELSE, G. (Ed. e trad.). *Aristotle's Poetics*: The Argument. Cambridge, MA: Harvard University Press, 1957.

FAGLES, R. (Trad.). *Homer, The Iliad*. New York: Viking, 1990.

FERNÁNDEZ RETAMAR, R. *Caliban and other Essays*. Trad. Edward Baker. Minneapolis: University of Minnesota Press, 1989.

FEYERABEND, P. Review of L. Wittgenstein: *Philosophical Investigations*. *Philosophical Review*, v.64, p.449-83, 1955.

FINDLAY, J. N. Review of L. Wittgenstein: *Philosophical Investigations*. *Philosophy*, v.30, n.113, p.173-9, 1955.

FOWLER, E. Rendering Words, Traversing Cultures: On the Art and Politics of Translating Modern Japanese Fiction. *Journal of Japanese Studies*, v.18, p.1-44, 1992.

FOWLER, H. W. *Modern English Usage*. Ed. E. Gowers. 2.ed. Oxford: Oxford University Press, 1965.

FRIED, R. M. Electoral Politics and McCarthyism: The 1950 Campaign. In: GRIFFITH, R.; THEOHARIS, A. (Eds.). *The Specter*: Original Essays on the Cold War and the Origins of McCarthyism. New York: New Viewpoints, 1974.

GABLE, M. That Same Little World. *Commonweal*, 22 ago. 1952. p.492.

GALLAGHER, F. X. Militant Don Camillo Returns. *Baltimore Sun*, 3 set. 1952. p.30.

GARDINER, H. C. Skirmishes of Red and Black. *America*, 23 ago. 1952. p.503.

GEDIN, P. Publishing in Africa – Autonomous and Transnational: A View from the Outside. *Development Dialogue*, v.1-2, p.98-112, 1984.

GELLIE, G. H. Review of J. Jones: *On Aristotle and Greek Tragedy*. *Journal of the Australasian Language and Literature Association*, v.20, p.353-4, 1963.

GENTZLER, E. *Contemporary Translation Theories*. London; New York: Routledge, 1993.

GIACCARDI, C. *I luoghi del quotidiano*: pubblicità e costruzione della realtà sociale. Milano: Franco Angeli, 1995.

GINSBORG, P. *A History of Contemporary Italy*: Society and Politics, 1943-1988. Harmondsworth, England: Penguin, 1990.

GINSBURG, J. C. Creation and Commercial Value: Copyright Protection of Works of Information. *Columbia Law Review*, v.90, p.1865-938, 1990.

GIOVANNI Guareschi. *Book-of-the-Month Club News*, ago. 1950. p.6-8.

GIROUX, H. *Border Crossings*: Cultural Workers and the Politics of Education. New York; London: Routledge, 1992.

GLEASON, P. International Copyright. In: ALTBACH, P. G.; HOSHINO, E. S. (Eds.). *International Book Publishing*: An Encyclopedia. New York: Garland, 1994.

GLENNY, M. Professional Prospects. *Times Literary Supplement*, 14 out. 1983. p.1118.

GOLDHILL, S. *Reading Greek Tragedy*. Cambridge: Cambridge University Press, 1986.

GOLDSTEIN, P. Derivative Rights and Derivative Works in Copyright. *Journal of the Copyright Society of the U.S.A.*, v.30, p.209-52, 1983.

GOULDEN, J. *The Best Years, 1945-1950*. New York: Atheneum, 1976.

GRANNIS, C. B. Balancing the Books, 1990. *Publishers Weekly*, 5 jul. 1991. p.21-3.

GRANNIS, C. B. Book Title Output and Average Prices: 1992 Preliminary Figures e U.S. Book Exports and Imports, 1990-1991. In: BARR, C. (Ed.). *The Bowker Annual Library and Book Trade Almanac*. New Providence, NJ: Bowker, 1993.

GREENE, R. Their Generation. In: BERNHEIMER, C. (Ed.). *Comparative Literature in the Age of Multiculturalism*. Baltimore: Johns Hopkins University Press, 1995.

GREENE, T. *The Light in Troy*: Imitation and Discovery in Renaissance Poetry. New Haven: Yale University Press, 1982.

GREENHOUSE, L. Ruling on Rap Song, High Court Frees Parody from Copyright Law. *New York Times*, 8 mar. 1994. p.Al, A18.

GRICE, P. *Studies in the Way of Words*. Cambridge, MA: Harvard University Press, 1989.

GUARESCHI, G. *Mondo Piccolo*: Don Camillo. Milano: Rizzoli, 1948. [Ed. bras.: *Don Camilo e o seu pequeno mundo*. São Paulo: Difusão Européia do Livro, [195-].]

_____. *The Little World of Don Camillo*. Trad. U. V. Troubridge. New York: Pellegrini and Cudahy, 1950.

_____. *The Little World of Don Camillo*. Trad. U. V. Troubridge. London: Victor Gollancz, 1951.

_____. *Don Camillo and his Flock*. Trad. F. Frenaye. New York: Pellegrini and Cudahy, 1952. [Ed. bras.: *Don Camilo e seu rebanho*. São Paulo: Difusão Européia do Livro, [s.d.].]

_____. *The House that Nino Built*. Trad. F. Frenaye. New York: Farrar, Straus and Young, 1953a.

_____. *Mondo Piccolo*: Don Camillo e il suo gregge. Milano: Rizzoli, 1953b.

_____. *Don Camillo's Dilemma*. Trad. F. Frenaye. New York: Farrar, Straus and Young, 1954.

_____. *Don Camillo Takes the Devil by the Tail*. Trad. F. Frenaye. New York: Farrar, Straus and Cudahy, 1957.

_____. *The Little World of Don Camillo*. Trad. U. V. Troubridge. Harmondsworth, England: Penguin, 1962.

GUARESCHI, G. *Comrade Don Camillo*. Trad. F. Frenaye. New York: Farrar, Straus, 1964.

_____. *My Home, Sweet Home*. Trad. J. Green. New York: Farrar, Straus and Giroux, 1966.

_____. *A Husband in Boarding School*. New York: Farrar, Straus and Giroux, 1967.

_____. *Gente cosi*: Mondo Piccolo. Milano: Rizzoli, 1981.

GUILLORY, J. *Cultural Capital*: The Problem of Literary Canon Formation. Chicago: University of Chicago Press, 1993.

GUNN, E. *Rewriting Chinese*: Style and Innovation in Twentieth--Century Chinese Prose. Stanford, Calif.: Stanford University Press, 1991.

GUTT, E. *Translation and Relevance*: Cognition and Context. Oxford: Blackwell, 1991.

HABERMAS, J. *The Structural Transformation of the Public Sphere*: An Inquiry into a Category of Bourgeois Society. Trad. T. Burger e F. Lawrence. Cambridge, MA: MIT Press, 1989. [Ed. bras.: *Mudança estrutural da esfera pública*. Trad. Denilson Luís Werle. São Paulo: Editora Unesp, 2014.]

HACKER, P. M. S. *Insight and Illusion*: Themes in the Philosophy of Wittgenstein. Oxford; New York: Oxford University Press, 1986.

HALLETT, G. The Bottle and the Fly. *Thought*, v.46, p.83-104, 1971.

_____. *A Companion to Wittgenstein's* Philosophical Investigations. Ithaca, NY: Cornell University Press, 1977.

HALLEWELL, L. Brazil. In: ALTBACH, P. G.; HOSHINO, E. S. (Eds.). *International Book Publishing*: An Encyclopedia. New York: Garland, 1994.

HAMILTON, R. Review of L. Wittgenstein: *Philosophical Investigations*. Month, v.11, p.116-7, 1954.

HAMPSHIRE, S. Review of L. Wittgenstein: *Philosophical Investigations*. Spectator, 22 maio 1953. p.682-3.

HANAN, P. The Technique of Lu Hsün's Fiction. *Harvard Journal of Asiatic Studies*, v.34, p.53-96, 1974.

HANFLING, O. *Wittgenstein's Later Philosophy*. Albany: State University of New York Press, 1989.

_____. "I Heard a Plaintive Melody" (*Philosophical Investigations*, p.209). In: GRIFFITHS, A. P. (Ed.). *Wittgenstein Centenary Essays*. Cambridge: Cambridge University Press, 1991.

HANSON, E. Hold the Tofu. *New York Times Book Review*, 17 jan. 1993. p.18.

HARKER, J. "You Can't Sell Culture": *Kitchen* and Middlebrow Translation Strategies. 1994. [Manusc. não publ.]

HARRISON, B. G. Once in Love with Giorgio. *New York Times Book Review*, 21 ago. 1994. p.8.

HARVEY, K. A Descriptive Framework for Compensation. *Translator*, v.1, p.65-86, 1995.

HATIM, B.; MASON, I. *Discourse and the Translator*. London: Longman, 1990.

_____. *The Translator as Communicator*. London; New York: Routledge, 1997.

HEIDEGGER, M. *Being and Time*. Ed. e trad. J. MacQuarrie e E. Robinson. New York: Harper and Row, 1962. [Ed. bras. *Ser e tempo*. Trad. Marcia de Sá Cavalcante. Petrópolis: Vozes, 2001.]

_____. *Holzwege*. 5.ed. Frankfurt am Main: Vittorio Klostermann, 1972.

_____. *Early Greek Thinking*. Ed. e trad. D. F. Krell e F. A. Capuzzi. New York: Harper and Row, 1975.

HEINBOCKEL, M. *Letter to Mercury House*, 9 fev. 1995.

HEINEY, D. *America in Modern Italian Literature*. New Brunswick, NJ: Rutgers University Press, 1964.

HILL, A. *In Pursuit of Publishing*. London: John Murray, 1988.

HINTIKKA, J.; HINTIKKA, M. B. *Investigating Wittgenstein*. Oxford; New York: Blackwell, 1986.

HØEG, P. *Miss Smilla's Feeling for Snow.* Trad. F. David. London: Harvill, 1993. [Ed. bras.: *Senhorita Smilla e o sentido da neve.* Trad. Heloisa Jahn. São Paulo: Companhia das Letras, 1994.]

HOOK, S. Review of M. Heidegger: *Being and Time. New York Times Book Review,* 11 nov. 1962. p.6, 42.

HOWARD, M. Stranger than Ficción. *Língua Franca,* p.41-9, jun.-jul. 1997.

HU YING. The Translator Transfigured: Lin Shu and the Cultural Logic of Writing in the Late Qing. *Positions,* v.3, p.69-96, 1995.

HUGHES, S. Review of G. Guareschi: *The Little World of Don Camillo. Commonweal,* 8 set. 1950. p.540.

IANNUCCI, A. Teaching Dante's *Divine Comedy* in Translation. In: SLADE, C. (Ed.). *Approaches to Teaching Dante's* Divine Comedy. New York: Modern Language Association of America, 1982.

INK, G. Book Title Output and Average Prices: 1995 Final and 1996 Preliminary Figures. In: BOGART, D. (Ed.). *The Bowker Annual Library and Book Trade Almanac.* New Providence, NJ: Bowker, 1997.

JAMESON, F. *The Political Unconscious*: Narrative as a Socially Symbolic Act. Ithaca, NY: Cornell University Press, 1981. [Ed. bras.: *O inconsciente politico.* Trad. Valter Lellis Siqueira; Maria Elisa Cevasco; Fátima de Carvalho M. de Souza. São Paulo: Ática, 1992.]

JASZI, P. On the Author Effect: Contemporary Copyright and Collective Creativity. In: WOODMANSEE, M.; JASZI, P. (Eds.). *The Construction of Authorship*: Textual Appropriation in Law and Literature. Durham, NC: Duke University Press, 1994.

JONES, J. *On Aristotle and Greek Tragedy.* London: Chatto and Windus, 1962.

JONES, Sir W. *The Letters of Sir William Jones.* Ed. G. Cannon. Oxford: Oxford University Press, 1970.

JOWETT, B. (Ed. e trad). *The Dialogues of Plato.* 3.ed. Oxford: Clarendon Press, 1892.

KAKUTANI, M. Very Japanese, Very American and Very Popular. *New York Times*, 12 jan. 1993. p.C15.

KAMESAR, A. *Jerome, Greek Scholarship, and the Hebrew Bible*: A Study of the *Quaestiones Hebraicae in Genesim*. Oxford: Clarendon Press, 1993.

KAPLAN, B. *An Unhurried View of Copyright*. New York; London: Columbia University Press, 1967.

KATAN, D. The English Translation of *Il nome della rosa* and the Cultural Filter. In: AVIROVIC, L.; DODDS, J. (Eds.). *Umberto Eco, Claudio Magris, autori e traduttori a confronto*. Udine: Campanotto, 1993.

KEELEY, E. The Commerce of Translation. *PEN American Center Newsletter*, v.73, p.10-2, 1990.

KEENE, D. (Ed.). *Modern Japanese Literature*: An Anthology. New York: Grove Press, 1956.

_____. *Dawn to the West*: Japanese Literature of the Modern Era. New York: Holt, Rinehart and Winston, 1984.

KELLY, J. N. D. *Jerome*: His Life, Writings, and Controversies. New York: Harper and Row, 1975.

KERMODE, F. Institutional Control of Interpretation. In: *The Art of Telling*: Essays on Fiction. Cambridge, MA: Harvard University Press, 1983.

KIRKUS REVIEWS. Review of I. U. Tarchetti. *Passion*, 1º jun. 1994.

KIZER, C. Donald Keene and Japanese Fiction, Part II. *Delos*, v.1, n.3, p.73-94, 1988.

KRIPKE, S. *Wittgenstein on Rules and Private Language*: An Elementary Exposition. Cambridge, MA: Harvard University Press, 1982.

KUNDERA, M. *The Joke*. Trad. D. Hamblyn e O. Stallybrass. London: MacDonald, 1969. [Ed. bras.: *A brincadeira*. Trad. Teresa Bulhões Carvalho da Fonseca e Anna Lucia Moojen de Andrada. São Paulo: Companhia das Letras, 1999.]

_____. *The Joke*. Trad. M. H. Heim. New York: Harper and Row, 1982.

KUNDERA, M.*The Art of the Novel*. Trad. L. Asher. New York: Grove, 1988. [Ed. bras.: *A arte do romance*. Trad. Teresa Bulhões C. da Fonseca. São Paulo: Companhia das Letras, 2016.]
_____. *The Joke*. New York: HarperCollins, 1992.
_____. *Testaments Betrayed*: An Essay in Nine Parts. Trad. L. Asher. New York: HarperCollins, 1995. [Ed. bras.: *Os testamentos traídos*. Trad. Teresa Bulhões C. da Fonseca; Maria Luiza Newlands Silveira. São Paulo: Companhia das Letras, 2017.]
LACLAU, E.; MOUFFE, C. *Hegemony and Socialist Strategy*: Toward a Radical Democratic Politics. Trad. W. Moore e P. Cammack. London: Verso, 1985. [Ed. bras.: *Hegemonia e estratégia socialista*. Trad. Joanildo A. Burity; Josias de Paula Jr.; Aécio Amaral. Brasília: Intermeios, 2015.]
LAHR, J. Love in Gloom. *New Yorker*, 23 maio 1994. p.92.
LATTIMORE, R. (Trad.). *The Iliad of Homer*. Chicago: University of Chicago Press, 1951.
LECERCLE, J.-J. The Misprison of Pragmatics: Conceptions of Language in Contemporary French Philosophy. In: GRIFFITHS, A. P. (Ed.). *Contemporary French Philosophy*. Cambridge: Cambridge University Press, 1988.
_____. *The Violence of Language*. London; New York: Routledge, 1990.
LEE, C. *The Hidden Public*: The Story of the Book-of-the-Month Club. Garden City, NY: Doubleday, 1958.
LEE, L. O. *The Romantic Generation of Modern Chinese Writers*. Cambridge, MA: Harvard University Press, 1973.
_____. *Voices from the Iron House*: A Study of Lu Xun. Bloomington: Indiana University Press, 1987.
LEFEVERE, A. (Ed. e trad.). *Translating Literature*: The German Tradition from Luther to Rosenzweig. Assen, Netherlands: Van Gorcum, 1977.
_____. *Translation, Rewriting, and the Manipulation of Literary Fame*. London; New York: Routledge, 1992a. [Ed. bras.: *Tradução, reescrita e*

manipulação da fama literária. Trad. Claudia Matos Seligmann. Bauru: Edusc, 2007.]
LEFEVERE, A. (Ed. e trad.). *Translation/History/Culture*: A Sourcebook. London; New York: Routledge, 1992b.
LEITHAUSER, B. An Ear for the Unspoken. *New Yorker*, 6 mar. 1989. p.105-11.
LIDDELL, H. G.; SCOTT, R. *A Greek-English Lexicon.* 8.ed. New York: American Book Company, 1882.
LINDFORS, B. (Ed.). *Critical Perspectives on Amos Tutuola.* Washington, DC: Three Continents Press, 1975.
LINK JR., E. P. *Mandarin Ducks and Butterflies*: Popular Fiction in Early Twentieth-Century Chinese Cities. Berkeley; Los Angeles: University of California Press, 1981.
LIU, L. H. *Translingual Practice*: Literature, National Culture, and Translated Modernity – China, 1900-1937. Stanford, Calif.: Stanford University Press, 1995.
LOCKE, J. *Two Treatises of Government.* Ed. P. Laslett. Cambridge: Cambridge University Press, 1960. [Ed. bras.: *Dois tratados do governo.* Trad. Julio Fischer. São Paulo: Martins Fontes, 2001.]
LOFQUIST, W. International Book Title Output: 1990-1993. In: BOGART, D. (Ed.). *The Bowker Annual Library and Book Trade Almanac.* New Providence, NJ: Bowker, 1996.
LOUŸS, P. *Les Chansons de Bilitis.* Ed. J.-P. Goujon. Paris: Gallimard, 1990. [Ed. bras.: *As canções de Bilitis.* Trad. Dorothée de Bruchard. Florianópolis: Paraula, 1994.]
_____. *Journal de Meryem.* Ed. J.-P. Goujon. Paris: Librarie A.-G. Nizet, 1992.
LU XUN. *Selected Works.* Ed. e trad. Yang X. e G. Yang. v.3. Beijing: Foreign Languages Press, 1956.
LUCAS, D. W. Review of J. Jones: *On Aristotle and Greek Tragedy. Classical Review*, v.13, p.270-2, 1963.
LUKE, D. (Ed. e trad.). Introduction. In: MANN, T. *Tonio Kröger and other Stories.* New York: Bantam, 1970.

LUKE, D. Translating Thomas Mann. *Times Literary Supplement*, 8 dez. 1995. p.15.

LYELL JR., W. A. *Lu Hsün's Vision of Reality*. Berkeley; Los Angeles: University of California Press, 1975.

MACAULAY, T. B. *Selected Prose and Poetry*. Ed. G. M. Young. Cambridge, MA: Harvard University Press, 1952.

MCDOWELL, E. Publishing: Notes from Frankfurt. *New York Times*, 21 out. 1983. p.C32.

MCHALE, B. *Constructing Postmodernism*. London; New York: Routledge, 1992.

MCMURTREY, L. Rose's Success a Mystery. *Hattiesburg American*, 2 out. 1983. p.2D.

MALCOLM, N. *Ludwig Wittgenstein*: A Memoir. 2.ed. Oxford; New York: Oxford University Press, 1984.

MANN, T. *Stories of Three Decades*. Trad. H. T. Lowe-Porter. New York: Knopf, 1936.

_____. Erzählungen. In: *Gesammelte Werke*. v.8. Oldenburg: S. Fischer, 1960.

_____. *Buddenbrooks*. Trad. J. E. Woods. New York: Knopf, 1993. [Ed. bras.: *Os Buddenbrook*. Trad. Herbert Caro. São Paulo: Companhia das Letras, 2016.]

MASON, I. Discourse, Ideology and Translation. In: BEAUGRANDE, R. de; SHUNNAQ, A.; HELIEL, M. H. (Eds.). *Language, Discourse and Translation in the West and Middle East*. Amsterdam; Philadelphia: Benjamins, 1994.

MATTELART, A. *Multinational Corporations and the Control of Culture*: The Ideological Apparatuses of Imperialism. Trad. M. Chanan. Brighton; England: Harvester, 1979.

MAUCLAIR, C. Review of *Les Chansons de Bilitis*. *Mercure de France*, p.104-5, abr. 1895.

MAY, E. T. *Homeward Bound*: American Families in the Cold War Era. New York: Basic Books, 1988.

MAY, R. *The Translator in the Text*: On Reading Russian Literature in English. Evanston, Ill.: Northwestern University Press, 1994.

MEHREZ, S. Translation and the Postcolonial Experience: The Francophone North African Text. In: VENUTI, L. (Ed.). *Rethinking Translation*: Discourse, Subjectivity, Ideology. London; New York: Routledge, 1992.

MEIGGS, R. *The Athenian Empire*. Oxford: Oxford University Press, 1972.

MILLER, A. *All My Sons*. New York: Reynal and Hitchcock, 1947. [Ed. bras.: *A morte de um caixeiro-viajante e outras 4 peças*. Trad. José Rubens Siqueira. São Paulo: Companhia das Letras, 2009.]

MILLER, R. A. *Nihongo*: In Defence of Japanese. London: Athlone Press, 1986.

MITSIOS, H. (Ed.). *New Japanese Voices*: The Best Contemporary Fiction from Japan. New York: Atlantic Monthly Press, 1991.

MIYOSHI, M. *Off Center*: Power and Culture Relations between Japan and the United States. Cambridge, MA: Harvard University Press, 1991.

_____. A Borderless World? From Colonialism to Transnationalism and the Decline of the Nation-State. *Critical Inquiry*, v.19, p.726-51, 1993.

MONRO, D. B.; ALLEN, T. W. (Eds.). *Homeri Opera*. 3.ed. Oxford: Clarendon Press, 1920.

MOORE, G. *Seven African Writers*. London: Oxford University Press, 1962.

MOORE, J. The Dating of Plato's *Ion*. *Greek, Roman and Byzantine Studies*, v.15, p.421-39, 1974.

MORRIS, R. The Moral Dilemmas of Court Interpreting. *Translator*, v.1, p.25-46, 1995.

MUKHERJEE, S. Role of Translation in Publishing of the Developing World. In: *World Publishing in the Eighties*. New Delhi: National Book Trust, 1976.

MUNDLE, C. W. K. *A Critique of Linguistic Philosophy*. Oxford: Clarendon Press, 1970.

MYRSIADES, K. (Ed.). *Approaches to Teaching Homer's* Iliad *and* Odyssey. New York: Modern Language Association of America, 1987.

NAKHNIKIAN, G. Review of L. Wittgenstein: *Philosophical Investigations*. *Philosophy of Science*, v.21, p.353-4, 1954.

NEUBERT, A.; SHREVE, G. *Translation as Text*. Kent, Ohio: Kent State University Press, 1992.

NIETZSCHE, F. *On the Genealogy of Morals*. Trad. W. Kaufmann e R. J. Hollingdale. New York: Random House, 1967. [Ed. bras.: *Genealogia da moral*. Trad. Paulo César de Souza. São Paulo: Companhia das Letras, 2002.]

NIRANJANA, T. *Siting Translation*: History, Poststructuralism, and the Colonial Context. Berkeley; Los Angeles: University of California Press, 1992.

NORD, C. Scopos, Loyalty, and Translational Conventions. *Target*, v.3, n.1, p.91-109, 1991.

OCAMPO, S. *Leopoldina's Dream*. Trad. D. Balderston. New York: Penguin, 1988.

OFOSU-APPIAH, L. H. On Translating the Homeric Epithet and Simile into Twi. *Africa*, v.30, p.41-5, 1960.

OKARA, G. African Speech... English Words. *Transition*, v.9, n.10, p.15-6, set. 1963.

_____. *The Voice*. London: André Deutsch, 1964.

OZOUF, M.; FERNEY, F. Et Dieu créa le bestseller: Un entretien avec Pierre Nora. *Le Nouvel Observateur*, 22 mar. 1985. p.66-8.

PARK, W. M. *Translator and Interpreting Training in the USA*: A Survey. Arlington, VA: American Translator Association, 1993.

PARKS, S. (Ed.). *The Literary Property Debate*: Six Tracts, 1764-1774. New York: Garland, 1975.

PARTRIDGE, E. *A Dictionary of Slang and Unconventional English*. Ed. Paul Beale. 8.ed. London: Routledge, 1984.

PATON, W. R. (Ed. e trad.). *The Greek Anthology*. Cambridge, MA: Harvard University Press, 1956.

PATTERSON, L. R. *Copyright in Historical Perspective*. Nashville: Vanderbilt University Press, 1968.

PAULDING, G. Don Camillo's Fine, Romantic World. *New York Herald Tribune*, 17 ago. 1952. p.6.

PAYNE, J. *Conquest of the New Word*: Experimental Fiction and Translation in the Americas. Austin: University of Texas Press, 1993.

PERESSON, G. *Le cifre dell'editoria 1997*. Milano: Editrice Bibliografica, 1997.

PLOMAN, E. W.; HAMILTON, L. C. *Copyright*: Intellectual Property in the Information Age. London: Routledge; Kegan Paul, 1980.

POPE, A. (Ed. e trad.). *The Iliad* of Homer (1715-1720). In: MACK, M. (Ed.). *The Twickenham Edition of the Poems of Alexander Pope*. v.7. London; New Haven, Conn.: Methuen; Yale University Press, 1967.

POUND, E. *Literary Essays*. Ed. T. S. Eliot. New York: New Directions, 1954.

PURDY, T. M. The Publisher's Dilemma. In: *The World of Translation*. New York: PEN American Center, 1971.

PYM, A. Why Translation Conventions Should Be Intercultural Rather than Culture-Specific: An Alternative Basic-Link Model. *Paralleles*, v.15, p.60-8, 1993.

QUINTON, A. British Philosophy. In: EDWARDS, P. (Ed.). *The Encyclopedia of Philosophy*. v.1. New York; London: Macmillan, 1967.

RADICE, W. Introduction. In: _____; REYNOLDS, B. (Eds.). *The Translator's Art*: Essays in Honour of Betty Radice. Harmondsworth, England: Penguin, 1987.

RADWAY, J. *Reading the Romance*: Women, Patriarchy, and Popular Literature. Chapel Hill: University of North Carolina Press, 1984.

RADWAY, J. The Book-of-the-Month Club and the General Reader: The Uses of "Serious" Fiction. In: DAVIDSON, C. (Ed.). *Reading in America*: Literature and Social History. Baltimore: Johns Hopkins University Press, 1989.

RAFAEL, V. L. *Contracting Colonialism*: Translation and Christian Conversion in Tagalog Society under Early Spanish Rule. Ithaca, NY: Cornell University Press, 1988.

REA, J. Aspects of African Publishing 1945-1974. *African Book Publishing Record*, v.1, p.145-9, 1975.

REDFIELD, J. M. *Nature and Culture in* The Iliad: The Tragedy of Hector. Chicago: University of Chicago Press, 1975.

REVIEW of G. Guareschi: *Don Camillo and his Flock*. *New Yorker*, 16 ago. 1952. p.89.

REYNOLDS, B. *The Passionate Intellect*: Dorothy Sayers' Encounter with Dante. Kent, Ohio: Kent State University Press, 1989.

RICHARDS, D. Sondheim Explores the Heart's Terrain. *New York Times*, 10 maio 1994. p.B1.

RIPKEN, P. African Literature in the Literary Market Place Outside Africa. *African Book Publishing Record*, v.17, p.289-91, 1991.

RIVERS-SMITH, S. Review of R. H. Parry: *Longmans African Geographies*: East Africa (1932). *Oversea Education*, v.3, p.208, 1931.

ROBYNS, C. Translation and Discursive Identity. *Poetics Today*, v.15, p.405-28, 1994.

RODMAN, S. Review of A. Tutuola: *The Palm-Wine Drinkard*. *New York Times*, 20 set. 1953. p.5.

ROLLIN, R. *The Name of the Rose* as Popular Culture. In: INGE, M. T. (Ed.). *Naming the Rose*: Essays on Eco's *The Name of the Rose*. Jackson: University Press of Mississippi, 1988.

RORTY, R. *Philosophy and the Mirror of Nature*. Princeton, NJ: Princeton University Press, 1979. [Ed. bras.: *A Filosofia e o espelho da natureza*. Trad. Antonio Transito. Rio de Janeiro: Relume-Dumará, 1995.]

ROSE, M. *Authors and Owners*: The Invention of Copyright. Cambridge, MA: Harvard University Press, 1993.

ROSS, A. *No Respect*: Intellectuals and Popular Culture. New York; London: Routledge, 1989.

ROSTAGNO, I. *Searching for Recognition*: The Promotion of Latin American Literature in the United States. Westport, CT: Greenwood, 1997.

SAID, E. *Orientalism*. New York: Pantheon, 1978. [Ed. bras.: *Orientalismo*. Trad. Tomas Rosa Bueno. São Paulo: Companhia das Letras, 1990.]

ST. JOHN, J. *William Heinemann*: A Century of Publishing, 1890-1990. London: Heinemann, 1990.

SANDROCK, M. New Novels. *Catholic World*, p.472, set. 1950.

SARGEANT, W. Anti-Communist Funnyman. *Life*, p.125, 10 nov. 1952.

SAUNDERS, D. *Authorship and Copyright*. London; New York: Routledge, 1992.

SAUNDERS, T. (Ed. e trad.). Plato, *The Laws*. Harmondsworth, England: Penguin, 1970. [Ed. bras.: *As leis*. Trad. Edson Bini. Bauru: Edipro, 2010.]

_____. The Penguinification of Plato. In: RADICE, W.; REYNOLDS, B. (Eds.). *The Translator's Art*: Essays in Honour of Betty Radice. Harmondsworth, England: Penguin, 1987a.

_____. (Ed. e trad). Plato, *Ion*. In: *Early Socratic Dialogues*. Harmondsworth, England: Penguin, 1987b.

SAVRAN, D. *Communists, Cowboys, and Queers*: The Politics of Masculinity in the Work of Arthur Miller and Tennessee Williams. Minneapolis: University of Minnesota Press, 1992.

SCHARE, J. Review of U. Eco: *The Name of the Rose*. *Harper's*, p.75-6, ago. 1983.

SCHLESINGER JR., A. *The Vital Center*: The Politics of Freedom. Boston: Houghton Mifflin, 1949.

SCHWARTZ, B. *In Search of Wealth and Power*: Yan Fu and the West. Cambridge, MA: Harvard University Press, 1964.

SCOTT, P. Gabriel Okara's *The Voice*: The Non-Ijo Reader and the Pragmatics of Translingualism. *Research in African Literatures*, v.21, p.75-88, 1990.

SEDGWICK, E. K. *Between Men*: English Literature and Male Homosocial Desire. New York: Columbia University Press, 1985.

SEMANOV, V. I. *Lu Hsün and his Predecessors* (1967). Trad. C. Alber. White Plains, NY: M. E. Sharpe, 1980.

SHREVE, G. M. On the Nature of Scientific and Empirical Translation Studies. In: ROSE, M. G. (Ed.). *Translation Horizons*: Beyond the Boundaries of Translation Spectrum. Binghamton, NY: Center for Research in Translation, 1996.

SHULMAN, P. Faux Poe. *Village Voice*, 20 out. 1992. p.70.

SIMON, S. *Gender in Translation*: Cultural Identity and the Politics of Transmission. London; New York: Routledge, 1996.

SINGH, T. India. In: ALTBACH, P. G.; HOSHINO, E. S. (Eds.). *International Book Publishing*: An Encyclopedia. New York: Garland, 1994.

SKONE JAMES, E. P. et al. *Copinger and Skone James on Copyright*. 13.ed. London: Sweet and Maxwell, 1991.

SLONIM, M. (Ed.). *Modern Italian Short Stories*. New York: Simon and Schuster, 1954.

SONDHEIM, S.; LAPINE, J. *Passion*: A Musical. New York: Theater Communications Group, 1994.

SPARKS, H. F. D. Jerome as Biblical Scholar. In: ACKROYD, P.; EVANS, C. F. (Eds.). *Cambridge History of the Bible*. v.1. Cambridge: Cambridge University Press, 1970.

STABLEFORD, B. How Modern Horror Was Born. *Necrofile*, inverno 1993. p.6.

STANGER, A. In Search of *The Joke*: An Open Letter to Milan Kundera. *New England Review*, v.18, n.1, p.93-100, inverno 1997.

STEINER, G. *After Babel*: Aspects of Language and Translation. London; New York: Oxford University Press, 1975. [Ed. bras.: *Depois de Babel*. Trad. Carlos Alberto Faraco. Curitiba: Editora UFPR, 2005.]

STEWART, S. *Crimes of Writing*: Problems in the Containment of Representation. New York; Oxford: Oxford University Press, 1991.

STRAWSON, P. F. Review of L. Wittgenstein: *Philosophical Investigations*. *Mind*, v.63, p.70-99, 1954.

SUGRUE, T. A Priest, a Red, and an Unworried Christ. *Saturday Review of Literature*, 19 ago. 1950. p.10.

SÜSKIND, P. *Perfume*: The Story of a Murderer. Trad. J. E. Woods. London: Hamish Hamilton, 1986. [Ed. bras.: *O perfume*. Trad. Flávio R. Kothe. Rio de Janeiro: Record, 1985.]

TABOR, M. B. W. Book Deals: Losing Nothing in Translation. *New York Times*, 16 out. 1995. p.D1, D8.

TAPLIN, O. *The Stagecraft of Aeschylus*: The Dramatic Use of Exits and Entrances in Greek Tragedy. Oxford: Clarendon Press, 1977.

TARCHETTI, I. U. *Fosca*. Torino: Einaudi, 1971.

_____. *Racconti fantastici*. Ed. N. Bonifazi. Milano: Guanda, 1977.

THE Artist and the Real World. *Times Literary Supplement*, 5 jan. 1951. p.1-2.

THERBORN, G. *The Ideology of Power and the Power of Ideology*. London: Verso, 1980.

THOMSON, G. An Introduction to Implicature for Translators. *Notes on Translation*, v.esp.1, p.1-28, 1982.

TOURY, G. *Descriptive Translation Studies and Beyond*. Amsterdam; Philadelphia: John Benjamins, 1995.

TROUBRIDGE, U. V. (Trad.). Partial Draft of *The Little World of Don Camillo*. Farrar, Straus and Giroux Archive, Rare Books and Manuscripts Division. New York Public Library, 1949. [Manusc. não publ.]

TRUMAN, H. A Special Message to the Congress on Greece and Turkey: The Truman Doctrine. In: *Public Papers of the Presidents of the United States*: Harry S. Truman, 1947. Washington, DC: United States Government Printing Office, 1963.

TUTUOLA, A. *The Palm-Wine Drinkard*. London: Faber and Faber, 1952.

TYTLER, A. *Essay on the Principles of Translation*. Ed. J. F. Huntsman. Amsterdam; Philadelphia: John Benjamins, 1978.

VENÉ, G. F. *Don Camillo, Peppone e il compromesso storico*. Milano: SugarCo, 1977.

VENUTI, L. The Ideology of the Individual in Anglo-American Criticism: The Example of Coleridge and Eliot. *Boundary*, v.2, n.14, p.161-93, 1985-1986.

_____. (Ed. e trad.). I. U. Tarchetti: *Fantastic Tales*. San Francisco: Mercury House, 1992.

_____. (Trad.). I. U. Tarchetti: *Passion: A Novel*. San Francisco: Mercury House, 1994.

_____. *The Translator's Invisibility*: A History of Translation. London; New York: Routledge, 1995a.

_____. Translating Thomas Mann. *Times Literary Supplement*, 22 dez. 1995b. p.17.

VERNACULAR Text-Book Committees and Translation Bureaux in Nigeria. *Oversea Education (OED)*, v.3, p.30-3, 1931.

VIVIEN, R. *Poésies complètes*. Ed. J.-P. Goujon. Paris: Régine Desforges, 1986.

WALTERS JR., R. Review of G. Guareschi: *The Little World of Don Camillo*. Farrar, Straus and Giroux Archive, Rare Books and Manuscripts Division. New York Public Library, 1950. [*Saturday Review of Literature*, art. não publ.]

WARD, H. "Don Camillo" Instead of "Silas Marner". *New York Times Magazine*, p.18, 76, 79, 1º abr. 1962.

WATSON, C. W. *Salah Asuhan* and the Romantic Tradition in the Early Indonesian Novel. *Modern Asian Studies*, v.7, p.179-92, 1973.

WEI ZE, D. China. In: ALTBACH, P. G.; HOSHINO, E. S. (Eds.). *International Book Publishing*: An Encyclopedia. New York: Garland, 1994.

WEIGEL, G. Murder in the Dark Ages. *Seattle Weekly*, p.17-23, ago. 1983.

WELTY, E. When Good Meets Bad. *New York Times Book Review*, 17 ago. 1952. p.4.

WENTWORTH, H.; FLEXNER, S. B. (Eds.). *Dictionary of American Slang*. 2.ed. supl. New York: Thomas Crowell, 1975.

WESTBROOK, V. Richard Taverner Revising Tyndale. *Reformation*, v.2, p.191-205, 1997.

WEYR, T. The Foreign Rights Bonanza. *Publishers Weekly*, 28 nov. 1994. p.32-8.

WHITE, C. (Ed. e trad.). *The Correspondence between Jerome and Augustine of Hippo*. Lewiston, NY: Edwin Mellen Press, 1990.

WHITESIDE, T. *The Blockbuster Complex*: Conglomerates, Show Business, and Book Publishing. Middletown, CT: Wesleyan University Press, 1981.

WICKERI, J. The Union Version of the Bible and the New Literature in China. *Translator*, v.1, p.129-52, 1995.

WILAMOWITZ, U. von. *Sappho und Simonides*: Untersuchungen über griechische Lyriker. Berlin: Weidman, 1913.

WILLIAMS, A. D. (Ed.). *Fifty Years*: A Farrar, Straus and Giroux Reader. New York: Farrar, Straus and Giroux, 1996.

WILLIAMS, C. D. *Pope, Homer, and Manliness*: Some Aspects of Eighteenth-Century Classical Learning. London; New York: Routledge, 1992.

WITTGENSTEIN, L. *Philosophical Investigations*. Ed. G. E. M. Anscombe, R. Rhees e G. H. von Wright. Trad. G. E. M. Anscombe. Oxford: Blackwell, 1953. [Ed. bras.: Investigações filosóficas. In: *Wittgenstein*. Trad. José Carlos Bruni. São Paulo: Abril Cultural, 1975. (Os Pensadores)]

WOODMANSEE, M. The Genius and the Copyright: Economic and Legal Conditions of the Emergence of the "Author". *Eighteenth-Century Studies*, v.14, p.425-48, 1984.

WORKMAN, A. J. Review of L. Wittgenstein: *Philosophical Investigations*. *Personalist*, v.36, p.292-3, 1955.

WORSLEY, P. *The Three Worlds*: Culture and World Development. Chicago: University of Chicago Press, 1984.

YOSHIMOTO, B. *Kitchen*. Trad. M. Backus. New York: Grove Press, 1993. [Ed. bras.: *Kitchen*. Trad. Julieta Leite. Rio de Janeiro: Nova Fronteira, 1995.]

ZABUS, C. *The African Palimpsest*: Indigenization of Language in the West African Europhone Novel. Amsterdam; Atlanta: Rodopi, 1991.

ZELL, H.; SILVER, H. *A Reader's Guide to African Literature*. London; Ibadan; Nairobi: Heinemann, 1971.

ZHAO, H. Y. H. *The Uneasy Narrator*: Chinese Fiction from the Traditional to the Modern. Oxford; New York: Oxford University Press, 1995.

Índice remissivo

A
Achebe, Chinua 336-7, 358
   Things Fall Apart 336
Agostinho, Santo 159-60, 162-4
   Confissões 231
Alcorão 128
Alfred Knopf 146
Alighieri, Dante 183-6, 190, 303
   A divina comédia 183-6
America 275, 299
American Speech 291
Amis, Kingsley 301
Anaximandro 243
Andreyev, Leonid 369
Anscombe, G. E. M. 217, 235
   tradução de Ludwig Wittgenstein 217-33
Antologia grega 75-6, 83
Anzaldúa, Gloria 191
Approaches to Teaching World Literature (MLA) 183
Aristóteles 141-4, 154, 240, 243
   Poética 141, 144
Arnold, Matthew 203-5
   On Translating Homer 203
Associação Americana de Literatura Comparada 211
Associação Britânica de Literatura Comparada 212
Associated Press 290
Asterix 57
Atwood, Margaret 323

B
Backus, Megan 172-6
   tradução de Banana Yoshimoto 172-6
Bacon, Francis 232
Balai Pustaka 334-5
Baltimore Sun 268
Balzac, Honorè de 91, 337
Barney, Natalie C. 93-4
   Cinq petits dialogues grecs 94
Barrett, William 242, 273-4
Barth, John 339
Barthes, Roland 292
Baudelaire, Charles 80-1, 91, 96

Beaugrande, Robert-Alain de; Dressler, Wolfgang 66
Beckett, Samuel 323
Ben Jelloun, Tahar 354, 358
   La Nuit sacrée 354, 358
Bennett, William 188
Bent Ali, Meryem 81
Bently, Lionel 99-100, 103, 109-10, 135, 382
Berman, Antoine 28, 34, 67-8, 157-8, 165-6, 171
Bernheimer, Charles 211-2, 382
Bíblia 162, 170, 333
   de King James 170, 236, 356
   hebraica 162, 183
   Igreja Cristã 159
biblioteca do Barnard College 271
Bioy Casares, Adolfo 340
Birnbaum, Alfred 150-1, 153
   Monkey Brain Sushi 150-1
Bogart, Humphrey 265
Book-of-the-Month Club 258, 263, 270, 280, 306n, 308, 383
Book-of-the-Month Club News 263
Books on Trial 275
Borges, Jorge L. 16-7, 339-40
Brodsky, Joseph 304
Brontë, Emily 38
   O morro dos ventos uivantes 38
Bunyan, John 333
   The Pilgrim's Progress 333, 349
Burnett, Thomas 115-6, 123, 132
   Archaeologia Philosophica 116, 123
Burnett vs. Chetwood 115, 118-9, 122, 131
Byrne vs. Statist Co. 120-1, 124-5
Bywater, Ingram 142-3
   tradução de Aristóteles 142-3

C
Cain, James M. 291
   Mildred Pierce 291
Camden, *Lord* 118
Campbell vs. Acuff Rose Music, Inc. 131
Camus, Albert 183
   A peste 183
Caputo, John 245
Cartland, Barbara 323
Catholic Digest Book Club 258, 306n, 308
Catholic World 278, 297
Cavalcanti, Guido 155-6
Cervantes, Miguel de 119, 183
   Dom Quixote 183
Chapman, George 205-8
   tradução da *Ilíada* 205-8
Charles E. Tuttle 149
Chicago Tribune 258, 275
Christie, Agatha 323
Cixous, Hélène 341
Colette, Sidonie G. 302
Colliers 275, 280
Commonweal 263-4
Companhia das Índias Orientais 333, 343
Companion Book Club 259
Conan Doyle, *Sir* Arthur 359
Confúcio 361
   Os Analectos 361
confucionismo 360-2, 370
Convenção de Berna 108-10, 323-5
Cornell Drama Club 271
Cortázar, Julio 339
Courier (Unesco) 11
Cudahy, Sheila 259n, 271n, 274-308, 383

D

Dante *veja* Alighieri, Dante
Defoe, Daniel 359
DeJean, Joan 80, 83, 88, 94, 96
Deleuze, Gilles; Guattari, Félix 24, 26-9, 51, 59, 248
Derrida, Jacques 105, 186-7
Dickens, Charles 271, 337, 360
   A velha loja de curiosidades 360
Diels, Hermann 243
Di Giovanni, Norman T. 16-7
Donaldson vs. Beckett 118
Dumas Filho, Alexandre 360-1
   A dama das camélias 360
Dryden, John 67
Dudovitz, Resa 29, 252, 255, 310

E

Echo de Paris 74
Eco, Umberto 102, 310, 314
   O nome da rosa 102, 310, 312
Eliot, T. S. 271, 304
Else, Gerald 143
   tradução de Aristóteles 143
Estatuto de Anne 113-8
Estudos da Tradução 10, 21-3, 47, 60-6, 97, 181, 211-2
ética da tradução 20, 29, 34, 164-77, 376-8
Even-Zohar, Itamar 60, 64

F

Faber and Faber 352
Fagles, Robert 204
   tradução da *Ilíada* 204
fantasma da ópera, O, 309
Farrar, Straus and Giroux 259n, 271n, 279, 288, 303-8, 383

Fiat 54
Fiedler, Leslie 274
Filodemo 75-6
Financial Times 124-5
Flaiano, Ennio 279
Flaubert, Gustave 31, 82
   Madame Bovary 33
Fleming, Ian 327
Fowler, Edward 146-9, 172
Fowler, Henry W. 196
Frechtman, Bernard 106-7
   tradução de Jean Genet 106-7
Frenaye, Frances 283n, 298-9, 306n, 307-8
   tradução de Giovanni Guareschi 298-9

G

García Márquez, Gabriel 183, 339
   Cem anos de solidão 183, 339
Gardiner, Harold C. 275-6, 299
Garshin, Vsevolod 369
Gautier, Théophile 33
Genet, Jean 106-7
   The Thief's Journal 106
Gide, André 80-2
Gil Blas 84
Ginzburg, Natalia 308
   The Road to the City 308
Giroux, Henry 190-3
Goethe, Johann W. von 157-8, 183, 370, 373
   Fausto 183, 373
   Os sofrimentos do jovem Werther 373
Gógol, Nikolai 373
Goldsmith, Oliver 230
   The Deserted Village 230
Goldstein, Paul 102

Gordon, Richard 302
Goren, Charles 279
   The Complete Canasta 279
Grandes Livros 11, 181-2, 187, 190
Green, Joseph 303
   tradução de Giovanni Guareschi 303
Grice, Paul 48-52, 65-6
   griciano 48, 50, 52
Grosset e Dunlap 280
Grove Press 106, 146, 151
Grove Press, Inc. vs. Greenleaf Publishing Co. 106
Guareschi, Giovanni 257-309, 313, 383
   Candido 268
   Comrade Don Camillo 306n, 308
   Don Camillo's Dilemma 258, 271
   Don Camillo and his Flock 258, 273, 276, 308
   Don Camillo Takes the Devil by the Tail 258, 298
   The House that Nino Built 258, 266, 273-4
   A Husband in Boarding School 303
   The Little World of Don Camillo 258-61, 264, 271, 275, 277, 280-4, 291, 295, 298, 300, 302, 307
   Mondo Piccolo: Don Camillo 270, 284
   My Home, Sweet Home 303
Guillory, John 188, 192, 210
Gutt, Ernest-August 58

H

Haggard, H. Rider 335, 362-3, 367, 379
   Montezuma's Daughter 362
   The Spirit of Bambatse 363
Hamilton, Edith 222, 349
   Mitologia 349
Hancock, Tony 301
Harker, J. 152
HarperCollins 304
Harper's 275, 314
Harrison, Barbara G. 43-5, 52
Harvey, Keith 56-8
Hattiesburg American, The 314
Heaney, Seamus 304
Hédilo 75-6, 79
Heidegger, Martin 145, 241-7
   Ser e tempo 241
   The Anaximander Fragment 242
Heinemann 336-9
Heiney, Donald 272-3
Henrique VIII, reinado de 170
Hibbett, Howard 147
Hill, Alan 338
Höeg, Peter 310-1
   Miss Smilla e o sentido da neve 310-1
Hoffmann, E. T. A. 33
Homero 119, 194-9, 203-4, 206, 211, 377
   Ilíada 183, 202, 204-5
   Odisseia 183, 204, 376-8
Hook, Sidney 242
Hopkins, Gerard M. 357
Hugo, Victor 359
   Os miseráveis 309
Huxley, T. H. 363, 367
   Evolution and Ethics 363, 366

I

Ibsen, Henrik 183
   Casa de bonecas 183
I Ching (*O livro das mutações*) 367

J

Jeffreys vs. Boosey 112
Jerônimo, São 159-64, 169
Johnson, Samuel 57
Jones, John 140-5, 154, 168
Jones, *Sir* William 333-4, 343
Jowett, Benjamin 196, 203, 236-8
   tradução de Platão 196, 236-8

K

Kafka, Franz 18
Kakutani, Michiko 152
Kawabata, Yasunari 146-7, 151, 154
   O país das neves 146
Keene, Donald 147-8, 151
King, Stephen 33, 323
Kirkus Reviews 43
Kodansha International 149, 151
Krell, David F. 242, 245-7
   tradução de Martin Heidegger 242-3, 245-7
Kripke, Saul 218
Kundera, Milan 17-9
   A brincadeira 17-9

L

Lambert, José 60
Lattimore, Richmond 202-11
   tradução da *Ilíada* 202-11
Lecercle, Jean-Jacques 25-6, 30, 48, 60, 201
Lefevere, André 21, 60, 150-1, 156, 169, 370-1, 383
Lei de Direito Autoral de 1911 109, 121
Lênin, Vladimir I. 318
L'Espresso 328
Levi, Carlo 308
   Christ Stopped at Eboli 307

L'Express 328
Life 263, 270
ligação 46, 88
Linguística 10, 21-2, 47-55, 64
   textual 47, 65-6
Lin Shu 359, 361-9, 379
   tradução de Charles Dickens 360
   tradução de Alexandre Dumas Filho 360-1, 366
   tradução de H. Rider Haggard 362-3, 366, 379
Literatura Comparada 21, 182, 194, 202, 211-2
Lispector, Clarice 340-1
Locke, John 114-5
   Segundo tratado sobre o governo civil 114
Longman 328, 331
Loti, Pierre 335
Louÿs, Georges 80, 82
Louÿs, Pierre 73-96, 383
   Les Chansons de Bilitis 73-85, 88-90-6, 383
Lowe-Porter, Helen 69, 71
   tradução de Thomas Mann 69, 71
Ludlum, Robert 323
Lu Xun 367-73, 379
   tradução de Júlio Verne 367-8
   e Zhou Zuoren: antologia de tradução 368-70, 372-3, 379

M

Macaulay, Thomas 343-4
MacDonald, Dwight 274
Macquarrie, John; Robinson, Edward 241-2
   tradução de Martin Heidegger 241-2

Malcolm, Norman 223-4
Mallarmé, Stéphane 80, 93
Mann, Thomas 69-71
Manu 334
Manzoni, Alessandro 31, 33
   I promessi sposi 31
Marx, Karl; Engels, Friedrich
   O manifesto comunista 373
Mason, Ian 12-3, 23, 48, 383
May, Rachel 65
McGrath, Patrick 33
Mencken, H. L. 291
Mercure de France 74, 81
Meredith, George 40
Mill, John S. 364
   Sobre a liberdade 364
Millar vs. Taylor 114-5, 117-9
Miller, Arthur 290-1
   All my Sons 290-1
Milton, John 230, 246
   Paraíso perdido 230
Mishima, Yukio 146-7, 151, 154
Mitsios, Helen 151
   New Japanese Voices 151
Mitterand, François 358
Miyoshi, Massao 171-7, 321
Modern Language Association of America (MLA) 183, 202, 209
Moeis, Abdoel 335
Montaigne, Michel de 183
   Ensaios 183
Montesquieu 366
   O espírito das leis 366
Moravia, Alberto 272, 305
More, Thomas 169, 343-4
Morris, Ivan 55, 147
Multilingual Matters Ltd. 22, 384

N
National Endowment for the Humanities 188
Necrofile 37
Neubert, Albrecht; Shreve, Gregory 48, 50, 56, 66
New Directions 146
New Republic 267
New York Times, The 43, 46, 152, 258, 259n, 273, 275
New Yorker, The 37, 47, 273-7, 328
Newsweek 328
Nietzsche, Friedrich 144
   A genealogia da moral 144
   Assim falou Zaratustra 373
Nora, Pierre 253
Nord, Christiane 168-9

O
Ocampo, Silvina 340
Okara, Gabriel 354-8
   The Voice 354
Orbison, Roy 131
Ortese, Anna Maria 308
   The Bay Is not Naples 308
Our Sunday Visitor 275

P
Parker Pen 328
Partisan Review 273
Pellegrini, George; Cudahy, Sheila 271n, 274, 277-83, 287, 298, 300, 302, 306-8
Pellegrini, George 278, 307
PEN American Center 100
Penguin 301
Penguin Classics 186, 238, 376-7
Perrot d'Ablancourt, Nicolas 165

Petrarca 112
Pinpin, Tomas 344-8, 358
Pirandello, Luigi 272
Platão 194, 236-8, 240, 243
   Íon 194-200
   As leis 237-8
Pocket Books 279*n*, 280, 306*n*
Poe, Edgar Allan 33-4
Pope, Alexander 205-8, 211, 312
   tradução da *Ilíada* 206-11, 312
Pound, Ezra 155-6
pragmática 47, 52, 65-6
Prêmio Goncourt 358
Prêmio Nobel de Literatura 304-5
produções de Walt Disney 331
produtos derivados 33, 102, 331
Public Lending Right 100

Q
Quinta dimensão 42

R
Rabassa, Gregory 339
   tradução de Gabriel García Márquez 339
Radcliffe, Ann 32-3
Radice, Betty 238
Random House 323
Régnier, Henri de 81
relações perigosas, As 309
resíduo 25-6, 28, 30, 34, 41-2, 49-51, 56-8, 60, 64-6, 69, 129, 174, 181, 194-5, 200-2, 204-5, 208-9, 219, 222-5, 228-41, 245, 247
Rice, Anne 33
Rieu, E. V. 376-7
   tradução da *Odisseia* 376-7
Robbins, Harold 323

Rorty, Richard 242
Rosenberg, Julius e Ethel 260
Rossetti, Dante Gabriel 155-6
Rousseau, Jean-Jacques 39
Routledge 22, 381
Rushdie, Salman 127-8
   Os versos satânicos 128
Russell, Bertrand 231-2

S
Safo 73, 76, 80, 83, 87-8, 90, 93-6
Sagan, Françoise 253
   Bom dia, tristeza 253
Sager, Gordon *veja* Green, Joseph
Said, Edward 82, 334
San Francisco Chronicle 275
Sartre, Jean-Paul 145
Saturday Review of Literature 260-2, 275, 297
Saunders, Trevor 194-8, 237-40
   tradução de Platão 194-8, 237-40
Sayers, Dorothy 185-6, 190
   tradução de Dante 185-6, 190
Schleiermacher, Friedrich 156, 370-1
   Sobre os diferentes métodos de tradução 243, 370-1
Schlesinger Jr., Arthur 264
Scola, Ettore 46
   Passione d'amore 46
Scott, *Sir* Walter 40, 359
Seidensticker, Edward 147
Sellers, Peter 301
Septuaginta 159-64
Série de Escritores Africanos da Heinemann 336
Shakespeare, William 62, 236, 238, 246
   Hamlet 246

Sheldon, Sidney 323
Shelley, Mary 34
Sidney, Sir P. 246
Sienkiewicz, Henryk 369, 373
Sign, The 275
Silone, Ignazio 307
   The Seed Beneath the Snow 307
Simon and Schuster 304
Singer, Isaac B. 304
Smith, Adam 364, 366
   A riqueza das nações 366
Smith, Arthur 368
   Chinese Characteristics 368
Snyder, Richard 304
Sondheim, Stephen; Lapine, James 33, 45-7
   Passion 33, 45-7
Spencer, Herbert 363, 368
Stationers' Company 111
Steiner, George 236
Stevenson, Robert L. 359
Stoker, Bram 38, 40
   Drácula 38, 40
Stowe, Harriet B. 119
   A cabana do pai Tomás 119
Stowe vs. Thomas 119-20
Straus, Roger 259n, 304, 306n
Süskind, Patrick 310-1
   O perfume 310-1

T
Tanizaki, Jun'ichiro 146-8, 151, 154, 171
   As irmãs Makioka 148, 171
Tarchetti, I. U 31-43, 52, 56
   Fantastic Tales 32-4, 36-7, 91
   Passion 33, 43-7, 52, 58
Tati, Jacques 301

Taverner, Richard 169-70
teoria do polissistema 60, 64-5
termos contratuais 100, 306
Thackeray, William 40
Thomas, Dylan 352, 357
Thomas More Book Club 277, 281
Tottel's Miscellany 112
Toury, Gideon 59-64, 66, 72, 327
tradução de propagandas 53-4, 124, 169, 274-5, 279, 318-20, 328-30
Troubridge, Una V. 283n, 287-90, 292-3, 295, 302, 306n, 307
   tradução de Colette 302
   tradução de Giovanni Guareschi 288-90, 292, 294-5, 307
Truman, Harry 261, 274
Tutuola, Amos 349-54, 357-8
   O bebedor de vinho de palma 349-51, 353
2 Live Crew 131
Tyndale, William 169-70
Tytler, Alexander F. 366, 370
   Essay on the Principles of Translation 366

U
Unesco 12-3, 110, 318, 321, 323, 331
Union Version of the Bible (Bíblia Chinesa) 374

V
Veja 329-30
Venuti, Lawrence 26, 31, 44
   tradução de I. U. Tarchetti 39-42
Verga, Giuseppe 33, 272

Verne, Júlio 335, 367-8
  De la Terre à la Lune 368
Victor Gollancz 259n, 279, 283n, 298, 300, 302, 308
Village Voice, The 37
Vitale, Alberto 323
Vivien, Renée 93
  tradução de Safo 93-4
Voltaire 183
  Cândido 183
Voz da América 282
Vursell, Harold 283n, 303, 306n

W
Walcott, Derek 304
Wallace, Edgar 327
Ward, Herman 271-2
Weaver, William 101-2, 312
  tradução de Umberto Eco 102, 312
Welcker, Friedrich G. 87-8, 90
Welty, Eudora 33, 272-3, 276
Wilamowitz-Moellendorf, Ulrich von 85-90, 383
Wittgenstein, Ludwig 217-32, 235
  Investigações filosóficas 217-8, 222, 224

Wodehouse, P. G. 290
Woods, John E. 69-70
  tradução de Thomas Mann 69-70
Wyatt, *Sir* Thomas 112
  Wyatt vs. Barnard 117

Y
Yan Fu 362-7
  tradução de T. H. Huxley 363
  tradução de John S. Mill 364
Ye Shengtao 373
  Ni Huanzhi 373
Yoshimoto, Banana 151-3, 168, 171-7
  Kitchen 151-2, 171-5
Young, Edward 112
  Conjectures on Original Composition 112

Z
Zhou Zuoren 360-1, 368-73, 379
  e Lu Xun: antologia de tradução 367-73, 379
Zola, Émile 31, 91
  Thérèse Raquin 33

SOBRE O LIVRO

Formato: 14 x 21 cm
Mancha: 23 x 44 paicas
Tipologia: Venetian 301 12,5/16
Papel: Off-white 80 g/m^2 (miolo)
Cartão Supremo 250 g/m^2 (capa)
1ª *edição Editora Unesp*: 2019

EQUIPE DE REALIZAÇÃO

Edição de texto
Tulio Kawata (Preparação de original)
Sandra Kato (Revisão)

Editoração eletrônica
Nobuca Rachi

Assistência editorial
Alberto Bononi